ultra

Versione italiana a cura di Chiara Lazzari e Luca Caioli

Le foto dell'inserto sono di Manuela Viganti e di Shutterstock

I edizione Ultra: luglio 2013
II edizione Ultra: settembre 2018

Ultra è un marchio di Lit Edizioni Srl
Sede operativa: Via Isonzo 34, 00198 Roma
Tel. 06.8844749 – fax 06.85358676
info@ultraedizioni.it
www.ultraedizioni.it

ristampa	anno
8 7 6 5 4 3 2 1	2018 2019 2020 2021

LUCA CAIOLI

CRISTIANO RONALDO

L'ossessione della perfezione

ultra
sport

INDICE

Io 7
Il calcio 10
Abelinha 14
Lontano dall'isola 22
17 anni, 8 mesi e 2 giorni 30
Festival 36
Number 7 42
Tragedia greca 51
Martunis 58
Il giorno più triste 62
«Give Ron one in the eye» 66
Champagne 74
Una stagione da incorniciare 79
Ballon d'Or 85
Roma 90
94 milioni di euro 95
Ottantamila in delirio 104
Sir Alex e Cristiano 118
Tombeur de femmes 123
0 titoli 132
Spagna-Portogallo 146
Paternità 152

Cinquantatré gol 157
Cristiano e Leo 160
Cristiano e Mou 175
Passioni e ossessioni 185
L'extraterrestre 191
Un leader 201
Cinque lunghi anni 212
La Décima 220
L'ultimo gol 225
Inarrestabile 231
Alti e bassi 243
Sìiiiiiiiiiiii!!! 254
Il migliore 268
Cambiamenti 278

IO

«Adoro essere Cristiano Ronaldo».

«Mi piace quello che faccio, mi piace la mia vita, sono una persona felice».

«Mi considero un vincente. Vinco più di quanto perdo. Cerco di guardare sempre avanti. So che è difficile, ma niente nella vita è facile: se così fosse, non saremmo nati piangendo».

«Io sono competitivo e non cambierò mai in peggio. Certo, col tempo cresco e maturo, ma la penso sempre allo stesso modo».

«Io ho fiducia nelle mie capacità. Sono sempre stato così».

«Io sono ciò che sono, ciò che mostro, ciò che vedono le persone. Ho solo una faccia».

«Io non ho mai cambiato il mio modo di essere. Se vi piaccio, bene; altrimenti, non parlatemi, non venite a vedere le mie partite».

«Io ho la mia personalità, il mio carattere. Chi mi conosce sa chi sono davvero».

«Sono molto legato alla mia famiglia, ero molto affezionato a mio papà e sono affezionato a mia madre e ai miei fratelli. Sono stati un pilastro nella mia vita. Mi hanno sempre appoggiato. Ci sono sempre stati quando ne ho avuto bisogno. Mi hanno aiutato molto e io cerco di restituire loro ciò che mi hanno dato».

«Chi mi conosce bene mi adora. Coloro che vivono con me, coloro che condividono con me la quotidianità degli allenamenti, coloro che lavorano con me hanno una buona opinione della mia persona perché sanno come sono. È normale che la gente abbia un'opinione del tutto diversa dall'esterno, perché non mi conosce. Lo capisco».

«Io sono un tipo che dice sempre ciò che pensa. Dico sempre la verità e a qualcuno non piace».

«Se Dio non andava a genio a tutti, come posso riuscirci io?».

«Io non faccio caso a ciò che la gente dice di me. Non leggo i giornali, non leggo le riviste. Ognuno ha la sua opinione».

«Si raccontano molte falsità sul mio conto. È il prezzo della fama».

«Io penso che le persone mi invidino perché sono ricco, bello e sono un gran calciatore, non c'è altra spiegazione».

«Io sono sempre disposto a imparare, ad ascoltare un'opinione».

«Io sono una persona con la quale è molto facile avere a che fare. E mi considero fortunato, perché quando ho bisogno di parlare delle mie cose, so che ci sono i miei amici di sempre».

«Io sono una persona normale e ho sentimenti come tutti gli altri».

«Io sono una persona che ama le sfide. Sono sempre stato così, mi sono sempre piaciute. La mia vita si basa su sfide sempre nuove».

«Io generalmente sono una persona positiva e molto equilibrata».

«Per me i rapporti con le persone sono più importanti del denaro».

«La cosa fondamentale non è il denaro, ma la qualità della vita».

«Io ho ricevuto una buona educazione. Mia madre e mio padre mi hanno insegnato a essere una persona vera, a non cambiare il mio carattere per gli altri. Se vi piaccio, bene. Se non vi piaccio, non importa, va bene lo stesso».

«Mi piace quando vedo che la gente attorno a me è positiva, contenta e sorridente».

«Non ottieni nulla, in questa vita, se non vivi delle difficoltà, come le ho vissute io».

«Piangevo quasi tutti i giorni quando ero ancora un bambino e vivevo a Lisbona. Oggi piango ancora, di felicità o di tristezza. Ho ancora molte lacrime da versare. Piangere fa bene. Piangere fa parte della vita».

«Io non sopporto chi mi mente. Mentire per me è una delle cose peggiori. Mi fa arrabbiare».

«Parlare di continuo non è il mio modo di vivere la vita. Parlare troppo rovina la tua immagine».

«Io sono una ragazzo intelligente, ma nessuno è perfetto, e io non sono perfetto».

«Ci sono giorni in cui non è facile essere Cristiano, perché ti va di fare cose normali e non puoi. Però sono in grado di vivere così e in realtà non mi sento a disagio nella mia vita».

IL CALCIO

«A chi piace il calcio piace Cristiano Ronaldo».

«Io faccio ciò che più amo nella vita: giocare a calcio».

«La mia vita è, essenzialmente, il calcio, sebbene faccia anche cose normali con la mia famiglia e i miei amici. Mi piace, ad esempio, andare al ristorante o al cinema, però ci vado poco perché per me è difficile. Ho scelto io la vita che faccio, e devo accettarlo. Cerco di assaporarne ogni momento».

«Ho già vinto tutto, ma non mi stancherò mai di vincere fino a quando mi ritirerò dal calcio. È il mio modo di essere. Credo che uno possa essere fuori forma fisicamente, ma non mentalmente. La mentalità è importantissima per raggiungere un obiettivo. E il segreto è che bisogna sempre prefiggersi degli obiettivi».

«Il mio obiettivo, la mia ambizione è riuscire a essere il migliore. Se alla fine ho la possibilità di esserlo, perfetto; quello che voglio, comunque, è entrare nel club dei migliori giocatori della storia. Grazie a Dio, ho già vinto il trofeo di miglior calciatore del mondo, ma spero di vincerlo ancora. Sì, vincerò ancora il Pallone d'Oro».

«Cerco di migliorare il mio rendimento anno dopo anno, perché so che il giorno in cui penserò di essere al top non sarò più il migliore. L'idea è fare in ogni stagione qualcosa di grandioso, qualcosa di nuovo, che non abbia mai fatto. La mia fortuna è che sono supportato da una squadra magnifica».

«Io credo di essere un calciatore completo, anche se ci sono sempre cose da migliorare. Non mi riferisco solo ad aspetti particolari, parlo in generale: credo che si debba crescere globalmente. Non miro a perfezionare solo il tiro o il dribbling».

«Dribblare è il mio modo di giocare. Gioco così da quando ero piccolo. Mi piace dribblare, superare l'avversario. Capisco che i miei dribbling, le mie biciclette, i miei colpi di tacco possano fare innervosire, ma io non voglio prendermi gioco degli avversari: è il mio stile. Non l'ho cambiato in Inghilterra, e non lo cambierò perché gioco in Spagna o in Brasile».

«Il mio modo di colpire il pallone è un segreto che non voglio svelare. Penso sempre da che lato tirare, guardo il portiere, la porta, i difensori e tiro dicendo a me stesso: "Colpiscila bene, Cristiano"».

«Cerco sempre di segnare, giocare bene e aiutare la squadra. Però non penso mai: devo fare gol a ogni partita. Se pensi così, alla fine non segni. I gol arrivano naturalmente per il tuo talento, per le tue qualità tecniche, per la tua abilità. Per questo non mi preoccupo se un giorno non segno. Se io e la squadra giochiamo bene, i gol arrivano da soli».

«Non importa dove o contro chi giochiamo: in ogni partita scendo in campo per dare il meglio di me, faccio il mio gioco e do il massimo per vincere».

«Dopo aver perso una partita arrivo a casa e a volte non parlo né con mia madre, né con i miei familiari. Mi conoscono e sanno che reagisco così: mi è capitato persino di piangere dopo una partita persa».

«Il mio punto debole? Non saprei. In generale mi piace stare bene a tutti i livelli: non solo fisico, anche mentale. Non c'è una parte che alleno in modo più specifico rispetto ad altre. Voglio diventare sempre più forte».

«I calciatori sono persone, ed è naturale che le cose che accadono nelle nostre vite ci condizionino. Più sei professionista, più forte devi essere per mantenere la regolarità in campo. Siamo pagati per questo».

«Nei periodi in cui gioco conduco una vita molto tranquilla, mi concentro al massimo sul calcio. Ci sono momenti per divertirsi e altri per lavorare. Io e i miei amici ci divertiamo da morire quando siamo in vacanza. Quando lavoro, nessuno può rimproverarmi nulla sulla mia condotta. Cerco di essere un professionista esemplare, e ciò si nota quand'è il momento di giocare. Una persona che esce tutti i weekend non può rendere al massimo».

«Amo prendermi cura del mio corpo, è una parte importante della mia vita e della mia professione. Però non faccio niente di speciale: mi alleno. Mangio di tutto, ma stando attento. Non ingrasso, però devo lavorare duro per mantenermi in forma».

«Quando vado in campo o agli allenamenti, sono felice, perché adoro giocare a calcio: per me è una passione e un divertimento».

«Considero i miei compagni di squadra miei amici, perché ci vediamo tutti i giorni. È la mia seconda famiglia e la maggior parte del tempo che passo fuori casa lo passo con loro».

«Mi piace quando il clima negli spogliatoi è allegro e c'è un ambiente positivo e divertente».

« Non ho paura quando scendo in campo. Non ho problemi con i difensori avversari: ciascuno si difende con le proprie armi. Penso che nessun giocatore voglia farti del male appositamente. Il novantanove per cento dei calciatori sono onesti. È vero che alcuni cercano di fermarmi con i falli. Ma se non lo facessero, non mi fermerebbero».

«Penso che il calcio dovrebbe proteggere i giocatori che cercano di far divertire la gente, di creare uno spettacolo sempre più stimolante per lo spettatore, perché è questa la cosa più importante. Senza i tifosi non ci sarebbe nulla. Il Madrid, il Manchester, il Barcellona non sarebbero così conosciuti in tutto il mondo».

«Cerco di ignorare tutte le provocazioni, perché questo non è calcio. Chi fa cose del genere non è una bella persona. Davvero, ciò che dice la gente non mi tocca. Non m'importa».

«Mi tappo lo orecchie quando mi urlando dietro. Ascolto solo quei tifosi che gridano: "*Ese portugués, ¡qué bueno es!*" ("Questo portoghese, quant'è bravo!"). Non ho bisogno di insulti per motivarmi».

«Quelli che mi insultano, poi, sono i primi, quando mi incontrano per strada, a chiedermi l'autografo. Gli insulti non li comprendo. Non so. Capisco che mi temano, ma non che m'insultino».

«Non sono uno di quelli che trascorrono tutto il pomeriggio in casa a vedersi quattro o cinque partite di calcio. Non è che non mi piaccia il calcio: non mi piace vederlo in Tv. Io preferisco giocare. Vedo solo le partite del Madrid quando non sono in campo, e le grandi partite».

«Se non fossi un giocatore, mi piacerebbe riprendere in mano gli studi; a sedici anni ho iniziato ad allenarmi con la prima squadra dello Sporting Lisbona e non ho più potuto proseguire con la scuola. Mi sarebbe piaciuto studiare Marketing o diventare professore di Educazione fisica».

«So che molti ragazzini mi ammirano, e per loro cerco di dare il massimo, in campo. Personalmente non ammiro nessuno sportivo in particolare, anche se riconosco che ci sono grandi esempi di eccellenza nel calcio, nella pallacanestro, nell'atletica, nella Formula 1, nel tennis; io li seguo e li apprezzo tutti».

«Mi piacerebbe essere ricordato come un esempio. Come un calciatore che ha dato il massimo per lo spettacolo e che ha vinto tutto quello che c'era da vincere».

** Le dichiarazioni di Cristiano Ronaldo sono state tratte da interviste ai seguenti mezzi di comunicazione: RTVE, Antena 3, Telecinco, Intereconomía Tv, Cadena Ser, Cadena COPE, Real Madrid Televisión, «Marca», «As», «Don Balón», «A Bola».*

ABELINHA

«Ho avuto un'infanzia felice da un lato e diversa dall'altro, perché a dodici anni ho lasciato la mia famiglia per andare a Lisbona».

La casa dov'è nato, nella Quinta do Falcão, parrocchia di Sant'Antonio, 27 A, 9000 Funchal, non esiste più. La casa popolare, fatta di mattoni, assi di legno e tetto di lamiere è stata demolita nel 2007 per evitare problemi con gli occupanti. La famiglia Aveiro non abita più lì da tempo. Dolores, la madre di Cristiano, vive in una villetta bianca su due piani con vista sull'Atlantico, nel quartiere di San Gonzalo, all'altro estremo di Funchal. Una casa elegante compratale dal figlio, vicino a quelle dei suoi fratelli Hugo e Cátia.

Oggi Quinta do Falcão, un conglomerato di case costruito sul pendio della montagna, non è più il quartiere povero di un tempo. Negli ultimi anni, grazie agli aiuti dell'Unione Europea, si è trasformato. Sono stati costruiti nuovi condomini e la zona ha iniziato ad attirare anche la classe media portoghese, messa in fuga dal caro prezzi degli appartamenti sulla costa. Oggi, dove si trovava la casa di Cristiano c'è un terreno ricoperto di cespugli, un campo da calcetto e un bar. Alcuni tifosi arrivano fin qui, chiedono informazioni e i tassisti organizzano, per pochi euro, un giro turistico. Li portano a vedere dov'è nato, dov'è cresciuto, dov'è andato a scuola, dove ha iniziato a giocare a pallone il calciatore che ha eclissato, nell'immaginario collettivo del Portogallo, innumerevoli visitatori illustri dell'isola di Madeira, come Winston Churchill, l'imperatrice Sissi, Carlo i d'Austria, Bernard Shaw, Rilke, Cristoforo Colombo o Napoleone Bonaparte.

Madeira è un arcipelago situato nell'Atlantico, a 860 chilometri da Lisbona. È formato da due isole abitate, Madeira e Porto Santo, e da tre isole minori disabitate. Madeira, il giardino dell'Atlantico, come recitano le guide turistiche, è una roccia vulcanica lunga 57 chilometri e larga 22, una montagna che discende a mare dai 1.862 metri del Pico Ruivo. Funchal, con i suoi 110.000 abitanti, è la capitale. Ed è proprio qui, all'Ospedale Cruz de Carvalho, che martedì 5 febbraio 1985, alle 10.20 del mattino, è nato Cristiano: quattro chili di peso e cinquantadue centimetri di lunghezza. Quarto figlio di Maria Dolores dos Santos e José Dinis Aveiro, dopo Hugo, Elma e Cátia. Una gravidanza imprevista che arriva nove anni dopo la nascita di Cátia, e un bambino a cui bisogna trovare un nome.

«Mia sorella, che lavorava in un orfanatrofio, mi disse che se fosse stato maschio avrei potuto chiamarlo Cristiano. Mi sembrò una buona idea», racconta Dolores, sua madre. «A me e a mio marito piaceva Ronaldo, come il presidente degli Stati Uniti [Ronald Reagan, attore e inquilino della Casa Bianca dal 1981 al 1989, N.d.A.]. Mia sorella scelse Cristiano e noi Ronaldo».

Il battesimo di Cristiano Ronaldo dos Santos Aveiro si celebra nella chiesa di Sant'Antonio. E, coincidenze della vita, è segnato dal calcio. José Dinis, il padre del bambino, dà una mano, come magazziniere tuttofare, nel Clube de Futebol Andorinha de Santo António. E decide che Fernão Barros Sousa, capitano della squadra, farà da padrino al piccolo. La cerimonia è alle sei del pomeriggio, ma alle quattro c'è la partita. L'Andorinha gioca a Ribeira Brava. Antonio Rodríguez Rebola, il sacerdote, ha già battezzato gli altri bambini e comincia a innervosirsi: non si vede né il padre, che accompagna sempre la squadra, né il padrino. Dolores, la mamma con il bambino in braccio, e la madrina cercano di tranquillizzare il parroco. Finalmente, con più di mezz'ora di ritardo, arrivano Fernão e Dinis. Il rito si può officiare.

Le prime foto dell'album di famiglia mostrano un Cristiano bambino con occhi attenti, vestito con un completino bianco e blu, stivaletti bianchi, braccialettini d'oro ai polsi, anello d'oro al dito e una lunga catenina con un crocefisso. Poco a poco nelle immagini i capelli si trasformano in una "massa" di ricci, una "chiocciola", come dicono i portoghesi, e si delinea un sorriso che fa intravedere i buchi lasciati dai primi denti da latte.

Papà Dinis è giardiniere per il Comune, mamma Dolores fa la cuoca. A vent'anni, come migliaia e migliaia di portoghesi, Dolores emigra in Francia. Vive tre mesi a Parigi, dove lavora come donna delle pulizie. Suo marito dovrebbe raggiungerla, ma non lo fa. Perciò decide di tornare a Madeira, perché ha già due figli. La vita non è facile per la famiglia Aveiro, così come per tutti i loro vicini, abitanti di un quartiere lontano dai lussuosi hotel dell'isola. La casa è piccola per i quattro figli e ogni volta che scoppia un temporale, l'acqua entra da tutte le parti. Dolores deve chiedere cemento e mattoni al Comune per sistemare il tetto. Eppure, come sostiene oggi Cristiano, in quei primi anni la sua infanzia è stata felice. All'età di due o tre anni, di fronte a casa o sul Caminho do Lombinho, inizia a scoprire la sua migliore amica: *a bola*, la palla.

«Una volta, a Natale, gli ho regalato una macchinina telecomandata pensando che gli sarebbe piaciuta di sicuro, e invece lui, niente», racconta Fernão Sousa. «Preferiva una palla. Dormiva col pallone. Non se ne staccava mai. Sempre sotto al braccio, se lo portava dietro ovunque andasse».

Giunge il momento di andare all'asilo all'Externato de São João da Ribeira, un collegio di suore francescane di Nossa Senhora das Vitórias.

A sei anni Cristiano entra nella Escola Básica y Secundária Gonçalves Zarco, meglio conosciuta come la Escola de Barreiros, per la vicinanza con lo stadio dos Barreiros, dove gioca il Marítimo. Cristiano non è uno studente brillante. Non va male, ma non è neanche un secchione. Si limita a fare il minimo per essere promosso. Maria dos Santos, una delle sue maestre, lo ricorda come un alunno «educato, divertente e buon amico dei suoi compagni di classe». Riguardo alle passioni del ragazzo, aggiunge: «Sin dal primo giorno, il calcio è stato il suo sport preferito. Partecipava ad altre attività e faceva il suo lavoro, ma gli piaceva avere tempo per se stesso, tempo per il calcio. Se non c'era un vero pallone nei dintorni, e spesso non c'era, lui e i suoi amici ne facevano uno di carta. Insomma, trovava sempre il modo di giocare a calcio nel cortile della scuola».

Calcio nella ricreazione e per le strade del suo quartiere.

«Quando tornava a casa da scuola», racconta Dolores, la madre, «io gli dicevo: "Ronaldo, va' in camera tua a fare i compiti". Lui mi rispondeva sempre che non aveva niente da fare. E così io andavo a cucinare e lui se ne approfittava. Saltava dalla finestra, prendeva al volo uno yogurt o un frutto e correva, col pallone sotto braccio, a giocare. Rincasava alle 21.30». Senza contare quando per la *bola* marina la scuola. «I suoi professori mi dicevano che dovevo rimproverarlo, ma io non lo punivo. Doveva allenarsi per diventare un gran giocatore».

«Giocavo sempre a pallone con i miei amici: era quello che facevo più volentieri, era il mio modo di passare il tempo», riconosce Cristiano, anni dopo. Gioca per la strada, perché nel quartiere non ci sono campi da calcio. Una strada, la Quinta do Falcão, in salita, dove passano autobus, automobili e moto. Ogni volta bisogna togliere i sassi che segnano la porta e aspettare che non ci sia più traffico per poter continuare la partita. Sono sfide dure tra una casa e l'altra, tra bande di amici. Sono partite che non finiscono mai. Il problema è quando il pallone cade nel giardinetto dei vicini, come in quello dei signori Agostinho, che ogni volta minacciano i ragazzi di bucare la *bola* e andare da Dolores e dalle altre madri per chiedere di castigarli. La strada e un pozzo (Cristiano ci va da solo a tirare pallonate per ore e ore contro il muro) sono le sue prime scuole di calcio. È proprio qui, tra l'asfalto, i marciapiedi e le auto, giocando contro ragazzi più grandi, che Cristiano impara i trucchi e le tecniche, e forma il suo carattere. «Lo vedevi andare per la strada tutto il giorno col pallone. Faceva autentiche magie. Sembrava che ce l'avesse incollato al piede», ricorda Adelino Andrade, un vicino degli Aveiro. «Aveva un dono per giocare a calcio», sostiene Elma, sua sorella. «Ma non ci saremmo mai immaginati che avrebbe potuto arrivare dov'è arrivato».

A sei anni, Cristiano inizia la sua avventura nel mondo del calcio. Nuno, suo cugino, gioca nell'Andorinha. Cristiano è andato al campo da calcio diverse volte per accompagnare il padre. I due sono inseparabili. Nuno lo invita a vederlo giocare. Gli chiede se gli piacerebbe entrare in squadra. Cristiano comincia ad allenarsi e decide di restare. Dolores e Dinis approvano la decisione del figlio minore. A entrambi il calcio è sempre piaciuto, e molto. Il Benfica è la squadra di suo padre e del fratello maggiore Hugo. La madre adora Luís Figo e lo Sporting Lisbona. Durante la stagione 1994-95, all'età di nove anni, Cristiano Ronaldo dos Santos Aveiro ottiene, con il numero 17.182, la sua prima licenza sportiva dall'Associação de Futebol do Funchal. E indossa la maglia celeste dell'Andorinha. La squadra del quartiere con una lunga storia alle spalle. Fondata il 6 maggio 1925, deve il suo nome, "rondine", al tiro vincente di un calciatore seguito al volo di una rondine, come racconta la leggenda.

Francisco Afonso, maestro delle elementari di Cátia, la sorella di Cristiano, è un uomo che ha dedicato venticinque anni alle categorie giovanili del calcio di Madeira. È stato il primo allenatore di Ronaldo. Non si è mai dimenticato di quando lo vide, la prima volta, sul campo a sette dell'Andorinha. «La *bola*, per Cristiano», dice, «era il pane quotidiano. Era veloce, aveva una gran tecnica, era ambidestro. Un tipo magrolino, ma una spanna più alto dei ragazzi della sua età. Non c'è dubbio che fosse superdotato, un talento naturale. Voleva sempre la palla, voleva vincere la partita da solo. Aveva grande forza di volontà, voleva sempre fare tutto bene in qualsiasi posizione del campo. E si disperava quando non poteva giocare o perdeva».

Rui Santos, il presidente del club, racconta a tal proposito un aneddoto divertente su Andorinha-Camacha, partita della stagione 1993-94. «Camacha, in quegli anni, era una delle squadre più forti dell'isola. L'Andorinha, alla fine del primo tempo, perdeva 2-0 e Ronaldo era talmente deluso che singhiozzava come un bambino a cui hanno rubato il giocattolo preferito. Durante il secondo tempo entrò in campo e segnò due gol che portarono la squadra a vincere per 3-2. No, perdere non gli piaceva. Voleva sempre vincere, e piangeva quando perdeva». Per questo, racconta Dolores, finirono per chiamarlo il "piagnone". Gli si riempivano gli occhi di lacrime e si arrabbiava perché un compagno non gli passava la palla, perché un altro, o magari proprio lui, sbagliava un gol, un passaggio, o perché la squadra non giocava come voleva lui. L'altro soprannome che gli affibbiarono fu *abelinha*, perché proprio come un'ape non si fermava un attimo e zigzagava in campo senza sosta. Un nome che Cristiano, anni dopo a Madrid, darà al suo cane, uno Yorkshire.

«Un calciatore come Ronaldo», aggiunge Rui Santos, «non si vede tutti i giorni. E appena lo vedi ti rendi conto che è un fuoriclasse, che è diverso da tutti gli altri». Peccato che l'Andorinha fosse una delle squadre più deboli del campionato. Contro quelli del Marítimo, del Câmara de Lobos o del Machico, la sconfitta e la valanga di gol era assicurata. Tanto che Ronaldo non voleva giocare, perché sapeva che avrebbero perso. Allora suo padre lo incoraggiava, lo convinceva a mettersi scarpe, maglia e pantaloncini e a entrare in campo. Gli ricordava che solo i deboli si arrendono. Una lezione che Ronaldo non dimenticherà mai. E in pochi anni il suo nome inizia a essere conosciuto in tutta l'isola. Nacional e Marítimo, i due grandi club di Madeira, cominciano a interessarsi all'Abelinha. La voce di un ragazzo che fa prodezze con la *bola* corre e arriva all'orecchio di Fernão Sousa, il suo padrino, che ora è il responsabile delle categorie giovanili del Nacional. «Scoprii con gran sorpresa che si trattava del mio figlioccio. Sapevo che giocava a calcio», racconta, «ma non sapevo che fosse così bravo. Aveva un modo incredibile di condurre il pallone. Aveva sicuramente un gran futuro. Mi resi conto che il ragazzino poteva essere la salvezza per la sua famiglia». E Sousa non dubita un istante. Decide che bisogna portarlo al Nacional. «Parlai con la madre, le dissi che era la cosa migliore per lui e trovammo un accordo con l'Andorinha».

In realtà non è stato così facile come racconta Sousa. Perché Dinis preferisce che suo figlio vada al Marítimo. E il ragazzo ha anima *verde e vérmelha*: il suo cuore batte per il Marítimo. Tuttavia le parti non riescono a trovare un accordo, così Rui Santos, il presidente dell'Andorinha, convoca una riunione con entrambi i club per ascoltare eventuali offerte. Il responsabile delle categorie giovanili del Marítimo non si presenta, e Cristiano finisce al Nacional de Madeira. Una cessione frettolosa che nessuno, comunque, ha dimenticato, tanto che l'Andorinha diventa famosa come la prima squadra del Pallone d'Oro 2008 e si becca persino gli aiuti del Comune: oggi il vecchio campo di terra è stato sostituito con uno di erba artificiale con tanto di illuminazione.

Quando entra a far parte del Nacional, Cristiano ha soltanto dieci anni e sua madre è preoccupata. «Dicevo sempre a mio marito: "Giocherà con ragazzi più grandi che possono fargli male, rompergli una gamba", e Dinis mi rispondeva: "Tranquilla che non lo prendono, è troppo veloce"».

Che il bambino fosse magrolino e un po' denutrito è evidente, tanto che gli allenatori del Nacional dicono al padre di farlo mangiare di più perché si irrobustisca. Sulle sue capacità non hanno alcun dubbio.

«Ci siamo resi conto subito che aveva grandi qualità», afferma António Mendoça, l'allenatore di Cristiano nelle stagioni in cui ha indossato la maglia bianconera. «Le sue caratteristiche erano già evidenti: rapidità d'azione, velocità, dribbling, tiro. Il calcio di strada gli aveva insegnato la tecnica per evitare i colpi, per schivare gli avversari, per affrontare ragazzi più grandi di lui. E gli aveva temprato il carattere. Aveva un gran coraggio».

Il lavoro di Mendoça e degli altri tecnici del club bianconero è fargli capire che il calcio è uno sport collettivo. Perché? Perché Ronaldo è capace di prendere la palla nel suo campo, correre fino alla porta avversaria e segnare. Senza mai passare il pallone a nessuno. Degli avversari gli importa poco. Con i compagni di squadra s'infuria quando qualcosa non va. «Loro lo sopportavano perché segnava tantissimo. Vincevamo le partite a 9 o 10-0», racconta Mendoça. Tuttavia, il suo individualismo e il suo orgoglio iniziano a pesare. Si sente superiore agli altri ed è difficile dargli consigli; bisogna parlargli sempre in privato, mai davanti alla squadra.

Nella stagione 1995-96 con il Nacional, Cristiano vince il suo primo titolo regionale nella categoria dei dieci-dodici anni. Porto e Boavista, i grandi club del "rettangolo", come gli abitanti dell'isola chiamano il Portogallo, iniziano a interessarsi al ragazzo.

Fernão Sousa pensa che sia arrivato il momento e che sia giusto per il suo figlioccio fare il grande salto. Parla con la seconda delle persone che cambiano il destino del bambino: João Marques Freitas, assistente del procuratore generale e presidente del club dello Sporting de Lisboa a Funchal. Gli racconta meraviglie del ragazzo nato nella Quinta do Falcão. Lo Sporting ascolta la voce di Freitas e manda qualcuno a parlare con gli Aveiro. Poco tempo dopo, Ronaldo si lascia alle spalle la sua infanzia, la sua famiglia e i suoi amici. Parte per il continente.

LONTANO DALL'ISOLA

«A livello sportivo è stato il momento più complicato della mia vita».

Non aveva mai preso un aereo. Non aveva mai lasciato la sua isola. Non aveva mai affrontato una sfida del genere. È nervoso e la notte prima del viaggio non dorme.

A Lisbona lo accompagna Fernão Sousa, il suo padrino. Sono le vacanze di Pasqua del 1997 e Cristiano ha un appuntamento per un provino con lo Sporting Lisbona. A lui sarebbe piaciuto entrare nel Benfica, il club di suo padre e di suo fratello, ma mamma Dolores è tifosa dello Sporting e sogna che suo figlio diventi un grande come Luís Figo. E poi non si può certo dire di no a uno dei grandi club della capitale. Il club con il miglior vivaio del Portogallo, l'Accademia, da dove sono usciti Paulo Futre, Figo, Simão e cresceranno Pinto, Quaresma, Hugo Viana, Nani.

Il ragazzo è sicuro di farcela. Sa di essere un buon giocatore e si reputa capace di convincere i tecnici biancoverdi. Ma a dodici anni, quando si trova nel campo d'allenamento dello Sporting, l'emozione è tanta.

Paulo Cardoso e Osvaldo Silva sono i due allenatori che lo esaminano. Ronaldo non si fa notare per il fisico, ma quando inizia la partitella, tutto cambia. Gli arriva il pallone e il ragazzino della Quinta do Falcão schiva due o tre avversari. E si ripete: altri dribbling, un'altra corsa solitaria con il pallone incollato al piede.

«Ho guardato Osvaldo», racconta Cardoso, «e gli ho detto: questo sì che è diverso, questo sì che è un giocatore fantastico. E non era solo la mia impressione: anche gli altri ragazzi lo hanno capito e alla fine gli si sono fatti intorno. Sapevano che era il migliore». La prova ha impressionato i tecnici dello Sporting. E questi decidono di rivederlo il giorno dopo negli impianti accanto al vecchio stadio José Alvalade. Questa volta a visionarlo ci sarà anche Aurélio Pereira, il direttore dell'Accademia.

«Ciò che mi ha colpito di più», racconta Pereira, «oltre al suo talento, oltre al fatto che il pallone era un'estensione del suo corpo, che era ambidestro, che colpiva bene di testa e che era veloce è stata la sua determinazione, la sua personalità, il suo coraggio in campo. Da un punto di vista psicologico sembrava indistruttibile. Non aveva paura di nulla, nemmeno dei giocatori più grandi di lui. Aveva l'istinto del leader che solo i grandi possiedono. Era un fuoriclasse. A tal punto che i suoi compagni tornando negli spogliatoi lo cercavano per diventare amici. In una parola: non gli mancava niente, poteva solo migliorare».

Nella *ficha de identificaçao de jugadores a experiencia* che il 17 aprile 1997 firmano Paulo Cardoso e Osvaldo Silva, c'è scritto: «Giocatore con un talento eccezionale e tecnicamente molto sviluppato. Notevole la sua capacità di dribbling in movimento o da fermo». Nella casella *Inscrever* (Iscrivere) c'è una croce su *Sim* (Sì). Il centrocampista o seconda punta, come viene definito dai tecnici, Cristiano Ronaldo dos Santos Aveiro ha superato la prova. Può diventare giocatore dello Sporting, ma prima bisogna trovare un accordo con il Nacional de Madeira.

Il Nacional ha un debito con lo Sporting di 4.500 contos, pari a 22.500 euro, dovuto a Franco, un giovane calciatore che dallo Sporting è passato al Nacional. Sembra che l'ingaggio di Cristiano si possa liquidare saldando il debito in sospeso, ma 22.500 euro per un dodicenne sono una cifra esorbitante. «Lo Sporting non aveva mai pagato tanto per un ragazzino», afferma Simões de Almeida, ex amministratore del club.

Aurélio Pereira e gli altri tecnici devono convincere la dirigenza che spendere vale la pena. Così il 28 giugno 1997 Pereira prepara una nuova relazione nella quale aggiunge, di proprio pugno: «Nonostante possa sembrare esagerata una cifra simile per un ragazzo così giovane, di soli dodici anni, bisogna sottolineare che possiede un gran talento. Ha dimostrato le sue qualità nelle prove condotte dagli allenatori. Sarà un buon investimento per il futuro».

Tre righe che riescono a convincere il direttore finanziario del club: il trasferimento è cosa fatta.

L'ultima settimana di agosto, Cristiano Ronaldo parte da Madeira per entrare nel vivaio dello Sporting. Un momento durissimo per un bambino di dodici anni. Non lo ha dimenticato. «Mia madre e le mie sorelle piangevano. E io anche. Quand'ero già sull'aereo e ha iniziato a decollare, gli occhi mi si sono riempiti di lacrime e ho cominciato a piangere, pensando alla mia famiglia che piangeva per me».

Ronaldo si trasferisce a vivere nella residenza costruita dallo Sporting all'interno dello stadio Alvalade, giusto a fianco dei tre campi d'allenamento. Sette stanze e una sala per la televisione. Ronaldo è il più piccolo. Condividerà la camera con Fábio Ferreira, José Semedo e Miguel Paixao. Convive con giovani provenienti dal Mozambico, ex colonia portoghese; dall'Algarve e da Vila Real. Le sue giornate sono rigorosamente organizzate: in classe fino alle cinque del pomeriggio e poi allenamento.

Il primo giorno di scuola, per il ragazzino della Quinta do Falcão, è traumatico. Arriva in ritardo alla lezione e la maestra sta già facendo l'appello. Lui è il numero cinque, si alza, dice il suo nome e dal fondo sente i compagni che scoppiano a ridere. Lo prendono in giro. Il suo accento di Madeira li diverte. È molto diverso dal portoghese che si parla nella capitale, quasi un'altra lingua. Suona strano. Suona povero. Suona isolano. Non si capisce bene quando parla. Cristiano perde il controllo, esplode e minaccia la maestra con una sedia.

Si trasforma nello zimbello della classe. Si sente un pagliaccio. Pochi giorni dopo insulta un allenatore che gli ha chiesto di pulire lo spogliatoio. Con orgoglio risponde: «Io sono uno giocatore dello Sporting, non devo raccogliere niente da terra». Non serve a nulla. La punizione è esemplare: lo lasciano vari giorni senza giocare. E lui piange, piange tantissimo. Quasi tutti i giorni. Sente *saudade* della sua famiglia, della sua isola, dei suoi amici.

«È stato durissimo», ricorda Cristiano. «A livello sportivo è stato il momento più difficile, più complicato della mia vita». Gli sembra impossibile riuscire ad adattarsi alle persone, alla vita nella residenza, alle regole, allo stress della grande città. Tutto è diverso, tutto è complicato. Ai suoi occhi, Lisbona è un altro mondo. Due o tre volte alla settimana chiama a casa. Compra una tessera da cinquanta unità e va in una cabina telefonica. Appena sente la voce di sua madre, diventa triste, piange; sente la loro mancanza. Spesso Dolores deve rassicurarlo, deve dirgli che non faccia caso agli scherzi dei compagni; spesso deve consolarlo, convincerlo che la sua vita e il suo futuro sono lì, a Lisbona, nel vivaio dello Sporting. Deve partire per la capitale per dargli forza, perché Cristiano dice che non ce la fa più, vuole mollare tutto, vuole abbandonare il suo sogno e tornare all'isola con la sua famiglia.

«Sua madre», sostiene Aurélio Pereira, «è stata determinante perché Cristiano arrivasse dov'è arrivato. In molte occasioni si è messa dalla nostra parte e non da quella del figlio, ci ha aiutato e ha aiutato Cristiano». Anche il suo padrino deve intervenire affinché non abbandoni l'Accademia, quando il ragazzo torna a casa e non vuole rientrare a Lisbona.

Il primo anno è un'autentica via crucis. Poi poco alla volta comincia ad adattarsi. «Nei momenti difficili», spiegherà, anni dopo, CR7, «si imparano cose su se stessi e bisogna essere forti e sapere quello che si vuole».

«Aveva un sogno nella vita: voleva essere qualcuno», afferma Paulo Cardoso. «Voleva diventare un calciatore professionista, e lo voleva con tutte le sue forze».

Leonel Pontes, di Madeira, è il suo tutore. Lo accompagna agli allenamenti e a scuola. Ricorda che «Ronaldo era deciso in qualsiasi cosa facesse. Voleva essere il migliore in tutto: nel ping pong, nel tennis, nel biliardo, nel calcetto, a freccette, nell'atletica, nell'uno contro uno, nella velocità. La sua squadra doveva vincere sempre. E lui doveva vincere in qualunque sport praticasse. Penso che una delle cose che l'hanno fatto arrivare dov'è arrivato oggi sia proprio il modo in cui lavorava: sempre di più, sempre di più!».

All'una di notte lo trovano ad allenarsi in palestra. Nella sua stanza fa addominali e flessioni; si allena con pesi alle caviglie per irrobustirsi e migliorare il suo dribbling. Quando i compagni vanno a farsi la doccia dopo l'allenamento, lui rimane in campo a esercitarsi. Calcia punizioni cercando di superare la barriera di sagome di legno. Mangia due piatti di minestra a ogni pasto perché gli hanno detto che gioca bene, ma è troppo magro. La domenica allo stadio fa da raccattapalle dello Sporting. Vede da vicino le grandi figure del club, sente l'emozione del campo e guadagna cinque euro. A fine partita li unisce a quelli dei suoi compagni e tutti insieme vanno in pizzeria. Il suo primo stipendio allo Sporting è di dieci contos al mese, circa cinquanta euro. Li usa per i libri, i quaderni, lo zaino, i vestiti e le spese quotidiane. Un giorno, però, mamma Dolores chiama il club per informarli che «Ronaldo non ha mangiato in mensa e ha speso tutti i soldi che aveva risparmiato in tavolette di cioccolato». Una storia che fa sorridere, Ronaldo è ancora un bambino. Un bambino che però deve crescere in fretta. «Mi dispiace di non aver goduto appieno dell'infanzia», dirà anni dopo in un'intervista rilasciata prima dei Mondiali del Sudafrica. Deve diventare adulto a passi da gigante; glielo impone la residenza, dove dev'essere autonomo in tutto e per tutto e responsabile di un compito che normalmente non spetta ai bambini: portare la biancheria a lavare e stirarla. Glielo impone il suo essere calciatore apprendista e soprattutto glielo impongono i problemi della sua famiglia. A quattordici anni, Cristiano sa che suo padre Dinis è un alcolizzato cronico e che suo fratello Hugo è un tossicodipendente. Qualcosa che lo spaventa, ma non lo abbatte. Il fratello maggiore, dopo vari ricoveri e varie ricadute, uscirà dal tunnel. Suo padre, invece, non ce la farà.

Fortunatamente, nella residenza le cose cominciano a migliorare. «Grazie al suo straordinario talento e al suo lavoro instancabile, si adatta alla nuova vita e diventa il punto di riferimento del gruppo. Gli altri giocatori», dice Pontes, «gli passavano il pallone perché sapevano che era il migliore».

Leader sul campo e anche fuori. Nel documentario *Planeta Ronaldo*, trasmesso dalla televisione portoghese Sic, Pontes narra un aneddoto accaduto in una via di Lisbona: Ronaldo e tre suoi compagni di squadra vengono aggrediti da una banda di borseggiatori e lui, il più giovane, è l'unico che non scappa, ma lotta per difendere i pochi soldi che ha nel portafogli. I ladri se ne vanno senza rubare nulla.

L'Accademia dello Sporting segue le sue giovani promesse non solo nei campi d'allenamento. Mette loro a disposizione un tutor che li segue nella scuola Externado Novo Crisfal. Ronaldo ama il calcio, meno le lezioni. Gli piacciono le materie scientifiche e odia l'inglese. Fa i compiti, è un buon alunno, però il calcio, gli amici, gli allenamenti gli portano via tanto tempo. Sceglie tra il pallone e i libri. Parla con sua madre e prende una decisione. Non finirà gli studi.

Il club aiuta i ragazzi a superare i problemi di adattamento tramite i consigli di uno psicologo. E impone una disciplina ferrea. Ne è esempio un episodio, che Ronaldo non ha mai dimenticato. Fase finale del campionato giovanile: lo Sporting deve affrontare il Marítimo, la squadra dov'è cresciuto Cristiano. Tornare nella sua isola, nel suo quartiere, allo stadio dove ha giocato le prime partite, vedere la sua famiglia e i suoi amici sugli spalti per Ronaldo è un'emozione incredibile. Ma si è comportato male a scuola e i dirigenti decidono di punirlo nel modo che lo ferisce di più: non lo convocano per la partita di Madeira. «Ho guardato la lista e il mio nome non c'era. L'ho riletta quattro volte, ma niente. Mi sono messo a piangere e sono andato, arrabbiatissimo, al centro d'allenamento a chiedere spiegazioni. È stato un duro colpo, ma per me ha rappresentato una lezione importante».

L'Accademia dà direttive chiarissime ai suoi giocatori e ne controlla passo passo la crescita fisica con un'équipe medica. Su Cristiano, ad esempio, conducono uno studio sulla sua densità ossea, per vedere quale sarà da grande la sua altezza. Da quel punto di vista non ci sono problemi, il ragazzo supererà il metro e ottantacinque. Ma all'età di quindici anni gli diagnosticano un problema serio.

«Dal club ci avvisarono che il suo battito cardiaco, a riposo, era troppo veloce», rivelerà sua madre al tabloid inglese «The Sun». «Ho dovuto firmare un sacco di carte perché lo ricoverassero in ospedale e gli facessero delle analisi. Alla fine decisero di operarlo. Usarono un laser per riparare la zona danneggiata, e dopo alcuni giorni di riposo Cristiano era già a casa. Prima di sapere esattamente cos'avesse, ho avuto molta paura che dovesse smettere di giocare a calcio».

Si trattava di una lesione congenita che gli aumentava i battiti rispetto al valore normale, ma non comportava alcun problema per la sua carriera da calciatore professionista. «Pochi giorni dopo l'intervento», racconta la madre, «aveva già ripreso ad allenarsi con i compagni e correva anche più veloce di prima».

Ronaldo va velocissimo e perciò sale di categoria con una rapidità incredibile. A sedici anni è il giocatore di riferimento dell'Accademia dello Sporting. È l'unico giocatore nella storia del club dei Leoni che, nella stessa stagione, gioca nell'Under 16, Under 17, Under 18, nella seconda e nella prima squadra. Nell'agosto del 2001, firma il suo primo contratto come professionista: quattro anni la durata, 2.000 euro al mese lo stipendio e una clausola di rescissione di 20 milioni di euro. Abbandona la residenza e va a vivere in un hotel vicino a piazza Marquês de Pombal, nel cuore di Lisbona. In seguito decide di affittare un appartamento che consenta alla sua famiglia di andare a trovarlo più spesso. Il ragazzo cresce, diventa indipendente e sceglie di cambiare agente. Lascia Luís Vega, il manager di Figo, e mette la sua carriera nella mani di Jorge Mendes, l'uomo che farà la sua fortuna.

Allo Sporting arriva, nell'agosto del 2001, un nuovo allenatore: László Bölöni, rumeno, di origini ungheresi, gran centrocampista dello Steaua Bucarest con cui ha vinto, nel 1986, la Coppa dei Campioni. Dopo otto stagioni sulla panchina dell'AS Nancy francese e una breve esperienza come Commissario tecnico della Romania, accetta la proposta dello Sporting. Il primo anno vince Campionato e Coppa del

Portogallo. E tiene d'occhio i giovani del vivaio come Ronaldo, Ricardo Quaresma e Hugo Viana. Vorrebbe Cristiano già in prima squadra, ma per il momento, dicono i medici, non è il caso che il ragazzo di Madeira, che deve ancora crescere, salti alla massima divisione. Il giorno del suo debutto è solo rimandato. Di poco.

17 ANNI, 8 MESI E 2 GIORNI

«Non avete ancora visto nulla del vero Ronaldo: questo è solo l'inizio».

Un autobus verde e bianco viaggia verso l'Accademia Sporting, ad Alcochete. È l'1 luglio 2002 e Cristiano Ronaldo sta per affrontare il suo primo giorno con la prima squadra. László Bölöni l'ha convocato insieme ad altri tre ragazzi (Custódio, Carlos Martins, Paíto) per il ritiro estivo.

«Spero di fare bene e se è possibile continuare a lavorare con la prima squadra. Cercherò di fare del mio meglio per rispondere alle aspettative che il tecnico ha riposto su di me», dichiara un umile Ronaldo. E aggiunge: «Giocare insieme a João Pinto e Gardel è un sogno. Sono esempi da seguire per qualunque calciatore».

Cinque giorni dopo arriva il momento della prima partita contro il Samoquense, una squadra della Prima Divisione del distretto di Setúbal (9-0 il risultato). Ne segue un altro contro il Rio Major, con un 5-0 a favore dei giovani Leoni. Ronaldo fa faville, segna, e Bölöni gli trova la giusta posizione. Lo colloca sulla fascia sinistra, per sfruttare al massimo la sua velocità e perché non è ancora fisicamente preparato per affrontare i difensori centrali avversari. Il ragazzo di Madeira non delude. È veloce, ha un buon controllo del pallone e mette in seria difficoltà i suoi marcatori. È un esperimento che il tecnico rumeno ripete il 14 luglio allo stadio José Alvalade, in occasione della presentazione ai soci e ai tifosi dello Sporting Club, stagione 2002-2003. Rivale: l'Olympique Lyonnais, campione di Francia. Un incontro che si conclude con un pareggio (1-1) e che permette al pubblico di scoprire il nuovo gioiello del vivaio.

«Attenti a questo ragazzo», scrive «Record», quotidiano sportivo di Lisbona. «Sa smarcarsi, sa dribblare e ha fiuto per i gol». È vero: Ronaldo appare per la prima volta nel campo, dove fino a poco tempo prima era un semplice raccattapalle, e segna un gol che l'arbitro, per errore, annulla. Meno di una settimana dopo, un altro rendez-vous con una squadra francese. Questa volta si tratta del Paris Saint- Germain. Risultato: 2-2, e Cristiano Ronaldo sorprende. Dopo la partita, tutti si aspettano di vederlo riconoscente ed emozionato, e di sentirlo dire che è stata la serata più felice della sua vita. Invece il ragazzo di Madeira afferma: «I soci non hanno visto ancora nulla del vero Ronaldo: questo è solo l'inizio». Irriverente, ardito e molto sicuro di sé, è il minimo che si possa dire. Ha comunque giocato una bella partita sulla fascia sinistra andando al tiro tre volte. E già si parla della nuova stella dei Leoni. Il mister getta acqua sul fuoco e ripete: «Ronaldo è un giovane con grandi qualità, ma non è ancora un giocatore». E lo utilizza col contagocce: dieci-quindici-venti minuti al massimo, nelle amichevoli estive. Come il derby contro il Benfica del 27 luglio o contro il Pontevedra, l'1 agosto. Poco a poco il ragazzo entra nella dinamica del gioco e i risultati non si fanno attendere.

Il 3 agosto 2002, a Maia, in Portogallo, lo Sporting Lisbona affronta un'altra squadra biancoverde, il Real Betis Balompié di Siviglia. Al settantasettesimo minuto, László Bölöni fa quattro cambi: sostituisce Barbosa con Danny, Quaresma con Luís Felipe, Niculae con Diogo e Rui Bento con Ronaldo Cristiano, numero 28.

Quando entra sul terreno di gioco, il risultato è di 2-1 per la squadra lisbonese: 1-0, ventisettesimo minuto, Quaresma; 1-1, trentesimo minuto, Alfonso; 2-1, cinquantatreesimo minuto, Barbosa.

Al minuto ottantaquattresimo Alfonso segna il suo secondo gol e pareggia il conto per il Betis. La partita sembra chiudersi qui. E invece, al novantunesimo, arriva il momento per un ragazzo di diciassette anni.

Errore difensivo di Juanito. Smorza col petto un calcio di punizione che un compagno batte verso la sua area. Il controllo non è buono, il pallone gli scappa, Cristiano Ronaldo arriva come un fulmine. Ruba palla e con un colpo di tacco se la porta avanti. Di fronte ha solo Toni Prats, il portiere del Betis. Lo dribbla e dal lato sinistro dell'area, da una posizione angolatissima, quasi impossibile, s'inventa un pallonetto al secondo palo, giusto sotto la traversa. Rivas, in acrobazia, cerca di spazzare via il pallone. Ma non ci arriva. È un gol magnifico. Una vera dimostrazione di potenza, abilità, tecnica, e furbizia.

Il ragazzo esulta di felicità. Corre per il campo mandando baci agli spalti. È il suo primo gol con la maglia dello Sporting e vale la vittoria: 3-2. Un gol che la stampa portoghese definisce «un'opera d'arte», un gol che a Ronaldo toglie la paura e dà sicurezza. Sì, perché fino a quel momento Cristiano, nella prima squadra, era nervoso, aveva la sensazione di non essere all'altezza, di essere solo un ragazzo tra grandi calciatori. Anche se ancora una buona parte del pubblico e dei giornalisti non sa chi sia (tant'è che nella sovraimpressione televisiva si legge Custódio, il compagno entrato in campo pochi minuti prima), il "declic" c'è stato.

«Dedico il gol alla mia famiglia e in particolare a mia madre, che è qui con me a Lisbona», dichiara al «Correio da Manhã» un Cristiano Ronaldo *mui feliz*. Ringrazia il mister, perché «è un buon allenatore e ha scommesso molto sui giovani, aiutandomi a integrarmi nella prima squadra». E non dimentica i tifosi: «So che mi sono affezionati e lavorerò per meritarmi la loro fiducia e per ringraziarli del modo in cui mi trattano. Darò il meglio di me e spero di avere fortuna».

Undici giorni dopo, il 14 agosto, la fortuna gli sorride. Ancora. Giunge il momento del suo début all'Alvalade, in una partita ufficiale, in una competizione europea (i preliminari della Champions League). Di fronte, l'Inter di Héctor Cúper. Ronaldo entra al posto dello spagnolo Toñito, al cinquantottesimo minuto. Subito va a "sbattere" contro Javier Zanetti e Marco Materazzi, due veterani con tanti anni di carriera quanti Ronaldo ne ha di età. Per Cristiano non è facile, ma la sua performance, nonostante lo 0-0 finale, è positiva. Le sue azioni fanno vibrare gli spalti, anche se alla fine sono solo sprazzi isolati. Comunque, niente male per un principiante. L'unica critica che la stampa portoghese muove a lui e a Kutuzov, l'altro attaccante dei giovani Leoni, è di esagerare con i dribbling e i duelli individuali. Un difetto di gioventù che impiegherà anni a correggere.

Di essere capace di impressionare il pubblico lo dimostra in occasione della sua seconda apparizione nel campionato portoghese, il 7 ottobre 2002. Lo Sporting gioca in casa contro il Moreirense. Non è una partita meravigliosa. Ma Cristiano Ronaldo, per la prima volta, è titolare, e all'età di diciassette anni, otto mesi e due giorni, diventa il goleador più giovane nella storia dello Sporting. Segna una rete «monumentale, magistrale, incredibile. Tutti gli aggettivi sono inutili per descrivere il gran gol di questo giovane prodigio dello Sporting», gridano i cronisti del canale portoghese SportTV.

Trentaquattresimo minuto: colpo di tacco di Toñito alla tre quarti di campo, due dribbling per saltare due difensori, uno slalom di sessanta metri, una bicicletta a bordo area per depistare un altro avversario e infine un tocco leggero per superare João Ricardo, il portiere del Moreirense che esce alla disperata. Cristiano si toglie la maglia, abbraccia i suoi compagni, va verso gli spalti. Bölöni in panchina si congratula con i suoi collaboratori. È lui cha gli ha dato fiducia, che l'ha cambiato di posizione. Una scommessa, la sua, vincente.

Torniamo alla partita, perché lo show del numero 28 non è finito. Nonostante la presenza di Super Mário Jardel, l'attaccante brasiliano Scarpa d'Oro l'anno precedente e titolare dopo quattro mesi di infortunio, è Cristiano il gran protagonista, e lo dimostra segnando il 3-0 definitivo con uno spettacolare colpo di testa. L'unica nota negativa è il capogiro di Dolores, sua madre, che assiste alla partita dalla tribuna. Ma non è nulla: solo uno spavento.

Il giorno dopo, Cristiano Ronaldo con il suo *golo monumental* conquista le prime pagine. I giornalisti si ingegnano per raccontare la sua storia, a cominciare dai primi calci nel *pelao* della zona della Maddalena, a Sant'Antonio. Intervistano i suoi allenatori. Vanno a cercare suo padre. Il povero Dinis ha visto solo una sintesi della partita, l'ha seguita alla radio perché impegnato con l'Andorinha. Afferma che nell'isola tutti commentano il successo di suo figlio, e scherzando gli dicono: «Magari lo Sporting lo presta all'Andorinha, così vinciamo». José Dinis sostiene che Cristiano sia una forza della natura, che sin da piccolo giocava sempre, giorno e notte, con *a bola*. Spera che abbia un futuro radioso. E che continui a crescere, come giocatore e come persona. Non vuole essere famoso per essere il padre del numero 28 dei Leoni, ma la prossima partita del figlio non se la perderà. Ha già comprato il biglietto aereo per andare a vederlo al Belenenses.

Non è solo la stampa portoghese a fare gli elogi del nuovo fenomeno. Grazie ai suoi gol e al suo nome, Ronaldo (non dimentichiamo che Ronaldo Nazário de Lima nella sua ennesima resurrezione, il 30 giugno 2002, ha conquistato il Mondiale di Corea e Giappone con la maglia del Brasile e con otto gol è stato il capocannoniere del torneo), si fa largo in tutta Europa. In Italia «La Gazzetta dello Sport», in prima pagina, parla già del «nuovo Ronaldo». Che ne pensa il ragazzo di Madeira? «Non oserei mai paragonarmi a lui: Ronaldo del Real Madrid è un fenomeno, è il numero uno al mondo, è il mio giocatore preferito», risponde.

L'apparizione di Cristiano nella prima squadra è stata folgorante. È diventato il bambino viziato della tifoseria. László Bölöni ha fiducia in lui, ma la concorrenza tra gli attaccanti dei Leoni (Jardel, Quaresma, João Pinto, Toñito, Nicolae) è spietata e Ronaldo, a fine stagione, ha giocato venticinque partite ed è stato titolare solo in undici. Totalizza tre gol in campionato e due in Coppa. Per lo Sporting non è stata una buona annata. Fuori dai preliminari di Champions: l'Inter vince il ritorno a San Siro per 2-0. Fuori dalla Coppa Uefa: il Partizan vince in Portogallo 1-3 e pareggia 3-3 al ritorno. Eliminato ai quarti della Coppa di Portogallo, l'1 maggio, dal Naval. E in campionato non riconferma il titolo. Si classifica terzo a 27 punti dal campione, il Porto di José Mourinho, e a 16 dal secondo, il Benfica.

Bölöni se ne va. Una gran tristezza per il giovane numero 28. «Mi è piaciuto molto lavorare con lui. È stato Bölöni a lanciarmi nella prima squadra. Se non fosse stato per lui probabilmente non ci sarei arrivato», afferma Ronaldo.

Il nuovo allenatore è Fernando Santos. Cristiano non lo conosce, ma gli hanno detto che ha un gran carattere, che ama la disciplina e che è un signore del mondo del calcio. Santos, di fronte alle voci di un possibile abbandono da parte della nuova perla dell'Accademia, si affretta a dichiarare: «Ronaldo è un giocatore molto importante per lo Sporting».

Il ragazzo di Madeira spera che sia davvero così e assicura che vuole continuare a giocare con lo Sporting. «Voglio aiutare il club, con tutte le mie forze, a conquistare i titoli che quest'anno non abbiamo vinto. Voglio essere campione con lo Sporting, il club dove gioco da quando avevo dodici anni. Se me ne andassi senza essere diventato campione, mi resterebbe l'amaro in bocca. Vedremo cosa ci riserva il futuro».

FESTIVAL

«Essere il miglior giocatore del torneo non era fondamentale».

1985: Jean Pierre Papin, Valenciennes, è il capocannoniere e conquista il trofeo con la Francia.

1991: Zinédine Zidane, in quel periodo nell'AS Cannes, lascia tutti a bocca aperta e arriva in finale, dove Les Bleuets perdono contro gli inglesi di un Alan Shearer autentico protagonista, con sette gol in quattro partite.

1992: Rui Costa, del Benfica, disputa un torneo eccezionale come miglior giocatore, miglior goleador.

1997: Thierry Henry, dell'AS Monaco, è capocannoniere, miglior giocatore e conquista il titolo con la nazionale.

1998: Juan Román Riquelme, Boca Junior, è il miglior giocatore del campionato. E i club europei se lo contendono.

Il Festival International "Espoirs" de Toulon et du Var, meglio conosciuto come Tournoi de Toulon, esiste dal 1967. Nato come un torneo tra club, a partire dal 1974 riunisce le selezioni nazionali Under 20. Non è avallato dalla Fifa, ma, da sempre, ha permesso di scoprire giovani talenti che, anni dopo, si sono confermati fuoriclasse a livello mondiale.

La XXXI edizione, che ha luogo tra il 10 e il 21 giugno 2003, non è un'eccezione alla regola. Il miglior giocatore del torneo, contro ogni pronostico, è Javier Mascherano. Colui che un giorno sarà *El jefecito*, il boss, dell'Albiceleste e del Barcellona, gioca nel River Plate e ottiene il terzo gradino del podio con l'Argentina.

Cristiano Ronaldo che, insieme a Biagio Pagano e all'argentino Emanuel Rivas, figurava in tutte le scommesse come vincitore del premio, deve accontentarsi del riconoscimento come finalista più giovane. «Per me vincere il premio di miglior giocatore non era la cosa fondamentale», dichiara un modesto Cristiano. «L'importante era che la squadra raggiungesse il suo obiettivo. E l'abbiamo raggiunto. Abbiamo vinto il torneo».

Sì, il Portogallo, per la terza volta dopo il 1992 e il 2001, si aggiudica il trofeo di Toulon battendo in finale 3-1 l'Italia. Ottimo anche il bilancio personale del numero 28 dello Sporting.

«Ho giocato francamente bene tre partite; negli altri due incontri», confessa Cristiano, «ero un po' stanco. Penso sia normale, visto il sovraccarico cui siamo stati sottoposti in così poco tempo».

CR7, nelle diverse categorie della nazionale, ha sempre giocato con compagni di uno o due anni più grandi. Quando entra nell'Under 15 ha 14 anni, ne ha 16 nell'Under 17 e 18, e nell'Under 20 di Toulon, lascia tutti a bocca aperta a partire dal suo debutto contro l'Inghilterra, a Nîmes, l'11 giugno.

Rui Caçador, il commissario tecnico lusitano, aveva promesso una formazione d'attacco e mantiene la parola. Schiera in campo Danny come pivot della manovra offensiva, Ronaldo e Lourenço sulle fasce laterali e il gigante Hugo Almeida ad aprire spazi al centro della difesa avversaria. Dopo dieci minuti di studio, il Portogallo prende le redini del gioco e, anche se i tre gol arrivano nel secondo tempo, la superiorità dei lusitani è sconcertante. Cristiano segna il 3-0 definitivo e lascia un buon ricordo tra i tecnici della Seleção, e tra i numerosi osservatori delle grandi squadre, che, come sempre, arrivano al Festival in cerca di nuovi talenti.

Joan Martínez Vilaseca, lo scout del Barcellona, è uno di questi. E dopo aver visto Ronaldo in azione, dichiara: «È un giocatore molto, molto interessante. Possiede caratteristiche uniche che lo rendono un giovane assai promettente. Un giorno, se avrà testa e saprà gestire bene la sua carriera, giocherà in una delle grandi squadre europee. Non ho dubbi che, in un futuro non troppo lontano, sarà uno dei migliori calciatori portoghesi».

Vilaseca non è l'unico a pensarla in questi termini del giovane giocatore, che ormai non è più uno sconosciuto per le potenze del calcio. Da tempo i grandi club europei hanno iniziato a corteggiare Ronaldo. Arsenal, Manchester United, Liverpool, Chelsea, Inter, Juventus, Parma, Atlético Madrid, Barça e Valencia sono interessati al ragazzo di Madeira.

Arsene Wenger, il manager dei Gunners, ha invitato personalmente Cristiano e sua madre a Londra, nel gennaio del 2003, per parlare del futuro, per fargli conoscere il club e Tití Henry, un attaccante che Ronaldo ammira. Le conversazioni continuano una volta rientrato a Lisbona. Ma l'idea di Wenger è che il ragazzo rimanga un altro anno a Lisbona prima di passare alla Premier. La stessa proposta viene dall'Inter, disposta a pagare l'ingaggio, ma decisa a lasciarlo crescere nello Sporting. Luís Suárez, Pallone d'Oro 1960 ed ex centrocampista *blaugrana*, nerazzurro e osservatore della società milanese, aveva ricevuto una chiamata da un amico portoghese che gli segnalava un ragazzo molto dotato, che spiccava nel vivaio dello Sporting. L'aveva visto in due o tre occasioni prima che debuttasse con la prima squadra e si era convinto che fosse necessario parlare con la famiglia e prenderlo il prima possibile. Il Valencia, secondo alcune indiscrezioni, gli ha già offerto 500 milioni delle vecchie pesetas. E si parla anche dell'Atlético Madrid del presidente Jesús Gil. Secondo la stampa spagnola è in testa nella corsa dei club iberici per ingaggiare il giovane giocatore dello Sporting.

Anche Gérard Houllier, il manager del Liverpool, ha ascoltato i consigli dei suoi scout. Arriva in Francia per verificare, di persona, le qualità del nuovo fenomeno. Quando lo vede giocare, non ha più alcun dubbio: pensa che sia uno dei giovani più promettenti d'Europa. Vuole portarlo ad Anfield Road. E la stampa comincia a mormorare di un'offerta del Liverpool (7,5 milioni di euro più un giocatore) e di un'operazione che si può concretizzare in pochi giorni. Jorge Mendes, il procuratore di Cristiano, si è riunito con i rappresentanti dei Reds e il club lisbonese potrebbe dare l'ok per lo sbarco del numero 28 nella città dei Beatles. Cristiano, da parte sua, dichiara che il calcio inglese gli piace molto, sebbene non sia il suo preferito, poiché la sua passione, da sempre, è il gioco che si pratica in Spagna, e aggiunge: «Il Liverpool è uno dei grandi del Regno Unito, un sogno per qualunque giocatore». Però non ha nessuna fretta di lasciare lo Sporting.

Ma come si sente un giocatore di diciotto anni il cui nome compare sul taccuino di tutti i talent scout e con una sfilza di club che lo corteggiano? Cristiano Ronaldo, alla domanda dei giornalisti, risponde così: «Non ho nessuna pressione. Solo allegria e felicità. Che grandi club e grandi figure del calcio siano attenti al mio lavoro mi dà la forza e la mentalità giusta per migliorarmi. E comunque io non ho parlato con nessuno, e nessuno ha presentato una proposta concreta allo Sporting. Lo so dai giornali, ma ora il mio principale obiettivo è aiutare la squadra ad arrivare alla fine del torneo. Devo dare il massimo».

Ed è proprio quello che fa. Contro l'Argentina, che molti considerano la favorita per la vittoria finale, Cristiano gioca una partita spettacolare. Il Portogallo vince 3-0. A Fréjus giunge il momento di affrontare il Giappone ed è qui che arriva la sorpresa: i ragazzi di Rui Caçador credono che il più ormai sia fatto, si rilassano e incassano una sconfitta inaspettata. 1-0, gol di Mogi. «Non abbiamo giocato come nelle altre due partite, non eravamo in forma, non abbiamo concretizzato la nostra superiorità, abbiamo buttato via un sacco di occasioni», commenta Ronaldo. «Adesso», aggiunge, «dobbiamo vincere contro la Turchia per arrivare in finale».

Due gol di Nuno Viveiro e Danny liquidano i ragazzi turchi allenati da Centiner e offrono alla squadra lusitana il biglietto per la finale del Festival di Toulon.

Una McVictoria per battere la "pasta" titola «Record» sabato 21 giugno, giorno della finale. La ragione? Semplice. L'allenatore ha pensato che per alleviare la tensione della vigilia non ci sia niente di meglio che portare i suoi venti ragazzi al McDonald's. I giocatori gliel'avevano chiesto da tempo per rilassarsi e sottrarsi alla noia dei pasti dell'hotel. Così, tutti, in coda, ordinano hamburger prima di affrontare gli italiani, quelli della pasta.

Una partita sconsigliata a chi soffre di cuore. Nei novanta minuti di gioco accade di tutto. E per i lusitani è una grande sofferenza. Al venticinquesimo minuto il Portogallo rimane in dieci: rosso diretto per Almeida. Il controllo della palla passa agli Azzurrini. Prima dell'intervallo, situazione di parità sia sul tabellone (0-0) che in campo: Cesare Bovo viene espulso per un'aggressione a Pedro Ribeiro. Durante il secondo tempo si nota la maggior freschezza degli italiani, che, dall'ultima partita contro la Polonia, hanno avuto ventiquattr'ore in più di riposo. Manovra l'Italia e al sessantasettesimo Francesco Ruopolo approfitta di una distrazione per portare gli azzurri in vantaggio. Sembra già tutto deciso, tutto fatto; difficile ora per i lusitani superare la difesa avversaria. Ma non è così. Mancano poco più di dieci minuti alla fine e il Portogallo ribalta il risultato con due uomini appena entrati in campo: João Paiva tocca il suo primo pallone e segna. Cinque minuti dopo, Danny chiude il discorso. E nel recupero Paiva sigla il 3-1 definitivo. Continua la festa e Ronaldo è al centro della foto. Capelli ricci e tinti, a torso nudo, pallidino e senza gli addominali che sfoggia ora, il ragazzo sorride e solleva le braccia come un Cristo felice. Nella mano destra una maglia azzurra, il trofeo conquistato ai rivali.

«È stata una vittoria difficile di fronte a un grande avversario che ci ha creato molti problemi. Sapevamo già da prima che gli italiani sono una squadra fortissima. Abbiamo giocato una bella partita e per tutto il torneo abbiamo offerto al pubblico un'azione eccellente», dichiara Cristiano. La stampa portoghese non si trattiene dal lodare la classe della sua Under 20 e afferma che questa generazione, come quella di Figo e Rui Costa, è una generazione d'oro.

Festa e grande accoglienza per gli eroi di Toulon a Lisbona. All'aeroporto di Portela gli applausi più calorosi sono tutti per i ragazzi dello Sporting. Ma Cristiano Ronaldo non c'è. Non ha viaggiato con la squadra. È rimasto in Francia con sua madre e una delle sorelle. Qualche giorno al Sud, per poi recarsi a Parigi. Vacanze meritate prima di tornare ad allenarsi con lo Sporting; prima che, il 6 agosto, dopo un'amichevole contro il Manchester United, la sua vita cambi rotta.

NUMBER 7

«Avrei voluto il numero 28, ma non potevo contraddire il boss».

La sera prima della partita è già tutto pronto. Lo Sporting, in una riunione nella Quinta da Marinha, ha raggiunto un accordo con il Manchester United. Per quindici milioni di euro, Cristiano Ronaldo diventerà giocatore dei Red Devils. Alex Ferguson, l'allenatore dello United, Jorge Mendes, il rappresentante del giocatore, e Simões Almeida, il direttore finanziario del club lisbonese, hanno predisposto tutto nei minimi dettagli. Manca solo la firma del giocatore. Cristiano sa già che il suo futuro sarà legato allo United, ma la notizia non sarà resa pubblica fino al 12 agosto. E per un'intera settimana ci saranno continue smentite sia da una parte che dall'altra. Nessuno vuole rovinare la festa dello Sporting: il 6 agosto 2003 viene inaugurato l'Alvalade XXI, il nuovo stadio dei Leones, progettato dall'architetto Tomás Taveira per l'Europeo che accoglierà il Portogallo nel 2004. L'avversario della partita inaugurale è il Manchester United, che ha firmato un accordo di cooperazione col club lisbonese. L'Accademia di Alcochete sarà una sorta di vivaio per i Red Devils, che avranno la precedenza, rispetto ad altre grandi società europee, nella scelta di giovani giocatori biancoverdi.

Lo spettacolo per l'inaugurazione del nuovo impianto sportivo è grandioso, così come la partita e l'esibizione di Cristiano Ronaldo. Alle

20.45 inizia la cerimonia. Dulce Pontes interpreta *O amor há de vencer*; sul terreno di gioco centinaia di figuranti ricreano lo scudo del club, e finalmente i giocatori entrano in campo. L'ambiente è stupendo. Gli spalti sono pieni. Con maglia a righe orizzontali verdi e bianche, pantaloncini bianchi, calzettoni a strisce orizzontali verdi e bianche e il numero 28, Cristiano Ronaldo vuole dimostrare a quelli del Manchester tutte le sue qualità. E gli riesce così bene, che quest'ultima partita con lo Sporting sarà la migliore che ha giocato con i Leones. È carico, motivato e fa subito tribolare la difesa dei Diavoli Rossi. Mette a dura prova Fabien Barthez, che difende la porta dello United: da lontano con due missili e da vicino in un uno contro uno, che alla fine vince il portiere francese. È decisivo nel venticinquesimo minuto, quando serve il primo gol a Luís Felipe. Ma non è tutto. Cristiano stupisce per la sua velocità, il suo dribbling, le sue biciclette, il suo cambio di ritmo, i suoi *sombreros* e la sua facilità nell'eludere l'avversario. A tal punto che durante l'intervallo Sir Alex Ferguson pensa: «Dio! È fantastico», e dice a Peter Kenyon, ex direttore esecutivo dello United: «Non possiamo partire senza questo ragazzo». Della questione si discute anche nello spogliatoio, come ricorda il difensore Phil Neville: «Tutti abbiamo detto al boss che doveva prenderlo».

Ferguson, il boss, tace. Non ha alcuna intenzione di annunciare alle sue truppe che l'accordo è cosa fatta. È una vecchia volpe: vuole che il ragazzo, sin dal primo momento, sia accettato nello spogliatoio. Dunque, niente di meglio che far credere ai suoi di essere stati proprio loro a scegliere quel giocatore dello Sporting. Quando, durante il volo di ritorno a Londra, Rio Ferdinand, Paul Scholes e Roy Keane, gli storici dello United, commentano le prodezze del portoghese e gli chiedono di ingaggiarlo, Sir Alex Ferguson non può fare altro che sfregarsi le mani. Perché alla fine della partita (3-1 per lo Sporting), e dopo aver chiesto l'opinione di Jorge Mendes, ha parlato direttamente con Cristiano, l'ha coperto di lodi e gli ha dato appuntamento a Manchester. Ronaldo è convinto che andrà a firmare il contratto, a passare i soliti controlli medici, a visitare l'Old Trafford per poi ritornare a Lisbona, e giocare nello Sporting ancora un anno. Ma non sarà così. Una volta lì, dopo aver siglato l'accordo che lo vincola per cinque stagioni allo United (salario di 2 milioni di euro all'anno, più di 150.000 euro al mese contro i 2.000 euro che guadagnava con lo Sporting), Sir Ferguson parla con Jorge Mendes. «Io non parlavo inglese e sul momento non capii nulla. Poi Mendes mi spiegò che Ferguson voleva che restassi a Manchester. Ci rimasi di sasso e mi innervosii», racconterà anni dopo Cristiano a «Publico», quotidiano portoghese. Il ragazzo non sa che fare, non ha nemmeno portato con sé dei vestiti. Nessun problema. Si allenerà a Carrington e poi tornerà a Lisbona per prendere le sue cose.

Il 13 agosto all'Old Trafford lo presentano insieme a José Kléberson, brasiliano di ventiquattro anni, proveniente dall'Atlético Paranaense. Ronaldo si presenta con una camicia bianca quasi trasparente, jeans scoloriti, mèches nei capelli. La prima impressione che suscita in molti cronisti non è positiva, dato il suo look, la sua età e soprattutto il prezzo pagato dallo United. Ronaldo è il teenager più costoso nella storia del calcio britannico: 15 milioni di euro sembrano troppi per un ragazzo di diciotto anni che nel curriculum ha solo una stagione al massimo livello, venticinque presenze e tre gol. Ma Ferguson, che non si è potuto assicurare Ronaldinho (il brasiliano è andato al Barcellona) e ha venduto David Beckham al Real Madrid per 25 milioni di euro e Juan Sebastián Verón al Chelsea per 21 milioni, è convinto di aver fatto un grande affare. È convinto che Cristiano potrà offrire alla squadra più di Beckham e che sarà un giocatore fondamentale dei Red Devils per molti anni. Dello stesso avviso è anche Eusebio, Pallone d'Oro 1965 e leggenda del calcio portoghese: «Ronaldo non è solo un gran calciatore: sta aspettando di diventare un'icona. Migliorerà qualunque squadra di qualunque campionato. Penso davvero che sia molto bravo».

Sir Alex Ferguson e i suoi osservatori non hanno scoperto Ronaldo in occasione della partita all'Alvalade. Lo seguono da quando aveva quindici anni. «È stato Carlos Queiroz», spiegherà Ferguson ringraziando il suo ex vice, «a segnalarci il potenziale di Cristiano Ronaldo. Seguiva le squadre giovanili portoghesi e si è reso subito conto di quanto valeva il ragazzo. Ci disse che dovevamo ingaggiarlo». E sebbene l'accordo sia stato siglato poco tempo prima, è da un bel po' che i Devils hanno fatto i passi dovuti con il club di Lisbona. Pini Zahavi, imprenditore israelita e agente dello United, nell'ottobre del 2002, dopo aver assistito alla performance di Cristiano contro il Moreirense, si riunisce con i dirigenti dello Sporting per trovare un accordo sul futuro del numero 28. L'ingaggio, alla fine, viene accellerato perché la partita dell'Alvalade cambia le cose e perché la concorrenza si fa pesante. Secondo la stampa portoghese, per Cristiano sono arrivate offerte superiori ai 10 milioni di euro da parte del Parma e della Juventus. E «Tuttosport» già titola *Juve: Ronaldo è tuo*. Parma e Juve non sono le sole squadre interessate: c'è il Barça, il Milan, il Real Madrid, il Chelsea. Il Liverpool, che è stato uno dei più attivi nella caccia al giocatore, vi rinuncia perché, come spiegherà anni dopo Gérard Houllier al «Daily Mail»: «Nel club c'era una tetto salariale e non stavamo pagando il tipo di salario che voleva lui. Ho pensato che il suo ingaggio avrebbe causato problemi nello spogliatoio».

Comunque sia il Manchester United sbaraglia tutti gli avversari. Lo Sporting, con una situazione economica non certo florida, preferisce far subito quattrini con la nuova perla del vivaio, come ha fatto pochi mesi prima con Ricardo Quaresma, trasferito al Barcellona per 6 milioni di euro. I dirigenti dei Leoni sanno che alla fine della stagione 2003-2004, il giocatore potrà andarsene a costo zero, e non vogliono perdere quanto hanno investito in formazione.

Sir Alex Ferguson, durante la presentazione del nuovo acquisto, afferma: «Ronaldo è un calciatore di grande talento. Un attaccante che può giocare in qualsiasi posizione: destra, sinistra, centro. È uno dei giovani giocatori più emozionanti che io abbia mai visto». Niente male per un *portuguese teenager*, come lo definiscono i giornali inglesi. Cristiano si limita a qualche parola di circostanza: «Sono molto felice di giocare nella miglior squadra del mondo, e molto orgoglioso di essere il primo calciatore portoghese che entra nel Manchester United. Spero di poter aiutare la squadra ad avere ancora più successo nei prossimi anni».

Dopo i discorsi, è il momento della foto ricordo sul prato dell'Old Trafford. Ferguson, sorridente, al centro, con cravatta rossa, camicia bianca e completo scuro, abbraccia Kléberson alla sua destra e Ronaldo alla sinistra. Entrambi indossano la maglia rossa. Cristiano, che fra i tre ha l'espressione più seria, ha il numero 7, la maglia dei grandi dello United: George Best, Steve Coppell, Bryan Robson, Éric Cantona e David Beckham. Com'è possibile che un giovane, un nuovo arrivato, porti un numero mitico per la storia del club? I fatti li racconterà, tempo dopo, proprio Ronaldo al «Sun»: «Gli ho chiesto se il numero 28, che avevo nello Sporting, era disponibile. Alex Ferguson mi ha detto: "No, no, il tuo è il numero 7". "Ok, boss!", gli ho risposto. Di sicuro non potevo dirgli: "No, il mio è il 28"».

Sir Alex Ferguson spiega così il motivo della sua decisione: «Abbiamo dato questa maglia a Ronaldo perché è giovane e migliorerà sempre di più. In questo club ci sono stati diversi grandi giocatori che l'hanno indossata; Ronaldo ha una grande fiducia nelle sue qualità e rimarrà nel nostro club per molto tempo. Il 7 sarà il suo numero».

«La maglia numero 7 è un onore e una responsabilità. Spero che mi porti fortuna», risponde Cristiano. E alla stampa portoghese replica: «Tutti a Manchester mi parlano di Best e di Cantona; è un orgoglio seguire i loro passi. Per me il 7 è speciale, perché è il numero di Luís Figo, quello che portava nello Sporting. Da piccolo volevo essere come lui e vestire il numero 7, come il mio grande amico Quaresma, che ora lo porta nel Barcellona. Entrambi possiamo dire che i nostri sogni sono divenuti realtà».

I sogni si sono realizzati, ma un ragazzo di diciotto anni non ha paura di portare una maglia che è una leggenda, di giocare nello United e in un campionato competitivo, con tanta pressione addosso? «No, non ho paura», risponde Ronaldo. «Non ho per niente paura. So che sarà difficile, ma qui, vicino ai migliori del mondo, e giocando insieme a loro, imparerò».

Tre giorni dopo la sua presentazione, Ronaldo debutta all'Old Trafford. È la prima giornata di campionato; il Manchester United riceve il Bolton. Cristiano è in panchina, ma al sessantesimo minuto Ferguson, che ha bisogno di smuovere la situazione (il risultato è bloccato sull'1-0) decide di mandarlo in campo al posto di Nicky Butt. Tutto il pubblico, in piedi, applaude il nuovo acquisto, «uno dei giovani più costosi della Liga», come dicono i cronisti inglesi. È un début che non delude nessuno. Le sue corse e i suoi dribbling convincono i 67.647 spettatori. In trenta minuti il nuovo numero 7 mostra tutto il suo potenziale. Due assist per altrettanti gol e provoca persino un rigore che van Nistelrooij non trasforma. È il *man of the match*. Stappa la sua prima bottiglia di champagne, il premio che nella Premier corrisponde al miglior giocatore dell'incontro. Il primo a fargli i complimenti è Roy Keane, seguito dagli altri compagni e dall'ovazione dei tifosi.

«A quanto pare i tifosi hanno un nuovo eroe. È stato un debutto meraviglioso, quasi incredibile», commenta Ferguson alla fine della partita, che lo United vince per 4-0.

Sì, tutto incredibile, ma è meglio non precipitare gli eventi. Non si può caricare il ragazzo di responsabilità. Ferguson, uomo di grandissima esperienza, lo sa bene. «Dobbiamo fare attenzione col ragazzino: non bisogna dimenticare che ha solo diciotto anni. Dobbiamo ponderare bene quando utilizzarlo». Detto, fatto. Sta attento a Ronaldo come ha già fatto in precedenza con personaggi come Beckham, Giggs o Scholes. Ciò significa minuti di gioco e minuti in panchina, partite intere senza scendere in campo. Il ragazzo di Madeira deve adattarsi alla nuova vita, al calcio inglese, alle sue regole, al gioco del Manchester, ai compagni e anche al clima, al cibo, alla lingua. E ai tabloid inglesi, che lo tallonano e lo criticano per il suo modo di essere, per la presunta fidanzata, per il suo passato, la sua famiglia e per quello che fa sul terreno di gioco. Una delle accuse che gli muovono in ambito sportivo è il *diving*, la simulazione. Accusa che gli viene mossa per la prima volta dopo la partita di campionato contro il Charlton, quando Chris Perry dichiara alla stampa: «Cadere una o due volte è legittimo. Ma Ronaldo si è buttato a terra cinque o sei volte, quando in realtà nessuno l'aveva toccato». Al difensore avversario Ferguson replica: «Ho visto il video non so quante volte: Cristiano dovrebbe avere la forza di Atlante per non finire per terra».

Nonostante le parole del mister, le accuse di simulazione, di lamentarsi troppo con gli arbitri e col pubblico per i falli, di fare smorfie di dolore quando non è il caso si ripeteranno nel corso di tutta la sua prima stagione e negli anni successivi. Il problema di Cristiano è riuscire ad adattarsi al gioco inglese più fisico, dove ai difensori si concedono cose che in Portogallo non sono permesse, dove non si protegge l'attaccante, dove il suo gioco di gambe e le sue diavolerie col pallone innervosiscono gli avversari, dove lamentarsi non è consentito. Un esempio di quello che può succedere nella Premier, Ronaldo lo vive il 21 settembre in una partita contro l'Arsenal, che si conclude con uno 0-0 e una zuffa generale. Ronaldo litiga con Martin Keown e la federazione lo multa con 4.000 sterline. E gli va bene, perché il suo avversario e altri due giocatori dei Gunners si beccano tre o quattro giornate di sospensione.

L'1 ottobre 2003 il numero 7 debutta in Champions League contro il VfB Stoccarda. È titolare e al sessantasettesimo minuto si procura un fallo che van Nistelrooij, questa volta, trasforma per accorciare le distanze. 1-2 è il risultato finale al Gottlieb-Daimler-Stadion. Dopo un mese esatto, l'1 novembre, all'Old Trafford, contro il Portsmouth, mette a segno il suo primo gol con la maglia numero 7. Una punizione dal limite sinistro dell'area avversaria. Ronaldo colpisce di potenza: il pallone supera difensori e attaccanti, rimbalza a terra e si infila nella rete. Felicità e una punzione che, a detta dei cronisti, ricorda quelle del miglior Beckham. Promette bene il ragazzo di Madeira, anche se a fine stagione il suo bilancio, nella Premier, sarà di quattro gol in venticinque incontri disputati.

Boxing day, 26 dicembre 2003, Manchester United vs Everton: i Red Devils hanno un bisogno disperato di punti per seguire la scia dell'Arsenal. Cristiano fa ballare la difesa avversaria, è determinante nel primo gol di Nicky Butt e serve il terzo a David Bellion. Tutto questo nonostante i falli subiti e i battibecchi con Wayne Rooney. Una disputa tra due giovani promesse della Premier che, nel futuro, darà da scrivere.

Dopo il Boxing Day, Alex Ferguson concede al suo numero 7 tre settimane di vacanza per tornare a Madeira. Un premio e un modo per levargli di dosso tanta pressione.

Il 25 febbraio 2004 Cristiano torna in Portogallo. Questa volta non si tratta di vacanze, bensì della partita contro il Porto di José Mourinho. Sono pochi a dare la squadra portoghese come favorita in questi ottavi di finale della Champions League. Ferguson è convinto che i suoi possano vincere allo stadio do Dragão. Ma non è così: 2-1 per Mou. Cristiano?

Gioca solo quattordici minuti e non può far nulla. A fine partita, Sir Alex si lamenta del ruolo che Víctor Baía, il portiere portoghese, ha nell'espulsione di Roy Keane. E qui Mourinho comincia la sua lunga diatriba con il manager dello United. Il portoghese dichiara: «Ferguson deve essere triste, visto che la sua squadra è stata chiaramente dominata da un gruppo formato col 10 per cento del budget dello United».

Resta da vedere la gara di ritorno all'Old Trafford, dove i Red Devils hanno intenzione di regolare i conti. Paul Scholes comincia bene, con un gol di testa al trentunesimo minuto; il Porto non costruisce occasioni, mentre a Scholes annullano una rete per fuori gioco. Ferguson è fiducioso: al settantaquattresimo minuto fa entrare Ronaldo, in sostituzione di Darren Fletcher. La partita del ragazzo di Madeira dura solo otto minuti: una lesione alla caviglia lo obbliga a chiedere il cambio. E dalla panchina osserva come Francisco Costinha, all'ultimo minuto, sigla il pareggio qualificando il Porto ai quarti di finale. José Mourinho festeggia all'Old Trafford il passo decisivo verso la sua prima Champions.

15 maggio 2004, ultima partita della Premier al Villa Park contro l'Aston Villa. Ronaldo mette a segno il suo quarto gol della Liga e all'ottantesimo minuto riceve il suo primo cartellino rosso in Inghilterra. Era stato ammonito per simulazione e all'ottantesimo, per la rabbia, sferra un calcio inutile al pallone. Brutto modo per chiudere la Premier.

Il Manchester United, con 79 punti, finisce terzo in campionato, a 4 punti dal Chelsea e a 15 dall'Arsenal, che si aggiudica il titolo. Rimane da giocare la finale della FA Cup, una buona occasione per vincere un titolo, dato che tutti gli altri sono svaniti. Si gioca al Millenium Stadium di Cardiff ed è la finale di Ronaldo. Segna il primo gol al quarantaquattresimo minuto, concludendo di testa un cross di Neville, e dirige l'attacco dello United, che vince 3-0.

Non è il *man of the match*. Il premio va a Ruud van Nistelrooij, che ha segnato una doppietta; però tutti parlano di Ronaldo. Gary Neville dichiara: «Ryan Giggs e Ruud van Nistelrooij hanno fatto qualche bella giocata, ma Cristiano è stato il protagonista della partita. Penso che Ronaldo possa diventare uno dei grandi calciatori del mondo».

Ferguson sottolinea il concetto: «Ronaldo è stato eccezionale». E aggiunge: «Dobbiamo prenderci cura di lui, perché sarà un grande». Il suo allenatore e i suoi compagni non sono gli unici a pensarla così. Il punteggio che gli dà la stampa è di 9 su 10, il migliore della squadra. I veterani paragonano la sua azione a quella di Sir Stanley Matthews, nella finale della FA Cup del 1953.

Insomma, Cristiano Ronaldo vive un finale glorioso della sua prima stagione con i Red Devils. E i fan del Manchester United lo nominano *Sir Matt Busby Player of the Year*. Riceve più di 10.000 voti dalla sua tifoseria. Ferguson, commentando il premio, afferma: «Ronaldo è un giovane giocatore che ha avuto un impatto immenso. Si merita di ricevere il premio Sir Matt Busby. Sir Matt sosteneva che si dovesse dare ai giovani calciatori un'opportunità, e Ronaldo entra a pieno titolo in questa categoria».

E adesso tocca essere eccezionale anche in Portogallo con la Seleção.

TRAGEDIA GRECA

«Una grande delusione. Avrei voluto essere campione europeo a diciannove anni».

Abbiate fede: il titolo di «O jogo», in prima pagina, con una foto di Cristiano Ronaldo che piange e guarda il cielo con le mani giunte. È una delle poche voci di speranza nella stampa portoghese del 13 giugno 2004. Gli altri giornali parlano di «un Paese sull'orlo di una crisi di nervi» o di «un Paese in lacrime». La Grecia ha battuto il Portogallo nella partita inaugurale dell'Europeo 2004. Nessun'altra squadra ospitante aveva mai subito una simile débâcle. E i greci non avevano mai vinto un incontro nella fase finale di un campionato. Cos'è successo? «Siamo entrati in campo con un eccesso di motivazione e ci siamo fatti prendere dall'ansia. L'atmosfera si è ritorta contro di noi», spiega Luís Figo, il capitano. «La pressione ha avuto la meglio», conferma Rui Costa, l'altro veterano ed esponente della "generazione d'oro" del calcio portoghese, quella che ha vinto due Mondiali giovanili nel 1989 e 1991. «Eravamo molto nervosi. Non avevamo mai pensato alla possibilità di perdere», aggiunge Simão.

L'aspettativa di un intero Paese può essere, senza dubbio, uno dei fattori che hanno influito negativamente sul debutto della Seleção nel suo Europeo. Anche se all'Estadio Do Dragão di Porto tutti vedono una Grecia organizzatissima, ben messa in campo, disciplinata, che si dedica a distruggere il gioco avversario e ad approfittare della minima occasione in contropiede. Un catenaccio nel miglior stile italiano anni Sessanta. In altre parole, una noia mortale, una squadra scomoda che mette l'avversario in un labirinto da cui è impossibile uscire. Ecco cos'è successo alla banda di Figo. I portoghesi si sono lasciati intrappolare nella rete di Otto Rehhagel, allenatore tedesco degli ellenici. Hanno perso il controllo della partita anche perché hanno vacillato i vecchi Leoni, come Figo, Rui Costa e Couto. E non hanno dato il meglio di sé né Costinha, né Maniche. Se ne rende conto Luiz Felipe Scolari, il ct brasiliano dei lusitani. E infatti, durante l'intervallo, quando il risultato è di 1-0 (gol di Karagounis, giocatore dell'Inter, al settimo minuto, con una fiondata dalla distanza diretta e non molto potente, che Ricardo si lascia sfuggire), il mister manda a scaldare Deco e Cristiano Ronaldo. Con pettorina verde, numero 17, cresta ingelatinata, mèches e due orecchini che sembrano due fanali, la promessa del calcio portoghese inizia a zigzagare, tocca il pallone e ritorna in panchina. Ascolta i consigli di Scolari ed entra sul terreno di gioco. È emozionatissimo. E si vede. Cinque minuti dopo, con impeto giovanile, travolge in area Giourkas Seitaridis, il numero due della Grecia, il mastino che difende la fascia sinistra. Cristiano viene da dietro, recuperando posizioni, e se lo porta via. Rigore, dice Pierluigi Collina. Angelos Basinas segna: 2-0. Il pubblico inizia a fischiare Rui Jorge e Figo, mentre i greci incitano con cori roboanti ogni passaggio azzeccato dei loro.

Il numero 17 moltiplica i suoi sforzi. Galoppa avanti e indietro sulla fascia sinistra e sono biciclette finte, dribbling e cross, ma non c'è mai nessuno per concludere in rete. All'ottantatreesimo decide di far tutto da solo: una legnata che accarezza il palo destro di Antonios Nikopolidis. Cristiano alza gli occhi al cielo e congiunge le mani in segno di preghiera. Lassù qualcuno lo ascolta, e dopo dieci minuti segna. È il suo primo gol in una partita ufficiale con la nazionale portoghese: corner dalla sinistra di Figo. Ronaldo vola. Un colpo di testa imperiale, una traiettoria perfetta del pallone. Nikopolidis non può fare niente.

Una grande allegria per un ragazzo di diciannove anni che ha debuttato con la Seleção solo nove mesi prima.

È il 14 agosto 2003 quando sua madre lo chiama per annunciargli la convocazione con la nazionale per l'amichevole contro il Kazakistan. Jorge Mendes conferma poco dopo. Ronaldo commenta: «Sono contento e orgoglioso di essere uno dei convocati. Devo ringraziare il commissario tecnico. È un momento speciale della mia vita, mi sta succedendo tutto insieme: prima il Manchester e ora la nazionale. Voglio giocare e vincere».

Il 20 agosto 2003 a Chaves, Portogallo, Ronaldo indossa per la prima volta la maglia rossoverde. Luis Felipe Scolari lo fa entrare nel secondo tempo. Sostituisce Luis Figo. Il ragazzo di Madeira si trova circondato dai campioni che ha sempre visto come esempio, come modelli da seguire. Luiz Figo e Rui Costa, i suoi mentori all'interno del gruppo, gli hanno consigliato di stare tranquillo, di giocare come sa, e soprattutto di non farsi vincere dall'emozione. Cristiano esegue gli ordini alla lettera, tanto da essere il miglior giocatore della partita. Scolari gli fa i complimenti. Due mesi dopo, l'11 ottobre, a Lisbona, sarà per la prima volta titolare nella partita contro l'Albania. E poco a poco entra nel gruppo degli eletti per disputare l'Europeo 2004.

Europeo che inizia male. Con una sconfitta inaspettata.

«In un campionato così breve puoi sbagliare una volta sola. Noi l'abbiamo già fatto. Ora le partite contro la Russia e la Spagna saranno questione di vita o di morte», dichiara Luiz Felipe Scolari. E il Portogallo non sgarra negli altri due incontri del gruppo A. Il mister corregge la squadra, abbandona la sua impronta politicamente corretta e fa sedere in panchina i veterani Couto e Rui Costa. Chiama la legione del Porto (il difensore centrale Carvalho e il regista Deco) e Cristiano Ronaldo. E come aveva suggerito Eusebio, l'ex campione del Benfica e della Seleção, i giocatori entrano in campo a testa alta. Si impongono alla Russia per 2 a 0 con gol di Maniche e Rui Costa; eliminano la Spagna con un gol di Nuno Gomes; passano alla fase successiva insieme alla Grecia. Cristiano, contro i russi, entra al settantottesimo minuto al posto di Figo e undici minuti dopo, dalla sinistra, effettua un traversone che Rui Costa trasforma nel gol della tranquillità. Contro la Spagna è titolare e fa impazzire la difesa della Rossa. Prima mette in ridicolo Carles Puyol, poi Raúl Bravo. Crea occasioni, conclude, serve i compagni. Fa esattamente ciò che gli aveva chiesto Scolari.

Ai quarti di finale tocca all'Inghilterra. Ancora una volta le due selezioni s'incrociano in un Europeo. Quattro anni prima, a Eindhoven, i lusitani avevano rimontato uno 0-2 grazie ai gol di Figo, João Pinto e Nuno Gomes. Portogallo-Inghilterra, a parte la rivalità storica, riserva tre duelli di particolare interesse. Il primo: Scolari-Eriksson. L'uno ct del Brasile, l'altro dell'Inghilterra negli ultimi Mondiali. I brasiliani mandarono a casa gli inglesi con un incredibile gol di Ronaldinho e con la collaborazione di Seaman, il portiere dei Pross. Il secondo duello fra Figo e Beckham. I due campioni del Real Madrid riflettono, nell'Europeo, la stagione dei *Merengues*. Figo appare quando il Portogallo ha un disperato bisogno di lui. Beckham ha dato appena un assaggio del suo gioco e il suo apporto è stato poca cosa. Il terzo duello: Ronaldo-Rooney. Forse il più promettente per il futuro. Sì, perché se l'Europeo certifica il tramonto di veterani come Vieri e Raúl, porta anche alla ribalta giovani come Milan Baroš, Bastian Schweinsteiger o Arjen Robben. Due di loro, Rooney e Ronaldo, hanno soddisfatto tutte le aspettative. Rooney, che ha solo diciotto anni e a settembre sarà trasferito per 25,6 milioni di euro dall'Everton al Manchester United, è titolare. In Portogallo ha già messo a segno quattro gol: due contro la Svizzera e due contro la Croazia. Si è conquistato il titolo di calciatore più giovane ad aver firmato un gol nella storia degli Europei. E nei momenti più complicati si è eretto a leader della nazionale inglese.

Ronaldo è partito dalla panchina nelle prime due partite, ma contro la Spagna ha conquistato la titolarità in un incontro straordinario. Contro l'Inghilterra, insieme a Deco e Nuno Gomes, è il riferimento offensivo dei lusitani. Rooney, il numero 9 dei bianchi, fa coppia in attacco con Michael Owen. Ed è proprio Owen, Pallone d'Oro 2001, che al terzo minuto, grazie a un errore madornale di Costinha, segna l'1-0. L'esordio di Cristiano è sfavillante. Il 17 del Portogallo è incontenibile.

Non si ferma un attimo, è il boss della fascia destra. Un incubo per Ashley Cole, numero 3 dell'Inghilterra. E Rooney? Per poco non segna il secondo gol su punizione dal fuori area. Ma la sua partita dura solo ventitré minuti. Un pestone di Jorge Andrade lo lascia per terra. Non sembra niente di grave, ma Wayne zoppica vistosamente e tre minuti dopo è costretto a lasciare il terreno di gioco, sostituito da Darius Vassell: lesione al quinto metatarso del piede destro.

La sfida con Cristiano è rinviata al Mondiale 2006. Peccato per lui e per la partita. L'Inghilterra, nonostante l'assedio lusitano, controlla fino all'ottantatreesimo minuto, quando Helder Postiga colpisce di testa un gran cross di Simão e apre le porte dei supplementari. Le due formazioni sono stanche, ma il Portogallo dimostra di avere ancora da spendere. Per Cristiano sembra addirittura che la partita sia appena iniziata, e Phil Neville rimedia un cartellino giallo per averlo messo giù. Rui Costa azzecca un missile che si infila nel sette della porta di David James. I giochi, al centoquindicesimo minuto, sembrano chiusi. Ma l'Inghilterra risuscita. Frank Lampard pareggia: 2-2. Si va ai rigori.

Beckham sbaglia il primo, alto sopra la traversa. Rui Costa segue l'esempio e manda al secondo anello. Tocca a Cristiano. Colloca il pallone meticolosamente. E senza innervosirsi pareggia i conti con una bordata a mezza altezza. Ricardo, il portiere dei lusitani, blocca il lancio di Darius Vassell e poco dopo, dagli undici metri, trasforma portando i suoi in semifinale.

Li aspetta un altro osso duro: l'Olanda. I discepoli di Dick Advocaat sono arrivati alla fase finale grazie al ripescaggio. Nelle prime tre partite se la sono vista brutta. Nei quarti hanno superato la Svezia ai rigori. Ma contro gli ospitanti del torneo, Advocaat vuole assolutamente vincere, per la squadra e per i tifosi. Vuole dimostrare che un Paese piccolo può arrivare al vertice del calcio. Il pericolo più grande della formazione portoghese: Cristiano Ronaldo. Wilfred Bouma, il difensore centrale degli Orange, non ha dubbi. E non si sbaglia, perché non appena comincia la partita, il numero 17 rossoverde per un soffio non infila un cross geniale di Figo. Poco dopo ci prova di nuovo, ma la conclusione è troppo debole: nessun problema per Edwin van der Sar. Ventiseiesimo minuto:

corner per il Portogallo. Il primo della partita. Batte Luís Figo, Cristiano si libera del marcatore e, come contro la Grecia, vola più alto di tutti. Perfetto l'impatto con il pallone ed è gol. Van der Sar e Davids, che copre il palo, guardano impotenti. Il ragazzo di Madeira si toglie la maglia, la usa a mo' di bandiera ed esulta per la sua seconda rete con la nazionale correndo sotto gli spalti dei tifosi lusitani. L'arbitro svizzero, Anders Frisk, lo ammonisce. Al sessantasettesimo minuto, Ronaldo lascia il suo posto a Petit. Il risultato è 2-1 per il Portogallo e tale rimane fino alla conclusione della partita. La Seleção supera un'arancia meccanica arrugginita e approda alla sua prima grande finale.

Domenica 4 luglio, all'Estádio da Luz di Lisbona, affronterà la Grecia. Sì, curiosamente, e per la prima volta nella storia di un Europeo, sono proprio le due squadre che si sono sfidate nella partita inaugurale a chiudere il torneo. Ventitré giorni dopo si fronteggiano nuovamente. Una finale che pochissimi si aspettavano. Certo, il Portogallo era dato come favorito per la vittoria finale, ma i bookmakers davano la Grecia 80 a 1.

Il percorso degli ellenici non è stato facile: secondi del gruppo A, dopo il Portogallo, con una vittoria contro i lusitani, un pareggio con la Spagna e una sconfitta contro i russi. Nei quarti di finale hanno superato la Francia, campione in carica, e in semifinale hanno avuto la meglio sulla Repubblica Ceca. Una partita che la squadra di Scolari ha visto in televisione. E alla fine sono tutti perplessi: «Come? Un'altra volta la Grecia?». Questa volta però sono convinti che la storia sarà diversa. Sono convinti che vinceranno, che conquisteranno il primo gran titolo della Seleção. Un Paese intero lo spera, un Paese intero sogna con la nazionale. Lisbona si riversa per le strade ad accogliere i suoi eroi. Una marea umana segue l'autobus della squadra. L'ambiente, all'Estádio da Luz, fa venire la pelle d'oca. E alle 19.45 di domenica 4 luglio, tutto il Portogallo si paralizza.

Otto Rehhagel, l'allenatore della Grecia, dichiara prima della partita: «Siamo arrivati in finale, abbiamo dato una grande allegria al popolo greco e non abbiamo niente da perdere. I portoghesi, nella partita inaugurale, ci hanno sottovalutato; ora staranno più attenti. È ovvio che sono i favoriti: avranno l'appoggio di 50.000 spettatori». E c'è di più. Il fattore campo: il Portogallo non perde a Lisbona, né all'Alvalade, né al da Luz, da diciassette anni. È l'anfitrione del torneo, condizione che si rivelò decisiva per Spagna '64, Italia '68 e Francia '84. Ma i precedenti, in questo caso, non servono a nulla. La bella storia della selezione portoghese si conclude com'era cominciata: con una sconfitta (1-0, gran gol di testa al cinquantasettesimo minuto di Angelos Charisteas) contro la Grecia. Un disastro come il *Maracanazo* del 1950, una débâcle che manda in fumo la festa preparata dal Paese intero. Sì, la bella storia portoghese termina proprio com'era iniziata: con le lacrime di Cristiano Ronaldo. Solo, perso in mezzo al campo, non fa caso alle parole, né ai gesti di conforto dei compagni. Piange la sua tristezza. Piange le occasioni perse. Come al cinquantanovesimo, quando Nikopolidis rende vano il suo tentativo; e al settantaquattresimo, quando, solo davanti alla porta avversaria, sbaglia clamorosamente e spedisce il pallone sopra la traversa. Piange perché non si sarebbe mai immaginato di perdere contro la Grecia. Piange perché «avevamo una grande selezione e abbiamo giocato un buon campionato: non ci meritiamo un finale così». Piange perché è «una persona ambiziosa» e voleva essere «campione europeo a diciannove anni».

«Ora, però», aggiunge Cristiano, «bisogna voltare pagina. Bisogna guardare avanti: ci saranno molti altri Europei nel corso della mia carriera per riprendermi da questa grande *desilusão*».

MARTUNIS

«Un ragazzo stupendo. Forte e coraggioso».

Quella mattina stava giocando. Rincorreva un pallone sulla spiaggia. Indossava la sua maglietta preferita, la maglia rossoverde della nazionale di calcio portoghese. Poi arrivò l'onda gigante e se lo portò via. Lontano, lontanissimo. Dio solo sa dove. Lo trascinò insieme alle case, alle palme, alle barche, agli animali, alle auto, ai turisti. Sommerso dall'acqua come altre migliaia e migliaia di bambini, uomini e donne. Inghiottito insieme a tutta la sua famiglia che cercava di fuggire dal maremoto in un pick-up.

Martunis andò alla deriva per diciannove giorni. Sopravvisse mangiando quello che trovava e bevendo acqua dalle pozzanghere.

Il suo angelo custode ha un nome e un cognome: Ian Dovaston, giornalista della Tv britannica Sky News. È stato lui a trovare il bambino di sette anni che vagava, solo, in una spiaggia di Banda Aceh, a Nord dell'isola di Sumatra.

Debole, disidratato, disorientato, il corpo coperto di punture di insetti, ma salvo. Dovaston e l'interprete gli offrono acqua e biscotti, e lo portano a una tenda di Save the Children. Lì lo lavano e gli prestano i primi soccorsi. I volontari commentano: «È un miracolo che sia sopravvissuto». All'ospedale dove lo ricoverano, la diagnosi è positiva: il piccolo non ha nessuna malattia grave. Martunis rincontra Sarbini, suo padre, e sua nonna. Viene a sapere che sua madre e due delle sue sorelle non sono sopravvissute allo tsunami che quel 26 dicembre 2004 ha provocato 230.000 morti nel Sud-Est asiatico.

Quando il reportage di Sky News sulla storia del bambino con la maglietta della nazionale lusitana arriva alle televisioni portoghesi, il Paese intero si commuove. Martunis conquista la gente, e il mondo del calcio. Si scatena un'ondata di solidarietà.

Gilberto Madaíl, il presidente della Federazione calcio portoghese, si assume la responsabilità di mobilitare i club del campionato e di far arrivare aiuti umanitari in Indonesia. Si mette in contatto con il reporter inglese per sapere quali sono le necessità del bambino e della sua famiglia. Nel frattempo anche i campioni della nazionale decidono di darsi da fare per Martunis.

«Nel preciso momento in cui abbiamo visto quelle immagini abbiamo pensato che dovevamo muoverci subito; acquistare un terreno e pagare la costruzione di una nuova casa ci sembrava la soluzione più interessante», dice Luiz Felipe Scolari, ct del Portogallo. «Ciò che va sottolineato in questa storia è la voglia di vivere, la perseveranza, la lotta del bambino e il fatto che lui abbia cercato un'altra opportunità per la sua vita distrutta dal maremoto. Martunis è un esempio per tutti noi e per gli atleti di come si possono conquistare molte cose di fronte alle difficoltà. È un simbolo di superamento personale, dello spirito sportivo classico», aggiunge il mister.

«Mi è sembrato strabiliante che un bambino di sette anni abbia potuto sopravvivere dopo così tanti giorni. È incredibile», commenta un Cristiano Ronaldo visibilmente commosso. «Ci dà la forza di pensare che è possibile andare avanti anche nelle circostanze più difficili. La mia speranza e quella del commissario tecnico è di portare il piccolo a Manchester e in Portogallo, per fargli vedere una partita all'Old Trafford e all'Estádio da Luz. In questo momento ci sono persone che stanno lavorando affinché succeda, e il prima possibile. Ora come ora, dipende da Martunis e dalla sua famiglia decidere quando. Noi ci occuperemo di fare tutto il necessario. Spero che ci riusciremo, perché questo bambino è un emblema di coraggio, e dato che indossava la maglia del Portogallo, sono certo che sarebbe felice di venire».

La speranza di Cristiano che il bambino possa assistere a una partita del Portogallo diventa realtà sei mesi dopo.

Il 31 maggio 2005 Martunis atterra a Lisbona accompagnato dal padre e dallo psicologo che l'ha assistito dal giorno del salvataggio. La Federazione calcio portoghese l'ha invitato ad assistere a una partita dell'Under 21 a Rio Maior il giorno 3, e il 4 allo stadio da Luz a una partita della Seleção contro la Slovacchia. Martunis visita l'hotel del ritiro e pranza con i calciatori. Incontra il suo idolo: Cristiano Ronaldo. Un calciatore che conosceva già bene, perché è un fan del Manchester United. Cristiano gli dà un bacio sulla fronte e gli regala una maglia rossoverde col numero 1 e con su scritto Martunis. Il piccolo la indossa il giorno dopo nella Cattedrale del Benfica. Berretto, sciarpa e maglia, si siede accanto a Rui Costa. Madaíl, il presidente della Federazione, gli consegna un assegno di 40.000 euro, la somma raccolta tra i giocatori della nazionale. Joseph Blatter, il presidente della Fifa, gli stringe la mano. Poi Martunis può godersi in santa pace la partita. E vede come il Portogallo sconfigge 2-0 la Slovacchia. Il secondo gol arriva giusto prima dell'intervallo: lo segna, su calcio di punizione, Cristiano Ronaldo.

Il numero 17 della nazionale aveva detto a Martunis che si sarebbero rivisti presto. E mantiene la promessa. L'11 giugno atterra a Banda Aceh. Visita la costa di Ulee Lheu, una delle zone più colpite dallo tsunami. Resta impressionato dal dramma e dalla devastazione, commosso dal coraggio della gente, dalla voglia di ricostruire la loro vita il prima possibile. Ed è colpito anche dall'affetto e dalla simpatia che tutti gli dimostrano. Nella visita lo accompagna Martunis. Una folla lo segue a piedi, in bicicletta, in moto. C'è talmente tanta gente che Cristiano non può scendere dall'autobus per fare una partitella con i ragazzi di una scuola. Il campo è invaso da persone che vengono a vedere il numero 7 dei Reds. Con Martunis parla a gesti e con l'aiuto di un interprete. Cristiano gli regala la sua maglia della nazionale e un telefono cellulare. Prende il suo portatile e gli mostra foto e videogiochi. Visitano insieme Oikos, una ONG portoghese che lavora ad Aceh. Il ragazzo è emozionato per ciò che sta vivendo, per essere l'eroe dell'isola, per avere un amico così importante. È timido, parla poco, ma i suoi occhi rivelano un'enorme felicità.

«È un ragazzo stupendo. Forte e coraggioso», dirà in seguito Cristiano. «Credo che molti adulti non sarebbero in grado di affrontare ciò che ha affrontato lui. Dobbiamo rispettarlo. Il suo è stato un atto di forza e di maturità. È un ragazzo speciale».

I due trascorrono il sabato insieme. Sarbini, il padre, racconta che Martunis è orgoglioso di avere al suo fianco un gran calciatore che lo tratta come fosse il fratello minore. La domenica Ronaldo vola a Giacarta, dove lo attende un incontro con Jusuf Kalla, il vicepresidente dell'Indonesia, una cena e una piccola asta (tre delle sue maglie del Portogallo e del Manchester United, un paio di scarpe e un pallone autografato), che raccoglie un miliardo di rupie, quasi 80.000 euro, che serviranno per la ricostruzione di Aceh.

Tre anni dopo il maremoto e la visita di Cristiano, Martunis è intervistato da un documentario della Fifa e dice: «Il mio passatempo preferito è il calcio. È divertente. Mio nonno era un giocatore di calcio. Io quando sarò grande voglio essere un calciatore, come lui».

IL GIORNO PIÙ TRISTE

«Mio padre sarà sempre al mio fianco. Per me sarà sempre un esempio».

Sono le 21 a Mosca. Cristiano sta vedendo un film in camera sua quando Luiz Felipe Scolari lo manda a chiamare. È il 6 settembre 2005, un martedì. Il giorno dopo i lusitani disputeranno, contro i russi, una partita chiave per la classificazione al Mondiale del 2006. Se vincono, e gli slovacchi cedono punti, avranno un piede in Germania. Nella stanza del ct c'è anche Luís Figo. A Cristiano la situazione sembra strana, ma non immagina nulla. Pensa che si tratti di una questione tecnica, di qualche dettaglio che il mister e il capitano del Portogallo vogliono discutere con lui. Ma la notizia che gli comunicano è la morte di suo padre. Dinis Aveiro, di 51 anni, è deceduto in una clinica di Londra.

A luglio, il padre del numero 7 del Manchester era stato ricoverato d'urgenza nel Centro ospedaliero di Funchal con prognosi riservata, a causa di gravi problemi epatici e renali. In un tentativo di salvargli la vita, Ronaldo aveva fatto trasferire suo padre in Inghilterra per un trapianto di fegato. Nonostante un miglioramento passeggero, Dinis non ce la fa. L'alcol l'ha condotto a una morte prematura, che lascia Cristiano affranto. «Ci è caduto il mondo addosso», commenta Cátia.

Scolari e i dirigenti federali offrono a Ronaldo la possibilità di partire immediatamente da Mosca per stare vicino alla sua famiglia, ma CR7 rifiuta. Vuole restare con la nazionale, e chiede a Scolari che lo lasci entrare in campo.

«Volevo giocare. Volevo dimostrare a tutti che ero capace di separare le cose. Che ero un gran professionista e che prendevo il lavoro sul serio. Volevo giocare quella partita in onore di mio padre. Volevo segnare un gol per lui. Mi sono messo alla prova e ho messo alla prova tutte le persone che mi vogliono bene», racconterà Cristiano, tempo dopo.

«Spero che giochi, sarebbe un modo per sfogare ciò che prova», afferma Gilberto Madaíl, il presidente della Federazione. E alle domande dei giornalisti su come ha trovato il giocatore, Madaíl risponde: «Ho visto un ragazzo di ventidue anni, che ha perso suo padre ed è a pezzi. È una situazione complicata... Sebbene fosse stato messo in conto, nessuno si immaginava che sarebbe successo all'improvviso. È un lutto molto doloroso».

La decisione finale di schierare in squadra Cristiano tocca a Scolari, che gli sta molto vicino in un momento così difficile. A Cristiano ricorda che la famiglia è al primo posto, il calcio viene dopo; gli dà forza, condivide con lui il dolore raccontandogli come morì suo padre.

Eusebio, accompagnatore della Seleção, cerca di confortare la stella del gruppo. Ricorda quando ha vissuto la stessa situazione, giocando il giorno della morte di sua madre in una partita in cui segnò tre gol.

Il gruppo, tutti i suoi compagni di squadra lo appoggiano in un momento così duro. Il giorno della partita, quando i giornali lusitani titolano *Il Portogallo è con te* («A bola»), l'atmosfera nello spogliatoio dello stadio del Lokomotiv è strana. Triste. Facce afflitte, nessuno parla, non si scherza, non si percepisce la tensione che regna prima di un incontro così importante. Cristiano si rende conto di cosa succede e inizia a giocherellare col pallone, come ha sempre fatto prima di un incontro con la maglia della Seleção. Dimostra che la vita e il gioco devono continuare. Ma in campo, quando suona l'inno nazionale, non ce la fa a contenere l'emozione.

Il Portogallo contro la Russia pareggia: 0-0. Ronaldo non segna il gol che voleva dedicare a suo padre. Lo farà al Mondiale di Germania segnando l'ultimo rigore contro l'Inghilterra, che qualificherà il Portogallo per le semifinali. Alzerà le braccia al cielo dicendo: «Questo è per te, padre».

Nonostante tutto, quel 7 settembre, allo stadio Lokomotiv, è il migliore in campo. Deco, suo compagno di squadra, tempo dopo confessa: «Penso che con noi si sentisse come a casa. Quello che abbiamo fatto quel giorno è stato non parlare troppo del tema. Sapevamo che, una volta entrato in campo, si sarebbe sentito meglio. Il calcio è allegria. Però non dimenticherò mai come Ronaldo ha affrontato un dolore di quel tipo. È stato ammirevole, soprattutto pensando all'età che aveva, e alla situazione che stava vivendo».

Dopo la partita, Cristiano Ronaldo fa ritorno a Madeira. Nel cimitero di Sant'Antonio a Funchal si svolge il funerale di suo padre. La notizia della morte di Dinis Aveiro ha costernato la piccola comunità.

Secondo amici e vicini «era una persona umile che andava d'accordo con tutti e non creava problemi a nessuno». Un uomo semplice, che non era cambiato per il successo del figlio. Manteneva le stesse abitudini e le stesse amicizie di sempre. Sebbene Cristiano gli avesse regalato una casa meravigliosa con vista sull'Atlantico e potesse godere di tutti i lussi possibili offertigli dal figlio, Dinis Aveiro continuava ad alzarsi all'alba per aiutare il venditore di giornali di Sant'Antonio. Un passatempo che non aveva mai abbandonato. La mattina la trascorreva tra le chiacchiere con gli amici all'Andorinha, il club dove ha iniziato a delinearsi il destino di suo figlio. Il pomeriggio prendeva due pullman per tornare a casa.

Diverse centinaia di persone assistono al funerale. Amici, vicini, parenti, rappresentanti delle istituzioni locali e del mondo del calcio, tra cui Luiz Felipe Scolari, Paulo Bento dello Sporting Lisbona e i dirigenti dell'Andorinha. Sempre accompagnato dalla sua famiglia e dal suo agente Jorge Mendes, Cristiano Ronaldo, camicia nera e occhiali da sole, riesce a contenersi. Non si lascia scappare nemmeno una lacrima, ma i suoi occhi dicono che ha pianto, e molto. Gli addetti alla sicurezza cercano di allontanare telecamere e fotografi. La famiglia non vuole che si diffondano immagini della cerimonia.

Qualche tempo dopo, Cristiano commenterà il trattamento della morte di suo padre da parte della stampa portoghese: «Mi ha ferito, e ha ferito la mia famiglia. Avevamo bisogno di silenzio e alla fine si è trasformato in un gran trambusto».

Polemiche a parte, nel piccolo camposanto di Funchal, Cristiano dà l'ultimo addio a un uomo che è stato fondamentale nella sua vita e nel suo percorso di calciatore. «Mio padre», confessa Ronaldo, «mi stimolava sempre, voleva che fossi ambizioso ed era orgoglioso di ciò che avevo conquistato nel calcio. Gli voglio bene e gliene vorrò sempre. Sarà sempre con me. Sarà un esempio continuo per me. Immagino che lì, dove si trova ora, veda quello che faccio, quello che sono diventato».

Dinis non amava né i riflettori, né le macchine fotografiche. Preferiva stare in secondo piano, ma il rapporto tra padre e figlio è sempre stato molto stretto. Erano inseparabili prima che l'Abelinha se ne andasse allo Sporting. E hanno continuato a esserlo a Manchester. Dinis lo andava a trovare spesso; lo accompagnava, lo appoggiava, lo incoraggiava, fino a quando non la malattia non glielo ha impedito. Più volte Cristiano aveva cercato di convincere suo padre a entrare in una clinica per curare la sua dipendenza dall'alcol, ma non ha potuto salvarlo. Dinis ha continuato a bere. A niente sono servite le cure dei migliori ospedali inglesi. E la sua morte segna l'inizio di un periodo difficile per il numero 7 del Manchester United.

«GIVE RON ONE IN THE EYE»

«Sono incredibili le cose che si sono dette su di me e sul mio compagno di squadra e amico Rooney».

Ha visto i filmati del Mondiale 1966, quando il Portogallo di Eusébio arrivò alle semifinali e fu eliminato dall'Inghilterra di Bobby Charlton che vinse il titolo. Ma il suo primo ricordo è USA '94. «Avevo nove anni. Vidi la partita a Madeira con la mia famiglia, tenevamo tutti per il Brasile. L'immagine di Roberto Baggio che sbaglia il rigore decisivo mi è rimasta impressa». E non ha dimenticato nemmeno il Mondiale 2002 in cui il Portogallo, sconfitto dalla Corea del Sud, non supera la prima fase.

Quattro anni dopo Cristiano Ronaldo non guarda il Mondiale in televisione. Lo gioca. Ha ventun anni e i tifosi l'hanno incluso, insieme a Leo Messi e all'ecuadoriano Luis Valencia, nella lista dei sei candidati a miglior giocatore giovane del Mondiale. Gli altri tre, scelti dalla Fifa, sono lo spagnolo Cesc Fàbregas, lo svizzero Tranquillo Barnetta e il tedesco Lukas Podolski.

Il vincitore dovrà distinguersi per stile, carisma, fair play e passione per il calcio.

La terza stagione nel Manchester United non è stata facile, né fuori né dentro al campo. Cristiano ha perso la scommessa con Ferguson. Aveva detto che avrebbe segnato quindici gol, invece si è fermato a dodici. Non c'è dubbio che il ragazzo di Madeira stia facendo progressi, però nella Premier lo United, per il secondo anno consecutivo, viene battuto nella corsa al titolo dal Chelsea di José Mourinho. Nella Champions non supera la fase a gironi, e a dicembre è fuori dall'Europa. L'unico trofeo che finisce nella teca dell'Old Trafford è la Carling Cup, vinta grazie al 4-0 inflitto al Wigan. Terzo gol di Ronaldo, che nel 2005 ha ricevuto il premio FIFPro come miglior calciatore giovane eletto dai tifosi. Il suo compagno di squadra, Wayne Rooney, ha vinto il premio ufficiale. Entrambi saranno protagonisti in Germania. Nel bene e nel male.

Luiz Felipe Scolari, il ct lusitano, ha fiducia nel numero 7 dello United e il Portogallo ha fiducia nella Seleção. E anche Ronaldo: «Abbiamo un'ottima squadra, grandi giocatori e un grande allenatore. Personalmente, spero di giocare meglio in questo Mondiale di come ho giocato nell'Europeo».

Il gruppo del Portogallo è il D: Angola, Messico e Iran. Sembra piuttosto facile. E lo è. I portoghesi vincono tutte e tre le partite: 1-0 con l'Angola, ex colonia; 2-0 con l'Iran; 2-1 con il Messico. Cristiano segna, su rigore, la seconda rete contro gli iraniani. E con 9 punti il Portogallo si classifica, come primo del girone, per gli ottavi di finale. Era da quarant'anni, esattamente dal Mondiale d'Inghilterra del 1966, che i rossoverdi non superavano la barriera della fase a gironi.

A Norimberga, il 25 giugno 2006, il Portogallo affronta l'Olanda. Si ripete la semifinale dell'Europeo 2004. A posteriori Scolari la definirà una vittoria storica. E Luís Figo, il capitano, aggiunge che è il risultato «dell'unità, del carattere della squadra e dell'appoggio alla Seleção da parte di tutto un Paese». Purtroppo ciò che viene ricordato di quel match è il penoso spettacolo del secondo tempo, in cui si vedono solo falli, proteste, scontri verbali e non, e cartellini rossi e gialli. Van Bronckhorst e Boulahrouz per l'Olanda, Deco e Costinha per il Portogallo vengono espulsi: si perderanno i quarti di finale.

L'arbitro, il signor Valentin Ivanov, distribuisce venti cartellini, sedici gialli e quattro rossi. I lusitani passano ai quarti grazie a un gol di Maniche. Cristiano Ronaldo, piangendo di rabbia, al trentatreesimo deve abbandonare il campo per una durissima entrata di Boulahrouz. E la sua presenza contro l'Inghilterra nei quarti di finale sarà in forse fino all'ultimo momento. Ronaldo non vuole perderla perché sarà un faccia a faccia con alcuni dei suoi compagni del Manchester United. Perché lo aspetta un duello sulla fascia con Gary Neville.

L'1 luglio alle 17, all'Arena AufSchalke di Gelsenkirchen, vengono annunciate le formazioni. Sì, Ronaldo col numero 17 c'è.

Negli ottavi l'Inghilterra ha penato parecchio per vincere 1-0 contro l'Ecuador. Sven-Göran Eriksson, il tecnico svedese dei Tre Leoni, teme gli avversari e l'allenatore. Luiz Felipe Scolari con il Brasile è stato l'incubo dell'Inghilterra nel Mondiale di Corea-Giappone, e con il Portogallo ha eliminato gli inglesi nell'Europeo 2004.

Inzia la partita. Sulle gradinate 45.000 tifosi inglesi contro i 5.000 portoghesi. «*Stand up for the englanders!*», gridano i britannici. Ma l'Inghilterra è una squadra triste, il suo gioco è frustrante. Lampard, Gerrard e Rooney, i suoi grandi protagonisti, non sono all'altezza. Il Portogallo fa quello che vuole fino alla tre quarti. Lì si blocca. Non sa come passare, come aprirsi un varco. Cristiano, sulle fasce, mostra tutto il suo potenziale. Mette a dura prova la difesa avversaria. Gerrard e Lampard devono dare una mano a Gary Neville. Ma quando il numero 17 si accentra, gli si spegne la luce. E così, senza nulla di fatto, si arriva al secondo tempo, al sessantaduesimo, all'incidente che farà parlare per mesi. Ricardo Carvalho ha avuto la meglio su Wayne Rooney con una marcatura ferrea, non gli ha lasciato spazio, non l'ha fatto scappare, e il giovane, esasperato, si addentra ancora nella ragnatela dei difensori portoghesi. Tenta di passare tra Carvalho e Petit. Uno scontro, un corpo a corpo e Carvalho finisce a terra. Roo, come lo chiamano in Inghilterra, lo calpesta e gli pianta i tacchetti nelle parti intime. Un fallo che scatena un tafferuglio tra inglesi e portoghesi. Cristiano è il primo ad arrivare sul luogo del delitto, e corre per spiegare le sue ragioni all'arbitro. Rooney lo spinge via e dice qualcosa come: «Tu non t'immischiare». Il numero 16 dell'Inghilterra li separa per evitare che la lite degeneri. E Maniche cerca di fare da pacificatore.

Il fallo è sotto gli occhi dell'arbitro Horacio Elizondo. I lusitani reclamano l'espulsione. Il direttore di gara è indeciso, ma alla fine tira fuori il cartellino rosso. E il numero 9, l'attaccante del Manchester United, il compagno di squadra di Cristiano, finisce negli spogliatoi.

I tifosi di Sua Maestà la Regina Elisabetta II protestano con rabbia; pensano che la decisione arbitrale sia ingiusta e gridano: «*Cheat! Cheat! Cheat!*». Accusano Carvalho di fingere, mentre il centrale portoghese viene portato via in barella.

Per mesi e mesi la stampa inglese parlerà di questo minuto, di Cristiano e Roo. Una polemica infinita. Ma prima di approfondire la questione, continuiamo con la partita. Eriksson reagisce all'espulsione: esce Joe Cole, entra Peter Crouch. È 10 contro 11, l'Inghilterra si accomoda sul campo. Tutti dietro e lanci lunghi per il lungagnone che deve tener palla fin quando arrivano i rinforzi. Scolari colloca Simão a sinistra e Cristiano al centro dell'attacco. Come numero 9 non funziona. Tanto che il tecnico lo rimette di nuovo al suo posto. L'Inghilterra, intanto, resiste. I novanta minuti regolamentari finiscono sullo 0-0. I supplementari sono un assedio alla porta difesa da Robinson, ma il Portogallo non ha fantasia, non ha le idee. L'Inghilterra sopravvive. E si arriva ai rigori.

Ricardo, il portiere dello Sporting Lisbona, l'eroe dell'Europeo 2004 (contro l'Inghilterra para e segna rigori), ora si mostra impassibile, tranquillo e a pochissima distanza dalla linea del gol. Sembra lontano da tutta la tensione che si vive in campo. Frank Lampard si avvicina agli undici metri, calcia, Ricardo para. Terzo rigore degli inglesi: Steven Gerrard tira e Ricardo para. E per poco non agguanta anche il secondo di Hargreaves. Gli scivola via dalla punta delle dita. Quarto rigore: Jamie Carragher segna e se ne va, ma l'arbitro non è d'accordo. Deve ribatterlo, la giacchetta nera non aveva fischiato. Carragher ritorna, mira all'angolo ma Ricardo aspetta fino all'ultimo istante prima di buttarsi. Devia il pallone, che colpisce la traversa e schizza fuori.

È il turno di Cristiano. Se segna, il Portogallo va in semifinale. Il ragazzo di Madeira è molto nervoso. Le telecamere indagano in primo piano il suo volto: un'unica smorfia. Arriva agli undici metri, saltella per spianare il punto di rigore, bacia il pallone. Lo colloca meticolosamente. Prende la rincorsa, si ferma e tira.

GOOOOOOOOOOOL! Ronaldo grida, estasi in mezzo al campo e in panchina. Cristiano indica il cielo e dedica il gol a suo padre.

L'Inghilterra torna a casa come nel 2004. Quella volta a sbagliare era stato Beckham, adesso a riposo per infortunio.

Il 5 luglio all'Arena WM di Monaco, il Portogallo affronta, in semifinale, la Francia di Zinédine Zidane che ha sconfitto il Brasile di Ronaldinho, la squadra che tutti davano come favorita del Mondiale.

I lusitani esordiscono mettendo in ginocchio i rivali. Grazie a Figo, Cristiano Ronaldo e Deco l'inizio è di quelli che danno fiducia. Ma al trentatreesimo minuto Thierry Henry entra in area; Ricardo Carvalho, cadendo, allunga la gamba. Il francese va a terra. Jorge Larrionda, arbitro uruguaiano, fischia il rigore. Una decisione che Scolari e i portoghesi contestano furiosamente. Ma non c'è niente da fare. Zizou, il capitano, il numero 10, s'incarica del pallone. Breve corsa e tiro secco che lambisce il palo. Lontano, troppo lontano dalla portata di Ricardo. 1-0. Sarà il risultato finale. La Linea Maginot di Patrick Vieira e Claude Makélélé non delude. I portoghesi dominano, ci provano in tutti i modi possibili; Figo e Cristiano pressano sulle fasce, ma tutti gli attacchi cozzano contro la muraglia dei Bleus. L'ultimo vero spavento per Fabien Barthez è un calcio di punizione di Cristiano Ronaldo. Il portiere francese non trattiene, Figo colpisce di testa, ma manda fuori di poco. La partita si conclude con Cristiano che piange, come al termine della finale dell'Europeo 2004, e con Zidane che va a consolare Luís Figo, ex compagno nel Real Madrid, che ha giocato la sua ultima partita con la maglia della nazionale.

Ancora una volta la Francia ha soffiato la finale al Portogallo. Era già successo, sempre con un rigore di Zidane e un ultimo gol di Wiltord nell'Europeo del 2000. Les Bleus giocheranno a Berlino contro l'Italia. La finale della testata di Zidane e della Quarta Coppa del Mondo per gli Azzurri.

L'8 luglio al Gottlieb-Daimler-Stadion di Stoccarda il Portogallo perde 3-1 la finalina per il terzo posto contro la Germania, squadra ospitante. Per la nazionale di Scolari il Mondiale finisce qui.

È ora di tornare al sessantaduesimo minuto del match Portogallo-Inghilterra, visto che nel Regno Unito si è scatenato il finimondo. Andiamo per ordine. Stampa e tifosi inglesi sono convinti che Ronaldo abbia aizzato Horacio Elizondo a estrarre il cartellino rosso per Rooney. E lo vedono come il responsabile della sconfitta dell'Inghilterra. Suppongono che, conoscendo il carattere del giovane attaccante inglese, i portoghesi abbiano fatto di tutto per fargli perdere la testa. Poco importa che Cristiano dica: «Non sono un arbitro e non ho il potere di espellere un giocatore. E non ho avuto niente a che vedere col fatto che l'arbitro abbia tirato fuori il rosso».

Poco importa che l'arbitro dichiari al «Times»: «La gente può dire quello che vuole [di Ronaldo], ma lui non mi ha influenzato per niente. Io non presto tanta attenzione a questo tipo di cose, non mi preoccupo della pressione in una partita. Per me è stata un'azione violenta: cartellino rosso, senz'ombra di dubbio».

A nulla serve la difesa di Ricardo che ai media dichiara: «Dev'esserci sempre un capro espiatorio quando qualcuno perde. Non credo che Ronaldo abbia condizionato l'arbitro, che era attento all'azione di gioco». E non serve nemmeno che Rooney dica: «Non serbo rancore verso Ronaldo, però sono deluso. Non si sarebbe dovuto intromettere».

I tabloid inglesi si sbizzarriscono, e per di più offrono una versione completamente diversa. Il «Sun», ad esempio, scrive che Rooney minaccia di «fare a pezzi» il suo compagno portoghese quando lo rivedrà a Manchester. E segnala che lo United indicherà a Cristiano l'uscita dal club «a causa del suo vergognoso comportamento al Mondiale». Non è vero, ma Cristiano non accoglie bene la notizia. Nella polemica intervengono tutti. Alan Shearer, ex attaccante della nazionale inglese, dichiara in diretta televisiva: «Penso che quando Wayne Rooney si presenterà all'allenamento del Manchester United, assesterà un bel pugno a Ronaldo».

Steven Gerrard, il capitano del Liverpool, dice: «Come ha potuto fare una cosa simile a un compagno di squadra? È incredibile. Se uno dei miei compagni facesse lo stesso, io non gli rivolgerei più la parola».

Martin Jol, il manager del Tottenham, afferma: «La peggiore disgrazia di quella partita è stato Cristiano, perché ha cercato di condizionare l'arbitro. Dove sono finiti i valori dello sport?».

I messaggi dei tifosi inglesi sono durissimi; non perdonano il numero 7 dei Red Devils: «Non voglio rivedere Ronaldo nel Manchester», «Non si tradisce così un amico», scrivono sul web.

Ronaldo passa al contrattacco. Spiega che non c'è nessun problema con Roo: «Alla fine ci siamo scritti degli sms e abbiamo chiarito tutto. Mi ha augurato buona fortuna per il Mondiale. Mi ha detto che abbiamo una grande squadra e che se avessimo continuato a giocare così, saremmo potuti arrivare lontano. Non ce l'aveva con me. E mi ha consigliato di ignorare ciò che scrive la stampa». E aggiunge: «Le cose che sono state dette su di me e sul mio compagno di squadra e amico Rooney sono incredibili».

Tuttavia la storia non finisce nemmeno con la promessa di Ronaldo di telefonare al suo compagno per chiarire la questione. Quello che ha fatto infuriare i tifosi, i media, e non soltanto loro, è l'immagine che hanno ripreso le telecamere quando Rooney è stato espulso: Ronaldo che fa l'occhiolino in direzione della panchina del Portogallo. Come a dire: «Missione compiuta, l'abbiamo tolto di mezzo». Poco importa che Ronaldo spieghi che con l'occhiolino a Scolari intendeva un'altra cosa: aveva capito qual era la sua nuova posizione in campo. I media la vedono come una grave offesa e sparano a zero su Ronaldo. Il 3 luglio il «Sun», in prima pagina, pubblica la faccia di Cristiano al centro di un bersaglio per le freccette mentre fa l'occhiolino. *Give Ron one in the eye* («Centra l'occhio di Ronaldo») il titolo. E nell'articolo si legge: «Qui tutti i tifosi dell'Inghilterra hanno l'opportunità di vendicarsi del più grande esperto di occhiolini del mondo. Nel nostro bersaglio umano c'è Cristiano Ronaldo, la checca portoghese. Il centrocampista del Manchester United è sorpreso nell'atto di strizzare l'occhio ai suoi compagni di squadra dopo aver contribuito a far espellere Wayne Rooney, il fenomeno dell'Inghilterra e del Manchester United. Dell'occhiolino di Ronaldo abbiamo fatto il nostro bersaglio. Cos'aspetti? Appendilo nel tuo ufficio e mira all'occhio dell'astuto signore».

No comment.

E la vicenda continua anche in luglio e agosto. Alex Ferguson, accompagnato da David Gill, il boss dello United, prende un volo per

Vale de Lobo, in Algarve, per parlare col ragazzo. Cristiano non vuol tornare in Inghilterra, vuole andare in Spagna, al Barça o al Madrid. Dice che non si è sentito appoggiato dal suo club in tutta questa polemica. Al mister spiega che è preoccupato, che ha paura della stampa e delle reazioni dei tifosi avversari quando metterà di nuovo piede in Gran Bretagna. Alex Ferguson gli risponde che nel Manchester sanno gestire queste situazioni. Ci sono riusciti dopo il Mondiale del 1998, quando Beckham fu espulso per aver aggredito El Cholo Simeone, centrocampista dell'Argentina, e davanti ai pub di Londra bruciavano foto del capitano dell'Inghilterra. Gli spiega che gli inglesi abbaiano, ma non mordono. Di sicuro lo fischieranno, ma niente di più Gli dice che gli hanno trovato una nuova casa in campagna, tranquilla e con tutta la privacy del mondo. In poche parole, lo convince che deve tornare e affrontare la situazione.

A Macclesfield, la località del ritiro, Cristiano e Wayne Rooney fanno pace. Un faccia a faccia di quarantacinque minuti per chiarirsi. Un incontro voluto dal mister. L'attaccante portoghese evita tutti i media entrando e uscendo da una porta laterale. Rompe il silenzio in un'intervista a «FourFourTwo»: «Non c'è nessun problema. Non ci sono differenze personali. Al Mondiale», dice, «siamo stati rivali, ma sono cose del passato. La vita continua».

CHAMPAGNE

«La pressione mi rende più forte».

Ci sono solo due possibilità di fronte a una situazione particolarmente difficile: o sprofondi nella miseria e da lì non esci, o reagisci con tutte le tue forze. La seconda opzione è quella che sceglie Cristiano Ronaldo. Di fronte alle accuse della stampa sensazionalista, di fronte alle minacce, di fronte alle lettere accompagnate da polvere bianca (antrace finto, molto di moda in quegli anni), il numero 7 del Manchester mette da parte il suo proposito di fuga. Rientra in Inghilterra e tira fuori il suo talento e soprattutto il suo carattere, temprato dagli anni difficili a Lisbona.

«Sono riuscito a dimostrare che la pressione mi rende più forte», racconta Cristiano in *Momentos*, la sua autobiografia. «Ho messo me stesso alla prova e ne sono uscito vittorioso. Sin dall'inizio della stagione ho cercato di rilassarmi e ho iniziato a indossare una maschera di ghiaccio nelle partite in cui i tifosi fischiavano di più. Li ignoravo e li trasformavo in un fattore extra di motivazione».

Un esempio? Il 23 agosto 2006, seconda giornata della Premier League. Lo United gioca fuori casa al The Valley contro il Charlton. Quando Ronaldo entra in campo tutto il pubblico avversario grida, fischia e lo insulta. Ma poco prima della fine del primo tempo, il numero 7 del Manchester riceve la palla, dribbla un giocatore e manda il pallone a stamparsi contro la traversa. Lo stadio, all'improvviso, zittisce: lo temono, hanno paura di lui e hanno paura che faccia affondare la loro squadra.

Alla fine della partita (0-3 per lo United), Alex Ferguson parla con Cristiano: «Hai trovato da solo la risposta giusta. Tu puoi zittirli con le tue qualità. Non bisogna mai aver paura di far vedere quello che sai fare. Dimostra il tuo coraggio».

Ronaldo lo farà nel corso di tutta la stagione. Il Mondiale di Germania e le infinite polemiche che ha dovuto sopportare l'hanno fatto maturare in poco tempo. Ha un'espressione diversa rispetto a pochi mesi prima: più seria, più determinata, e meno da ragazzino arrogante. Lavora molto. Negli allenamenti è quello che si sforza di più. Migliora a livello fisico e a livello tattico. In campo riflette di più, si relaziona meglio con i suoi compagni.

I consigli di Ferguson e di Carlos Queiroz gli sono utili. Ora Cristiano sa quando bisogna dribblare, quando bisogna passare il pallone, quando bisogna tirare. Sa interpretare meglio la partita e dosare gli sforzi.

E i risultati, sia a livello collettivo che individuale, arrivano.

Il 22 aprile 2007 Cristiano è nominato Miglior giocatore dell'anno, un premio conferito dall'Associazione di calciatori professionisti d'Inghilterra. Ha la meglio su compagni come Ryan Giggs e Paul Scholes, e su avversari come Steven Gerrard, Didier Drogba e Cesc Fàbregas. Ronaldo è il settimo giocatore dello United che conquista il titolo, dopo Mark Hughes, Gary Pallister, Éric Cantona, Roy Keane, Teddy Sheringham e Ruud van Nistelrooij. Vince anche il premio come Miglior giocatore giovane del 2007 ed entra nella squadra ideale della Premier 2007. Era da trent'anni, da Andy Gray dell'Aston Villa, che un calciatore non riceveva entrambi i riconoscimenti.

Sono i primi grandi premi di Ronaldo. Sapeva che la sua stagione, e quella del Manchester, era andata bene, ma in tutta onestà non pensava di poter vincere entrambi i trofei, perché aveva di fronte grandi rivali. Per questo la notizia che gli comunicano lo sorprende. E dimostra tutta la sua emozione durante la cerimonia di premiazione. Un evento che ha luogo in un hotel di Londra. Lo accompagnano Jorge Mendes, Bobby Charlton, l'uomo istituzione del Manchester, e Alex Ferguson. L'allenatore scozzese ha il compito di annunciare il premio al Miglior giocatore dell'anno. Inizia dal terzo classificato, Paul Scholes; il secondo è Drogba; poi, con un gran sorriso, proclama: «The first place, the winner is... Cristiano». Ronaldo, in smoking nero, papillon e camicia bianca, si alza, abbraccia Zé e Mendes e sale sul palco. Riceve il trofeo da Ferguson e guarda il videoclip che spiega perché ha ottenuto il titolo. Poi deve rispondere alle domande della presentatrice della serata. Prima chiede la parola per ringraziare i compagni dell'Associazione che l'hanno votato. «I giocatori», dice, «conoscono bene le qualità di un giocatore». E arriva la prima domanda.

Cosa significa per lei questo trofeo?
«È incredibile ed è un grande onore per me vincere un simile riconoscimento nella Premier League. Ne sono davvero orgoglioso. Sono molto felice. Grazie a tutti, grazie alla mia famiglia, grazie alla mia squadra, grazie al mio allenatore».

Cosa ci racconta sul calcio inglese che lei ama tanto?
«Sì, mi piace molto, per questo ho firmato per altri cinque anni», risponde Ronaldo, che nove giorni prima, il 13 aprile, ha prolungato per cinque stagioni il suo contratto con il Manchester United. I dirigenti dei Reds, preoccupati per l'offensiva del Real Madrid e dell'Inter, hanno deciso di blindare il campione portoghese. «Penso sia il miglior calcio al mondo. E mi diverto tanto a giocare qui», precisa CR7.

È il momento dell'intervista a Sir Alex Ferguson, che non lesina sui complimenti: «In questo momento penso che Ronaldo sia il miglior calciatore del mondo. Quello che ha fatto è stato incredibile». Seguono le ultime parole di Cristiano: «Voglio continuare a impegnarmi e a migliorare, e questo trofeo ora mi motiva ancora di più».

Finita la festa, un aereo aspetta Ronaldo e la comitiva dello United per rientrare subito a Manchester. Due giorni dopo, il 24 aprile, all'Old Trafford si gioca l'andata delle semifinali della Champions League contro il Milan.

Ronaldo mette a segno la prima rete al sesto minuto. I ragazzi di Carlo Ancelotti, grazie a uno stupendo Kaká, riescono a ribaltare l'incontro: 1-2, ma Wayne Rooney con due gol dà la vittoria (3-2) ai Reds. Il 2 maggio, a San Siro, la gara di ritorno è una disfatta: 3-0 il risultato a favore dei rossoneri e il Manchester United, umiliato, dice addio alla Champions.

Ora bisogna concentrarsi sulla Premier. A due giornate dalla fine, i Reds sono in testa alla classifica con cinque punti di vantaggio sul Chelsea di José Mourinho, eliminato dalla Champions in semifinale dal Liverpool di Rafa Benitez. Sabato 5 maggio i giocatori di Alex Ferguson affrontano il primo scoglio nella corsa al titolo: il derby con il Manchester City. The Citizens non hanno grandi obiettivi, ma dare un altro dispiacere agli eterni rivali, dopo la strigliata europea, sarebbe una gioia per i tifosi. Ma non succederà. Ronaldo e van der Sar fanno di tutto per impedirlo. Se Rooney e Giggs sembrano spenti, Cristiano fa faville allo stadio di Eastlands. Michael Ball gli rende la vita impossibile, ma Ronaldo gliela fa pagare al trentaquattresimo minuto, quando il laterale sinistro del City lo stende in area. Rigore. È CR7 che si occupa della trasformazione. 0-1 per i Reds. Un risultato che non cambierà fino alla fine grazie a van der Sar. Il portiere olandese, nell'ultimo fremito di partita, para un rigore a Darius Vassell, centravanti del Manchester City, e lo United si aggiudica il derby.

Ronaldo ha firmato la sua diciassettesima rete nella Premier. Sarà il terzo dei *top scorer* del campionato inglese dopo Drogba (Chelsea), venti gol, e Benni McCarthy (Blackburn Rovers), diciotto. Il suo gol ha aperto le porte al sedicesimo scudetto dello United, il primo gran trofeo di Cristiano.

Lo vince una domenica pomeriggio davanti alla Tv. Il Chelsea, secondo in campionato, gioca contro l'Arsenal all'Emirates Stadium. Se perde o pareggia, lo United vincerà il titolo. Le cose vanno bene: i Gunners segnano su rigore e Khalid Boulahrouz, difensore olandese del Chelsea, viene espulso. Cristiano, suo cugino Nuno e suo cognato Zé esultano di gioia. Ma la partita non è ancora finita: i Blues pareggiano con Michael Essien. Gli ultimi venti minuti sono da infarto. Ronaldo incrocia le dita, si mangia le unghie. Non vuole aspettare fino alla settimana dopo per proclamarsi campione.

E non dovrà aspettare: il Chelsea pareggia, 1-1. Il Manchester United è campione. Ronaldo stappa lo champagne. Chiama sua madre, i suoi amici, riceve un sacco di messaggi, di congratulazioni e corre in centro per festeggiare col resto dei compagni. Una festa che dura fino a mattina inoltrata e continua il giorno dopo nello spogliatoio. Ma le celebrazioni più emozionanti arrivano durante le ultime giornate della Premier. Mercoledì 9 maggio, a Stamford Bridge, i giocatori del Chelsea concedono la passerella d'onore ai Red Devils. Lo United recupera la corona inglese dopo quattro anni di digiuno. Termina il dominio dei Blues, che avevano conquistato il titolo nel 2005 e 2006. E tutto con cifre impressionanti: miglior attacco del torneo (83 gol), seconda miglior difesa dopo quella del Chelsea (26 gol incassati), solo quattro sconfitte e in testa alla Premier sin dalla prima giornata. Di fronte a un Chelsea che aveva basato la sua egemonia su uno schema senza fessure e una difesa di ferro, la scommessa di Ferguson per un gioco offensivo ha dato i suoi frutti. Sì, Sir Alex, che conquista il suo nono titolo della Divisione d'onore inglese, ha dato una lezione a Mourinho. Special One non tarderà a mettere in atto la sua rivincita: il 19 maggio vincerà a Wembley, di fronte ai Red Devils, la finale della FA Cup (1-0, gol di Drogba). Ma intanto, domenica 13 maggio, ultima partita della Premier all'Old Trafford. Lo United si è goduto la festa di fronte ai suoi tifosi. Ronaldo può sollevare la coppa e fare il giro del campo con la bandiera portoghese sulle spalle insieme a sua madre, suo fratello Hugo, Zé, Nuno e Rogelio. Tutti appaiono fradici di pioggia e di champagne prima della foto in mezzo al campo. Ronaldo, sorridente, solleva il trofeo circondato dalla sua famiglia.

UNA STAGIONE DA INCORNICIARE

«Pensavo che sarebbe stato il giorno più brutto della mia vita, ma i miei compagni non hanno smesso di credere nella vittoria. E alla fine è stato il giorno più felice».

21 maggio 2008, Mosca, stadio olimpico Luzhniki. Chelsea e Manchester United, le due superpotenze del calcio britannico, dopo essersi sfidate fino all'ultima giornata della Premier, si contendono la finale della Champions League. Paul Scholes supera la difesa dei Blues, Wes Brown crossa e Cristiano Ronaldo con un colpo di testa imperiale supera Petr Cech, 1-0. È il ventiseiesimo.

Con i suoi ventitré anni, cinque dei quali passati alla scuola dei Red Devils, il ragazzo di Madeira è un fenomeno fuori dal comune. E non solo. Ha mantenuto le caratteristiche di quand'era ragazzino: le sue galoppate sulle fasce, i suoi giochetti col pallone, i suoi colpi di tacco, i suoi *sombreros*. E ha ampliato il suo repertorio da esterno: segna con la sinistra, con la destra, su punizione, di testa. Conclude in solitario e collabora con i compagni. Lo scenario russo, la vetrina di una finale di Champions, può rappresentare la sua consacrazione definitiva. La sua ascensione all'Olimpo. Ne è pienamente consapevole e lo afferma prima della partita: «Per essere il migliore del mondo devo vincere titoli come la Premier e la Lega dei Campioni.

Sono un vincitore e questa stagione sogno la doppietta: perché no?». Cristiano ha portato in vantaggio lo United, ma Frank Lampard, a pochi secondi dalla fine del primo tempo, approfitta di una respinta della difesa dei Diavoli Rossi e con molta fortuna, un doppio rimbalzo e uno scivolone di van der Sar, pareggia. E cambia ogni dinamica. I Blues risorgono. Makélélé, Lampard, Ballack, Cole ed Essien prendono in mano la situazione. E si accumulano le occasioni sprecate per la squadra guidata da Avraham Grant, il tecnico israelita che ha sostituito José Mourinho. Drogba e Lampard colgono due pali clamorosi e la finale si trasforma in una partita eroica e angosciante. Centoventi minuti di gioco e il risultato non cambia. Si va ai rigori sotto una pioggia incessante.

Carlos Tévez è il primo che si avvicina agli undici metri. Non sbaglia: 1-0 per lo United. Risponde Michael Ballack: 1-1. Secondo rigore. Né Michael Carrick, né Juliano Belletti sbagliano. Il terzo tocca al numero 7 dei Red Devils. Cristiano, dieci giorni prima, l'11 maggio, ha segnato la massima punizione contro il Wigam nella partita che ha dato allo United il suo diciassettesimo scudetto. Ma ha sbagliato al Camp Nou contro il Barça, nella semifinale di Champions. Mentre, come ricordano i cronisti delle emittenti inglesi, a Gelsenkirchen, nell'estate 2006, ha trasformato il rigore che ha eliminato l'Inghilterra dal Mondiale di Germania. Il portoghese è l'uomo che ha segnato quarantadue gol in una stagione, l'eroe della tifoseria dello United. Tutti i riflettori sono puntati su di lui. Il miglior giocatore del mondo, sostengono i cronisti, contro il miglior portiere del mondo. Ronaldo bacia il pallone, lo colloca delicatamente sul circolo bianco. Si porta le mani ai fianchi, come sempre, abbassa la testa, respira profondamente e aspetta il fischio dell'arbitro. Prende la rincorsa e con una *paradinha* cerca di depistare Cech, ma il portiere ceco intuisce la sua idea e vola a deviare il tiro. «*Saved!*», gridano i telecronisti.

Cristiano si copre il viso con le mani e lentamente se ne va, mentre Cech cede il posto a van der Sar. Il portoghese è disperato. Molti grandi giocatori, nel corso della loro carriera, prima o poi, hanno sbagliato un rigore decisivo. Basta ricordare Roberto Baggio, Raúl, Michel Platini, Zico. Ma il ragazzo di Madeira non si dà pace.

«Dopo aver sbagliato», dirà CR7, «pensavo che avremmo perso. Sarebbe stato il giorno più brutto della mia vita, ma i miei compagni, nonostante il mio errore, non hanno smesso di credere nella vittoria». È vero: Hargreaves, Nani, Giggs e van der Saar, che para l'ultimo tiro, quello di Nicolas Anelka, non sbagliano.

A sbagliare è John Terry. Il capitano del Chelsea ha il trionfo sul suo destro, ma scivola, mette fuori e regala la vittoria ai Red Devils. Piange il capitano dei Blues. Anche Cristiano piange, ma questa volta di felicità. E mentre i suoi compagni corrono come pazzi verso la porta dove van der Sar sta già esultando, lui rimane sdraiato sulla mezza luna di centro campo. Piange con la faccia contro l'erba. Vuole stare da solo per assaporare il momento più bello dei suoi anni da calciatore.

«Alla fine è stato il giorno più felice della mia vita», confesserà in seguito. «I rigori sono una lotteria, ma noi meritavamo di vincere, perché nel complesso dei centoventi minuti abbiamo giocato meglio».

Il Manchester United è, per la terza volta, re del calcio continentale. Sono passati cinquant'anni dalla tragedia aerea del 6 febbraio 1958, quando il volo 606 della British European Airways che riportava a casa lo United qualificato per le semifinali della Coppa dei Campioni si schiantò sulla pista di Monaco. Persero la vita ventitré dei quarantatré passeggeri. Sono passati quarant'anni anni dalla prima vittoria dei Red Devils nel torneo europeo (1968, protagonista George Best). E nove anni dall'ultimo successo nei minuti di recupero contro il Bayern Monaco. A Mosca il trionfo è merito della solidità difensiva e del gioco brillante di Cristiano Ronaldo.

Indubbiamente il numero 7 dei Red Devils è stato il protagonista di questa campagna europea. Con otto gol è il capocannoniere e il miglior giocatore della Champions. Otto gol decisivi. Il primo lo segna il 19 settembre 2007 all'Alvalade contro lo Sporting Lisbona, nella partita inaugurale del gruppo F. È la prima volta, da quando ha abbandonato il club nel 2003, che affronta la sua ex squadra. Dagli spalti si levano ovazioni quando il suo nome viene annunciato al megafon dello stadio. Un'accoglienza calorosa. E Ronaldo non celebra il gol quando, con un colpo di testa, sigla lo 0-1 finale. Il portoghese contro la Dinamo Kiev infila un *hat-trick*: due gol in Ucraina, e quello del 4-0 all'Old Trafford che sancisce il passaggio del Manchester United agli ottavi di finale. Il 27 novembre, nella partita di ritorno contro lo Sporting, il numero 7 con la maglia rossa segna ancora. Su punizione. All'ultimo minuto. E Ferguson dichiara: «Il gol di Cristiano è stato meraviglioso. Ronaldo vuole sempre giocare bene contro il suo ex club. Deve molto allo Sporting, è una squadra per cui ha molto rispetto. È lì che ha iniziato a giocare in Europa a diciotto anni. Ora è maturato. Noi l'abbiamo solo aiutato a crescere».

E Ronaldo dimostra la sua riconoscenza classificando lo United ai quarti di finale. Il 5 marzo 2008 non perdona Grégory Coupet, il portiere dell'Olympique Lyonnais, nel ritorno degli ottavi. Una bordata che entra accarezzando il palo e *les jeux sont faits*. Ai quarti di finale i Red Devils affrontano nuovamente la Roma di Francesco Totti e Luciano Spalletti. Nella fase a gruppi avevano conquistato una vittoria casalinga e un pareggio in Italia. Questa volta all'Olimpico di Roma, gara di andata, l'eliminatoria è già praticamente decisa. Questa volta Cristiano Ronaldo, con un maestoso colpo di testa, spedisce in rete un cross di Paul Scholes. È il suo gol numero trentasei. Nel secondo tempo Rooney assesta lo 0-2 definitivo. Il ritorno è una formalità suggellata da un gol dell'Apache Tévez. Ronaldo rimane in panchina. Al Camp Nou lo aspetta Lionel Messi.

Cristiano è la grande preoccupazione per la difesa *blaugrana*. Gianluca Zambrotta dichiara: «Dobbiamo cercare di anticiparlo. Perché Ronaldo è un giocatore di talento come Messi e i suoi lo cercano per creare situazioni di superiorità. Non è facile marcarlo, entra in area con facilità, domina vari aspetti del gioco ed è molto partecipativo. Devi essere parecchio concentrato, perché il suo gioco di gambe è velocissimo e gli piace divertirsi con il pallone. Se i centrocampisti non ti aiutano in copertura è difficile fermarlo. La cosa migliore sarebbe che non toccasse palla». Se Cristiano preoccupa Zambrotta, Messi spaventa la difesa dello United. Temono la sua velocità, l'uno contro, studiano come bloccarlo prima che inanelli i suoi dribbling elettrici.

Barcellona e Manchester United arrivano alla semifinale del 23 aprile imbattuti, ma con situazioni distinte: se i Diavoli Rossi spopolano, i *blaugrana* si aggrappano al sogno Champions dopo due stagioni grigie. Davanti ai 96.000 spettatori del Camp Nou, Cristiano Ronaldo esordisce alla grande. Le sue prime folate provocano un fallo, un corner e un rigore. Non sono passati nemmeno due minuti da quando Massimo Busacca ha fischiato l'inizio, e CR7 piazza il pallone sul dischetto. Fallo di mano di Gabriel Milito in piena area. Ha respinto un colpo di testa di Ronaldo. Cristiano è di fronte a Víctor Valdés. Sbuffa il portoghese, e fissa il portiere avversario. Tira e sbaglia. Si dispera ma non demorde, e sarà il punto di forza dello United. Ferguson gli ha concesso tutto il fronte d'attacco e lui non si tira indietro finché Lionel Messi è sul terreno di gioco. L'argentino, che viene da una lesione, si offre cercando soluzioni d'attacco finché ha energia. A mezz'ora dalla fine, deve cedere il posto a Bojan. La sua uscita di scena sembra disattivare Ronaldo. La partita senza i due artisti diventa noiosa e prevedibile. Il Barça domina, ma non trionfa, e si scontra con la difesa dei Reds che lasciano la capitale catalana con uno 0-0. Sarà la seconda sfida al Teatro dei Sogni a decretare chi tra Cristiano e Messi giocherà la finale di Champions League. Sarà Cristiano, grazie a un solitario gol di Paul Scholes.

La coppa dalle grandi orecchie che Cristiano solleva sorridendo sotto la pioggia di Mosca è il premio più ambito, è il finale perfetto per la grande stagione di CR7. La stagione della sua consacrazione a suon di gol e di trofei. Gol: quarantadue fra Premier, Champions e Coppe. Nella Premier è capocannoniere con trentuno reti, precede Adebayor e Fernando Torres che si sono fermati a ventiquattro. Il 12 gennaio 2008 contro il Newcastle ha segnato il suo primo *hack-trick* con lo United. Il 18 marzo Alex Ferguson gli consegna il bracciale da capitano; è il più veterano in campo e contro il Bolton mette a segno due gol. Il 15 novembre contro lo Stoke City ne segna altrettanti e supera così la barriera dei cento gol con il Manchester United.

Trofei: Champions, Charity Shield, PFA Players' Player of the Year (Miglior giocatore dell'anno, secondo titolo consecutivo), Premier League (lo United con 87 punti, lascia il Chelsea a -2 e l'Arsenal a -4).

«Nessuno può negare che [Ronaldo, N.d.A.] sia diventato l'attaccante più devastante al mondo», scrive il «Guardian» in un bilancio del campionato 2007-2008.

Nessuno lo discute.

BALLON D'OR

«È solo il primo passo verso qualcosa che mi porterà lontano».

446 punti su 480 disponibili. Cristiano Ronaldo è l'unico dei trenta giocatori nominati al premio che figura nelle 96 schede dei giurati. Supera per goleada Lionel Messi, secondo con 281 punti. L'argentino ha disputato una grande stagione, ma non ha vinto alcun titolo importante con il Barcellona. Il suo unico trionfo è arrivato con l'Albiceleste: campione olimpico a Pechino. Terzo, con 179 punti, Fernando Torres. Lo spagnolo, nella sua prima stagione nel Liverpool, ha raggiunto quota ventiquattro gol e siglato, nella finale di Vienna contro la Germania, la rete che dà il secondo titolo europeo alla Roja.

Cristiano è il primo della classe. La stampa mondiale non ha dubbi. Da Pechino a Los Angeles, da Johannesburg a Reykjavík, i giornalisti chiamati a votare il Ballon d'Or di «France Football», la rivista sportiva francese che conferisce il titolo dal 1956, danno lo stesso voto d'eccellenza. Nonostante un Europeo in cui non ha fatto scintille; nonostante la telenovela dell'ingaggio col Madrid; nonostante la sua storia extra calcistica, il suo atteggiamento arrogante e provocatorio, sul campo è il vincitore. Fattori chiave: la spettacolarità del suo gioco, l'enorme talento, i quarantadue gol segnati che l'hanno consacrato

Scarpa d'Oro e i due grandi titoli conquistati col Manchester United: Premier League e Champions League.

Secondo nel 2007 dopo Kaká e prima di Messi, quattordicesimo nel 2006, ventesimo nel 2005, dodicesimo nel 2004, a soli ventitré anni Cristiano si consacra come il quinto calciatore più giovane nella storia del Pallone d'Oro. Ronaldo Luís Nazário de Lima lo vinse a ventun anni, nel 1997, George Best e Michel Owen (1968 e 2001) a ventidue, e Oleg Blochin (1975) a ventitré e un mese. È il terzo portoghese dopo Eusébio (1965) e Figo (2000) a sollevare il trofeo. Riceve le congratulazioni da Aníbal Cavaco Silva, il Presidente della Repubblica, che afferma che il Pallone d'Oro assegnato a Ronaldo «ha contribuito a proiettare a livello internazionale la fama dello sport portoghese e serve alla valorizzazione dello sport nel Paese. Ciò rappresenta uno stimolo significativo per molti giovani».

CR7 è il quarto giocatore dello United, dopo Denis Law nel 1964, Bobby Charlton nel 1966 e George Best nel 1968, a essere premiato dalla rivista francese. «France Football» annuncia il vincitore della 53ª edizione del Pallone d'Oro martedì 2 dicembre 2008.

Quella di Ronaldo è una vittoria annunciata. Da Zidane («È il favorito. Ha vinto Liga e Champions come capocannoniere») a Kaká («Lo meritava, è stato un elemento fondamentale nelle vittorie del Manchester»); da Fabio Cannavaro («Che vinca lui mi sembra ovvio») a Ibrahimovic («È una macchina da gol»), tutti nel mondo del calcio scommettono sul portoghese. E anche Cristiano è convinto che il 2008 sarà il suo anno. Lo ribadisce pochi giorni prima della premiazione. «Credo di aver fatto più di chiunque altro per ottenerlo», dichiara alla «Gazzetta dello Sport». «Sinceramente, sono fiducioso». Riguardo agli altri rivali, ammette che «due o tre se lo meritano. Ma se si considera ciò che ognuno ha fatto nel corso della stagione, ritengo di aver fatto più di tutti gli altri. Cos'avrei dovuto vincere, oltre alla Premier e alla Champions, per meritarmi il Pallone d'Oro?».

Alla domanda retorica risponde il giornalista che gli ricorda l'Europeo. Una sfida che Ronaldo non vedeva l'ora di affrontare e che ha giocato con un gran dolore alla caviglia per rispettare l'impegno con il suo

Paese e con Scolari: «Era come avere un coltello conficcato. Non voglio mai più ripetere un'esperienza del genere, è pesante, anche dal punto di vista psicologico». In ogni caso l'Europeo di Austria e Svizzera, in cui il Portogallo è stato eliminato ai quarti di finale dalla Germania, sembra non essere il parametro di valutazione dei novantasei giornalisti della giuria. La Spagna, fresco campione europeo, ha solo cinque giocatori tra i primi undici classificati: Iker Casillas, Xavi Fernández, David Villa e Marcos Senna che occupano rispettivamente il quarto, quinto, settimo e undicesimo posto, mentre Cesc Fàbregas si qualifica al diciannovesimo e Sergio Ramos al ventunesimo.

Come scrive il giurato belga Michael Dubois, giornalista de «La Dernière Heure»: «Può darsi che Cristiano abbia sbagliato partita nei quarti di finale dell'Europeo 2008, ma tutto il resto gli è riuscito incredibilmente bene». Tant'è che, parlando sempre di votazioni, per settantasette dei novantasei giurati è il numero uno.

Ronaldo riceve la notizia della vittoria il giorno prima dell'annuncio ufficiale. Per poter toccare il trofeo deve aspettare domenica 7 dicembre quando, con tutta la famiglia, vola a Parigi. Cristiano, in completo e cravatta scura, camicia bicolore bianco-grigia e cresta, riceve, in diretta su Téléfoot, il trofeo dalle mani di Denis Chaumier, il direttore della redazione di «France Football». È emozionato, si scusa per il ritardo causato dall'aereo e dal traffico della capitale francese; guarda il pallone, lo solleva, dice che è spettacolare, bellissimo, e aggiunge di essere molto felice. Racconta che «il Pallone d'Oro è un sogno che ho da quand'ero bambino, per questo sono molto emozionato, e colgo questa meravigliosa occasione per dedicare il trofeo alla mia famiglia qui presente». Si volta e indica il suo clan. «Lo dedico a mia madre, a mio padre, alle mie sorelle Elma e Cátia, a mio fratello Hugo, ai miei amici più vicini Rodrigo, Zé, e a Jorge Mendes, il mio agente. È difficile. Avevo una lista di persone da ringraziare, ma sono emozionato». E lo è ancora di più dopo aver ascoltato gli elogi di Patrice Evra, Kaká, Nicolas Anelka, Karim Benzema, Samuel Eto'o, Pedro, Pauleta, Luís Figo, Francisco Alonso, Luiz Felipe Scolari, Alex Ferguson, di sua sorella Elma, del padrino Fernão Sousa e della madre, che chiude il video, omaggio al Pallone d'Oro 2008, con un enorme sorriso. E una sola frase: «Sono orgogliosa di te. Sei il miglior figlio del mondo. Baci».

La telecamera, in diretta, cerca Dolores tra il pubblico. Piange. Ma le sorprese per CR7 non finiscono qui. Il presentatore del programma di TF1 gli chiede del suo numero, il 7, un numero magico all'Old Trafford: «Best, Robson, Éric Cantona, David Beckham e ora lei. È davvero il numero dell'aristocrazia questo 7?».

«Sì, è un numero straordinario per il club». Per rispondere al quesito nello studio televisivo appare, come per magia, Sir Alex Ferguson. Lo scozzese non ha dubbi: «Cristiano se lo merita e il club è entusiasta di questo nuovo successo. Il Manchester United aspettava questo momento da quarant'anni», aggiunge, dopo aver spiegato che «Ronaldo è bravo, molto bravo. È migliorato, è maturato in così poco tempo che nemmeno io me lo sarei potuto immaginare cinque anni fa. Ciò che mi piace di più di lui è la sua bravura e il suo coraggio. Il coraggio nel calcio è come nella vita: si riconosce in molti modi. Il coraggio di inseguire il pallone indipendentemente dall'essere incalzato dall'avversario. È qualcosa di innato in lui. Non ha paura. Ho visto pochi giocatori così coraggiosi. Quelli che credono che avere coraggio sul campo significhi rubare il pallone al tuo avversario si sbagliano. Avere coraggio è avere il pallone, volerlo e giocarlo. È un coraggio morale, che solo i grandi possiedono. Cristiano Ronaldo è uno di questi. E ha solo ventitré anni: il meglio della sua carriera deve ancora arrivare».

Dopo un simile elogio, a Cristiano non resta che affermare che nel Manchester United si sente come a casa. E conclude: «Sono ambizioso, ho un carattere forte e voglio continuare come hanno fatto i grandi giocatori, vincendo trofei collettivi e individuali».

Il 21 dicembre 2008 arriva un altro trofeo collettivo. Cristiano Ronaldo & Co., a Yokohama, sollevano la coppa del Mondiale per club della Fifa. Il Manchester United ha vinto 1-0 (gol di Wayne Rooney, settantaduesimo minuto) la finale contro la LDU Quito, campione della Coppa Libertadores.

E il 12 gennaio Ronaldo sancisce la sua posizione di miglior calciatore del mondo con il Fifa World Player. I commissari tecnici e capitani di centocinquantacinque squadre nazionali confermano, con i loro voti, il Pallone d'Oro di «France Football». All'Opera House di Zurigo la cerimonia di gala inizia con la presentazione dei cinque candidati. Scorrono le immagini delle prodezze di Kaká, vincitore nel 2007, di Leo Messi, di Cristiano, di Fernando Torres e di Xavi Fernández. L'onore di presentare il vincitore viene dato a Pelé. Sale sul palco, inciampa e davanti al microfono confessa di essere più emozionato dei candidati seduti in platea. Apre la busta, guarda il nome, ma prima di rivelarlo preferisce raccontare una storia: «L'anno scorso ho consegnato il premio a Kaká, poi ho stretto la mano a Cristiano Ronaldo e in portoghese gli ho detto: «La prossima volta lo consegnerò a te». Solleva il cartoncino e a voce bassa dice solo: «Cristiano Ronaldo». Il numero 7 sorride, si alza, si abbottona la giacca scura, sale sul palco. Abbraccia "O Rei" e solleva il trofeo 2008. Un altro video sulle sue gesta e poi è il suo turno di parlare. Scosta dal tavolo bianco la busta che ha aperto Pelé, alza il microfono, incrocia le braccia in attesa di qualche domanda dei presentatori che gli rispondono: «*It's all your the audience*». Parla in portoghese: «È un momento molto speciale della mia vita, molto emozionante. Devo ringraziare in primo luogo mia madre, mio padre e tutta la mia famiglia e amici, José. Non è necessario dire i loro nomi, sanno chi sono. Lo dedico anche ai miei compagni di squadra. Senza di loro non avrei potuto vincere questo trofeo». E se lo rimira sorridendo. «Sono molto felice, oggi è uno dei giorni più belli della mia vita. Spero di tornare un giorno. *Obrigado, muito obrigado*». Applausi dalla platea. E Sylvie van der Vaart, presentatrice del gala e moglie di Rafael, centrocampista dell'Amburgo, proclama: «Cristiano Ronaldo Fifa World Player 2008. Vince il titolo con 935 voti contro i 678 di Messi, i 203 di Torres, i 183 di Kaká e i 155 di Xavi».

Ed è, come grida Sylvie, «*the best football player in the world*».

ROMA

«Voglio vincere, per entrare nella storia».

Dice Ryan Giggs: «È una finale da sogno. Lo United e il Barcellona sono due grandi club, con una storia importante; giocano un calcio meraviglioso e hanno grandi individualità». Ha ragione il gallese, che con i Red Devils ha vinto due finali di Champions: contro il Bayern Monaco e contro il Chelsea.

Il 27 maggio 2009 allo stadio Olimpico di Roma, tra Barcellona e Manchester United, si gioca la partita che l'Europa calcistica attendeva: la migliore possibile, quella fra le due squadre che offrono lo spettacolo più affascinate del continente.

Una finale in cui si sfidano il campione della Liga e il vincitore della Premier 2008-2009, l'attuale campione d'Europa e quello del 2006.

Una finale che vede un faccia a faccia tra Sir Alex Ferguson e Pep Guardiola, il primo nato nel 1941 e l'altro nel 1971; l'uno con esperienza da venderre e un curriculum di successo, l'altro, la rivelazione della stagione.

Una finale che mette in campo due squadre zeppe di talento.

Vale la pena ricordare le formazioni.

Barcellona: Valdés, Puyol, Touré, Piqué, Sylvinho, Busquets, Xavi, Iniesta, Messi, Henry, Eto'o. Manchester United: van der Sar, O'Shea,

Vidic, Ferdinand, Evra, Park, Anderson, Carrick, Rooney, Giggs, Cristiano Ronaldo.

Una finale che i media vendono come il gran duello tra Cristiano Ronaldo e Leo Messi.

CR7 non è d'accordo e alla vigilia dell'incontro precisa: «Messi è un gran giocatore, ma domani giocano il Barcellona e il Manchester United». Leo è della stessa opinione: «Sarebbe una mancanza di rispetto nei confronti di due grandi squadre. Due squadre che annoverano molti altri giocatori che potranno essere decisivi».

Cristiano vs Leo è il tema di dibattito e sull'argomento interviene anche un indeciso Alex Ferguson: «Entrambi sono fantastici, entrambi mettono sempre in scacco i difensori avversari, ma dal punto di vista fisico sono molto diversi. Insomma, è davvero difficile dire chi sia il migliore».

Dal canto suo la stampa sostiene che a Roma, tra CR7 e la Pulce si disputi il Pallone d'Oro 2009. «Vincere significa avere più opportunità», afferma Ronaldo, «ma non mi interessa: ciò che desidero di più è vincere la Champions League». Sarebbe la sua seconda Champions consecutiva e, come lui stesso sostiene, «entrerebbe nella storia». Nessuna squadra, da quando esiste la Champions, ha vinto il titolo due volte consecutive.

Cristiano ha chiuso una stagione più che soddisfacente: cinquantatré partite giocate, ventisei gol segnati. Il Manchester, prima di arrivare a Roma, ha riconfermato il titolo della Premier con quattro punti di vantaggio sul Liverpool. E l'1 marzo ha vinto ai rigori a Wembley, contro il Tottenham, la League Cup. Non è stato, per Cristiano, un anno brillante come il precedente, ma è l'attuale Pallone d'Oro e vuole dimostrare di essere ancora il numero uno di fronte all'ascesa di Messi, che ha messo a segno otto gol nella Champions, ventitré nella Liga ed è stato determinante per il Barça nella conquista dell'Alirón e della Coppa del Re.

Ore 20.46: il pallone viaggia veloce sull'erba dello stadio Olimpico.

Primo minuto: Yaya Touré blocca la progressione di Anderson.

Primo fallo della partita. Molto lontano dalla porta del Barça. Più di trentadue metri. Cinque passi indietro come d'abitudine, molleggio sulla gamba sinistra e Cristiano Ronaldo calcia. Una fucilata. La palla gira e colpisce sul petto Víctor Valdés, che non la trattiene. Una cannonata. Piqué, alla disperata, anticipa in corner Ji-Sung Park. CR7 si prende la testa tra le mani.

Il Manchester spinge, pressa i portatori di palla. Il Barça non è a suo agio in campo. Ronaldo mette in scena il suo spettacolo. È la punta di diamante dei Red Devils.

Settimo minuto: legnata di Cristiano da trentacinque metri. Manca la porta di Valdés di due metri.

Ottavo minuto: sinistro di Ronaldo dopo un'azione sulla fascia sinistra di Anderson ed Evra. Rimpallo che favorisce CR7. Fuori. Di poco.

I *blaugrana* sembrano schiacciati nell'angolo.

Decimo minuto: Eto'o supera Vidic in area e con una stoccata batte van der Sar. 1-0.

Tredicesimo minuto: un passaggio sbagliato di Messi attiva il contropiede del Manchester. Un lancio lungo e Cristiano corre verso la porta. Gerard Piqué lo ferma irregolarmente. Fallo, e cartellino giallo per il *blaugrana*.

Diciottesimo minuto: compare Messi, che Pep Guardiola ha messo come finto numero 9, per allontanare i centrali inglesi dalla sua posizione. Una scelta, come dirà Ferguson, «che ci ha sorpreso e ci ha reso difficile marcarlo». La Pulce parte dalla destra, cerca il centro e calcia da trenta metri. Alto.

Ventesimo minuto: Cristiano si scusa. Supera Touré, ma cerca la conclusione da posizione impossibile. Un passaggio a Wayne Rooney sarebbe stata una soluzione migliore.

Ventiduesimo minuto: calcio d'angolo dello United. Giggs la mette al secondo palo. Colpo di testa di Cristiano. Sopra la traversa. È la sesta conclusione del numero 7 in ventidue minuti. Sembra voler vincere la partita da solo.

Trentaseiesimo minuto: Touré stoppa la corsa di Cristiano.

Quarantunesimo minuto: questa volta è Valdés che esce alla disperata per bloccare di colpo il portoghese.

Quarantaduesimo minuto: Sir Alex cambia posizioni. Ronaldo va sulla fascia destra, Rooney al centro e Giggs sulla sinistra. Ma la situazione non cambia, il Barça domina.

Quarantaquattresimo minuto: grande giocata di Messi, parte dalla tre quarti, se ne va in solitario e quasi dalla linea di fondo inventa un tiro a rientrare che mette in difficoltà Van der Sar.

Quarantaseiesimo minuto: Cristiano ritorna al centro insieme a Carlos Tévez, appena entrato sul terreno di gioco.

Cinquantacinquesimo minuto: gran passaggio di Rooney. Per un pelo Ronaldo non arriva alla conclusione. Ma è il Barcellona a condurre le danze. Xavi su punzione becca in pieno il palo destro della porta dello United.

Cinquantanovesimo minuto: un altro fuori gioco di Ronaldo, che stava tentando di far suo un pallone filtrato da Michael Carrick.

Sessantottesimo minuto: Troppo lungo un lancio di Carrick, che cerca CR7 sulla sinistra. Il numero 7 è disperato.

E arriva il settantesimo minuto: la Pulce vola nel cielo di Roma. Il più piccolo (un metro e sessantanove centimetri, vale la pena ricordarlo) diventa il più grande.

Xavi recupera la palla dopo un disimpegno della difesa inglese, si avvicina all'area, guarda le posizioni di avversari e compagni. E offre un cross a rientrare. Morbido e preciso. Messi, alle spalle dei difensori, sale in alto, molto in alto, e di testa spedisce il pallone al palo opposto del portiere. È il 2-0.

Settantaduesimo minuto: Víctor Valdés e Ronaldo uno contro uno. Il portiere *blaugrana* ha la meglio. CR7 poteva accorciare le distanze.

Settantatreesimo minuto: Massimo Busacca perdona Cristiano, che spazza via Carles Puyol. Un segnale di impotenza quello del portoghese.

Settantottesimo minuto: Cristiano è sempre più nervoso. Discute con Rooney e, esasperato, rimedia un cartellino giallo per aver rifilato una gomitata a Puyol, quando non aveva nessuna possibilità di raggiungere il pallone.

Novantesimo + 3 di recupero: il Barça vince la sua terza Coppa d'Europa.

Sul campo i *blaugrana* esultano. Il primo che abbraccia Guardiola è Leo Messi. Cristiano Ronaldo? Non è riuscito a entrare nella storia del calcio, come avrebbe voluto. Quando sale sul palco per ricevere la medaglia dalle mani di Michel Platini, il presidente della Uefa, i fischi non si contano. Poi, dispiaciuto e più tranquillo, dichiara: «Non era una partita tra me e Messi, ma la sua squadra ha giocato meglio di noi, e anche lui, perché ha segnato».

Leo Messi bacia la coppa, l'abbraccia, la porta a passeggio sul campo e festeggia con compagni, amici e famiglia: «Mi sento l'uomo più felice del mondo», dice.

Cristiano, tempo dopo, spiegherà: «Quella sera ero distrutto. A tal punto da piangere sul campo davanti a milioni di telespettatori. Odio perdere e soprattutto una finale come quella».

Una finale che è la sua ultima partita con la maglia del Manchester United.

94 MILIONI DI EURO

«Capisco che la gente possa sorprendersi, ma mi riempie di orgoglio essere il calciatore più costoso nella storia del calcio».

«Il Manchester United ha ricevuto un'offerta dal Real Madrid, un'offerta incondizionata e da record mondiale: 80 milioni di sterline per Cristiano Ronaldo.

Su richiesta di Cristiano, che ha manifestato, ancora una volta, il suo desiderio di abbandonare il club, e dopo una conversazione con i rappresentanti del giocatore, lo United ha raggiunto un accordo con il Real Madrid, che permette alla società madrilena di parlare direttamente col giocatore. Si spera che le conversazioni si concludano entro il 30 giugno. Il club non rilascerà ulteriori dichiarazioni fino a tale data».

L'11 giugno 2009, alle 9.30 del mattino, ora inglese, con questo comunicato sulla sua pagina web ufficiale, lo United accetta l'offerta di 94 milioni di euro lanciata dal club di Chamartín.

Il Real Madrid, poco dopo, con un altro comunicato ufficiale, conferma di aver «fatto un'offerta al Manchester United per l'acquisto dei diritti di Cristiano Ronaldo». E «spera di raggiungere un accordo col giocatore nei prossimi giorni».

Cristiano Ronaldo è a Los Angeles, in vacanza. Riceve la notizia alle due del mattino. Jorge Mendes lo chiama per metterlo al corrente degli ultimi avvenimenti. La prima cosa che fa CR7 è annunciare la buona nuova a sua madre Dolores. Poco dopo arriva la prima dichiarazione.

«Ho vissuto il mio momento nel Manchester United. Ora posso guardare con impazienza al Real Madrid e a una nuova tappa della mia carriera. Questo è un accordo storico: 80 milioni di sterline sono una grande somma di denaro».

Sì, è davvero una grande quantità di denaro, la più grande mai pagata per un giocatore. Cristiano è al primo posto nella lista trasferimenti più cari nella storia del calcio. Vediamola.

1) Cristiano Ronaldo dal Manchester United al Real Madrid (2009): 94 milioni.
2)Zinédine Zidane dalla Juventus al Real Madrid (2001): 75 milioni.
3) Zlatan Ibrahimovic dall'Inter al Barcellona (2009): 69 milioni.
4) Kaká dal Milan al Real Madrid (2009): 65 milioni.
5) Luís Figo dal Barcellona al Real Madrid (2000): 61 milioni.
6) Radamel Falcao dall'Atletico Madrid al Monaco (2013): 60 milioni.
7) Fernando Torres dal Liverpool al Chelsea (2011): 58 milioni.
8) Neymar Junior dal Santos al Barcelona (2013): 57 milioni.
9) Hernán Crespo dal Parma alla Lazio (2000): 56 milioni.
10) Hulk dal Porto allo Zenit (2012): 55 milioni.

94 milioni a cui vanno sommati i 13 milioni di euro annui che prenderà Cristiano e i 10 milioni di euro che percepirà, a titolo di commissione, Jorge Mendes, l'agente del giocatore. Senza contare la clausola di rescissione del contratto che il Real ha fissato, per non correre rischi futuri, a 1.000 milioni di euro. In poche parole, un record mondiale che occupa le prime pagine della stampa internazionale e suscita stupore, reazioni, commenti, e critiche.

Gordon Brown, il primo ministro britannico, dichiara alla BBC: «Cristiano Ronaldo è uno dei giocatori più brillanti del mondo. Credo che alla gente dispiacerà non vederlo più giocare in Inghilterra. Ma conosco bene Alex Ferguson e so che, sicuramente, ha dei progetti in serbo per ricostruire e rinnovare la squadra. Spero che il Manchester United e il calcio inglese trovino un modo per tornare a brillare e che, col tempo, diventino ancora più forti». Se il premier britannico si concentra sull'aspetto sportivo, Gerry Sutcliffe, il suo ministro dello Sport e del Turismo, dopo aver celebrato «il grande affare» dello United, parla della politica di ingaggi del Madrid e di un'industria sostenibile. «Dopo aver visto che poche settimane fa il Real ha speso 65 milioni di euro per Kaká, abbiamo scritto una lettera alla Premier League e alla Football Association, perché siamo preoccupati per la sostenibilità dell'industria del calcio. Ci sono in ballo grandi affari e grandi quantità di denaro, ma dobbiamo assicurarci che siano operazioni fattibili. Non vogliamo vedere i club con le spalle al muro».

«Questi trasferimenti sono una seria minaccia all'equilibrio finanziario della competizione», dichiara Michel Platini, presidente della Uefa, che considera eccessiva l'offerta del Real Madrid e «alquanto sconcertante in un momento in cui il calcio deve affrontare problemi economici sempre più gravi». Joseph Blatter, il presidente della Fifa, al contrario, benedice questo tipo di operazioni: «Sono investimenti fantastici. Nonostante la crisi economica mondiale, il calcio vede le sue azioni in rialzo». Dello stesso avviso è anche Mark Hughes, allenatore del Manchester City: «Stimolerà il mercato», sostiene, e aggiunge: «In questo momento circola molto denaro lì fuori e le quantità che servono per attirare i più grandi giocatori del mondo sono enormi». Riguardo all'operazione dei "cugini", dice che: «Il Manchester United deve festeggiare il buon affare che ha fatto. Alex Ferguson prende le sue decisioni in fretta e deve aver pensato che si tratta di una buona opportunità per il club. Bisogna prenderne atto». Adriano Galliani, l'amministratore delegato del Milan, è convinto che «l'ingaggio di Cristiano dimostri che il calcio spagnolo, in virtù della sua fiscalità, è diventato il più forte d'Europa».

In Spagna Jaume Ferrer, vicepresidente del Barcellona, assicura che «nessun giocatore al mondo vale 94 milioni di euro», e qualifica la cifra come irreale: «È fuori dal mercato. Quando si pagano cifre simili, questo fa sì che anche altri club possano richiedere quantità enormi. Sul mercato può generarsi una forte inflazione».

Jaime Lissavetzky, il segretario di Stato spagnolo per lo Sport, se ne lava le mani: «I prezzi astronomici che si pagano per alcuni giocatori», dice, «fanno parte dell'ambito privato dei club, non vanno a intaccare il denaro pubblico».

Florentino Pérez, il presidente del Real Madrid, l'uomo che ha scombussolato il mercato con l'ingaggio del Pallone d'Oro 2007, Kaká, del Pallone d'Oro 2008, Cristiano, e pochi giorni dopo con quello dell'attaccante francese Karim Benzema (35 milioni di euro), chiude il dibattito. E proclama: «Questi ingaggi, che sembrano i più cari, alla fine sono quelli che costano meno».

Perché? Perché, secondo i responsabili del club, Ronaldo e Kaká sono, insieme a Messi, i giocatori che generano più introiti.

«Cristiano è una meraviglia del calcio. Abbiamo pagato quello che abbiamo pagato perché li vale, li restituisce, e con gli interessi. Sono investimenti di un club che fa parte dell'industria dello spettacolo», dice Jorge Valdano, il direttore generale del Real Madrid. «Avere Cristiano Ronaldo o Kaká ci permette di trasformare il mondo intero in un mercato, e questo, in un momento di crisi, ci garantisce un potenziale economico che non potremmo avere in nessun altro modo».

Sì, nel club sono tutti d'accordo: CR7 e gli altri calciatori milionari hanno il potere di convincere le società che investire nel Real Madrid è ancora redditizio. Il Real li utilizzerà per rinegoziare al rialzo i contratti commerciali con Coca-Cola, Audi, Adidas, Telefónica o Mahou, e la vendita dei palchi VIP dello stadio. I dirigenti sono convinti che i 94 milioni spesi per Ronaldo, finanziato in gran parte con i crediti concessi dalle banche (Caja Madrid e Banco Santander, che come garanzie hanno i contratti e i diritti audiovisivi del Real Madrid), sono un investimento che darà i suoi frutti grazie al sold out nel Bernabéu, alle tournée estive, ai diritti televisivi (700 milioni per i prossimi cinque anni), al merchandising, agli sponsor (solo Bwin, agenzia di scommesse on line, pagherà nei prossimi trent'anni 30 milioni di euro per il logo sulla maglia bianca).

Un investimento che sarà ammortizzato in sei anni al ritmo di 15 milioni annuali, calcolando una crescita del 2 per cento in ciascun settore di attività. E questo nella peggiore delle previsioni. Nel 2003 l'arrivo di David Beckham alla corte di Florentino produsse un incremento del 137 per cento del merchandising. Ciò significa che il club potrebbe aumentare le sue entrate da 400 a 500 milioni annui. Non dimentichiamo che il Madrid, secondo uno studio dell'azienda di consulenza e revisione Deloitte, è il club con più entrate del pianeta, con un fatturato di 366 milioni nel 2008. E soprattutto, non dimentichiamo che Florentino Pérez, nella sua prima presidenza del club (2000-2006), con gli ingaggi galattici di Zinédine Zidane, Luís Figo, David Beckham, Michael Owen, Ronaldo Nazário de Lima, era riuscito ad aumentare le entrate da 100 a 300 milioni annui lordi. In questa seconda tappa, il Gran Florentino, rieletto al vertice del club come il salvatore della patria, vuole applicare la stessa filosofia vincente. È convinto che l'unica alternativa per far fronte alla crisi economica sia ingaggiare talenti come Cristiano, un giocatore con un gran potere di seduzione mediatica. Bisogna dire però che in questo caso il massimo mandatario bianco chiude un accordo che aveva raggiunto Ramón Calderón, suo nemico e predecessore alla "Casa Blanca". Gli 80 milioni di sterline, da pagare in una sola tranche, non sono altro che l'adempimento di una delle clausole del contratto che i due club firmarono nel 2008, quando concordarono, se si fosse mantenuta l'offerta, che il Manchester era obbligato a vendere Cristiano a partire dall'1 luglio 2009. È la condizione pattuita nella clausola di rescissione che firmò Ronaldo con il Manchester. È servita per liberare il portoghese da un contratto e impegnarlo a siglarne uno nuovo.

Florentino, che sin dal primo momento aveva dichiarato che Ronaldo era una priorità, raccoglie i frutti del vecchio consiglio d'amministrazione e chiude l'operazione CR7.

Una telenovela iniziata nell'estate del 2006, quando, dopo i fatti del Mondiale di Germania e le polemiche con Wayne Rooney, Cristiano Ronaldo non era convinto di voler tornare in Inghilterra, e considerò seriamente di trasferirsi in Spagna e vestire la maglia bianca. Un ingaggio annunciato, che divenne un tema scottante a partire dal 2007.

• 4 gennaio 2007. Cristiano Ronaldo al Madrid nel mercato d'inverno. Lo annuncia la stampa spagnola. Ramón Calderón, Predrag Mijatovic, il direttore sportivo, e Fabio Capello, l'allenatore, sono d'accordo nel fare uno sforzo economico per avere il "nuovo Ronaldo". Il Manchester United non vuole separarsi dal suo gioiello, che a febbraio compie ventidue anni ed è quotato 70 milioni di euro. Ma il Madrid non si lascia intimorire dalla posizione dello United: è disposto a sborsare 40 milioni.
• 27 gennaio 2007. Alex Ferguson: «Vendiamo i giocatori che vogliamo vendere e Cristiano Ronaldo non se ne andrà».
• 29 gennaio 2007. Ronaldo: «So che c'è un interesse da parte del Real Madrid, ma non posso parlarne. Ho affrontato la questione con Alex Ferguson e Carlos Queiroz, e mi hanno proibito di parlare del Real Madrid».
• 16 febbraio 2007. Ferguson ha buone speranze che il Manchester tratterrà Ronaldo.
• 19 febbraio 2007. Il presidente dell'Inter, Massimo Moratti, dichiara di essere interessato al giocatore.
• 8 marzo 2007. Dice Ronaldo: «Tutti sanno che adoro la Spagna. Anche se mi piacerebbe giocarci un giorno, a Manchester sto bene».
• 13 aprile 2007. CR7 firma un nuovo contratto per cinque stagioni con il Manchester.
• 11 gennaio 2008. David Gill: «Non lo venderemo neanche per sogno».
• 22 gennaio 2008. Dolores, la madre di Ronaldo, afferma che «morirebbe felice» se suo figlio giocasse nel Real Madrid e tempo dopo si fa fotografare mentre sfoggia la maglia dei *Merengues*.
• 23 gennaio 2008. Predrag Mijatovic: «Lo vedo come un ingaggio impossibile».
• 2 aprile 2008. Bernd Schuster, nuovo allenatore del Real Madrid: «In questo tipo di questioni, la cosa migliore è essere realisti. Ora come ora Cristiano Ronaldo è il migliore al mondo. Ma non credo proprio che il Manchester United lo venderà».

• 15 aprile 2008. «Vogliamo che Cristiano sia l'emblema del Madrid», dichiara Mijatovic.
• 16 maggio 2008. Ronaldo: «Ho detto mille volte che il mio sogno è giocare in Spagna. A volte i sogni non si realizzano, ma io continuo a sognare. Sto bene al Manchester United, ma nessuno sa cosa succederà in futuro».
• 23 maggio 2008. Ferguson critica la mancanza di etica dei dirigenti del Real Madrid e li paragona alla dittatura di Franco.
• 25 maggio 2008. «Marca» rivela l'offerta del Real Madrid: 9,5 milioni netti a Cristiano e 80 al Manchester United.
• 27 maggio 2008: Lo United minaccia di presentare querela alla Fifa per il comportamento «totalmente inaccettabile» del Madrid nei confronti di Ronaldo.
• 9 giugno 2008. Il Manchester denuncia il Real Madrid alla Fifa.
• 19 giugno 2008. In seguito alla sconfitta del Portogallo contro la Germania all'Europeo, Ronaldo confessa ai media che: «Ci sono grandi possibilità [che mi ingaggino]; il treno [del Madrid] passa una volta nella vita e tutti, incluso il Manchester, sanno cosa voglio e cosa sogniamo io e la mia famiglia».
• 20 giugno 2008. Lo United ribadisce che Ronaldo non è in vendita. «Ronaldo», si legge nel comunicato stampa del Manchester, «è stato continuamente relazionato con il Real Madrid. Tuttavia, il club conferma la propria posizione e non ascolterà offerte».
• 4 luglio 2008. 85 milioni di euro è l'ultima offerta del Real Madrid.
• 5 luglio 2008. Il Manchester, secondo la stampa spagnola, chiede 100 milioni per svincolare Cristiano.
• 9 luglio 2008. Il presidente della Fifa, Joseph Blatter, sostiene che lo United dovrebbe lasciar libero Cristiano e paragona gli ingaggi dei giocatori alla «schiavitù». Una parola che userà anche Cristiano.
• 18 luglio 2008. Alex Ferguson assicura che Ronaldo rimarrà al Manchester.
• 5 agosto 2008. Il Real Madrid ingaggia Rafael van der Vaart, comunicando di aver desistito dal proposito di ingaggiare Ronaldo.

• 6 agosto 2008. «Posso confermare che la prossima stagione giocherò nel Manchester United», dice Cristiano Ronaldo al quotidiano portoghese «Público». «Alex Ferguson ha ascoltato le mie ragioni. Io le sue, e rimanere in Inghilterra è, per me, la soluzione migliore. Prima che qualcuno dica che qui non sarò felice, voglio precisare una cosa: chiunque lo dica o lo scriva, è un bugiardo. Giocherò con il cuore, darò il massimo per il Manchester, onorerò la maglia come ho sempre fatto. È vero, sono stato io a sollevare questo polverone quando ho espresso pubblicamente il mio desiderio di andare al Real. E per un po' di tempo ho sperato che lo United mi desse via libera. Se dicessi il contrario, mentirei agli altri e a me stesso. Così, senza volerlo sono stato il responsabile di un rapporto conflittuale tra i due club».
• 7 agosto 2008. «Marca» rivela i primi passi del futuro di CR7 verso il Madrid: «Accordo tra il giocatore e il club inglese per venire a Madrid l'1 luglio 2009».
• 18 dicembre 2008. Pedro Trapote, dirigente del Real Madrid, dice che il club ha già ingaggiato Ronaldo, ma che non può annunciarlo ufficialmente per motivi contrattuali.
• 2 gennaio 2009. «Voglio restare qui. Mi sento come a casa». È il buon proposito di Cristiano per l'anno nuovo. Non mancano le critiche dai media: «Ciò che dice la gente non è vero. Chi dice che voglio andarmene, è un bugiardo. Ci sono sempre speculazioni, non solo su di me, ma sul futuro dei giocatori di tutto il mondo».
• 16 gennaio 2009. Ramón Calderón, dopo tre giorni di accuse sulle prime pagine dei giornali, si dimette.
• 17 febbraio 2009. Il vicepresidente, Vicente Boluda, ribadisce l'ottimismo del club sulla possibilità che Cristiano Ronaldo diventi un giocatore del Madrid. E informa i possibili candidati alla presidenza che l'accordo è quasi completato.
• 18 aprile 2009. Ronaldo manifesta il suo desiderio di vincere trofei con il Manchester United.
• 27 maggio 2009. Il Manchester United perde la Champions contro il Barcellona.

• 29 maggio 2009. «Sarebbe bello che venisse Cristiano», dice il nuovo presidente del Real Madrid, Florentino Pérez, nella sua prima intervista. Lo descrive come l'ingaggio ideale.
• 11 giugno 2009. Il Manchester United conferma di aver accettato l'offerta di 80 milioni di sterline del Real Madrid per Ronaldo.
• 26 giugno 2009. «Il Real Madrid CF e il Manchester United hanno firmato l'accordo definitivo per il trasferimento dei diritti del giocatore Cristiano Ronaldo a partire dal prossimo 1 luglio», annuncia il club *blanco* sulla sua pagina web. «Il giocatore», segue il comunicato stampa, «rimarrà vincolato al Real Madrid per le prossime sei stagioni e sarà presentato il 6 luglio allo stadio Santiago Bernabéu».

OTTANTAMILA IN DELIRIO

«Stasera c'è la partita?».

«Buonasera, vi ringrazio per la vostra presenza. Benvenuti allo stadio Santiago Bernabéu.

Voi rappresentate, oggi, il simbolo più grande del madridismo, come lo è la passione della sua gente, dei suoi soci, dei suoi tifosi in tutto il mondo. Voi siete essenziali perché questo club continui a essere rispettato e ammirato». Florentino Pérez, il presidente del Real Madrid, è il gran maestro di cerimonia. Sale i gradini del palco, costruito sul terreno di gioco e orientato verso la curva Sud dello stadio. Lo accompagna Alfredo Di Stéfano, il presidente d'onore del club. La folla lo acclama. Sono le 21. Il patron *blanco* saluta il pubblico con un gesto della mano e accompagna Alfredo al suo posto. Con blazer e cravatta blu d'ordinaza, davanti al leggio e a due microfoni, presiede il rituale della terza presentazione della sua nuova era, quella di "Florenteam", della squadra che riconquisterà la vetta del mondo strappando la corona all'eterno rivale, il Barcellona. La sua sarà una macchina in grado di offrire spettacolo, vincere titoli e accumulare denaro. È ciò che spera. E si aspetta molto dalla presentazione, quella di Cristiano Ronaldo, il giocatore più caro della storia del calcio.

È una bella sera d'estate, questo 6 luglio 2009. Calda, come può essere calda Madrid in questa stagione. Fin dalla mattina i tifosi fanno la coda allo stadio. Alle 19, due ore prima della presentazione, si aprono le porte, e un'ora dopo sono già chiuse. 5.000 persone sono rimaste fuori. Seguiranno il debutto di CR7 attraverso un maxischermo situato, all'ultimo minuto, sulla torre B. Dentro rimane vuota solo una parte delle gradinate, per lavori in corso. Tutto esaurito: 80.000 persone.

Più dei 40.000 che hanno riempito le gradinate di San Siro per vedere Ronaldinho, appena arrivato al Milan dal Barcellona. Più dei 50.000 che hanno invaso il Bernabéu il 30 giugno, per dare il benvenuto a Ricardo Izecson dos Santos, Kaká, il brasiliano che ha detto addio alla maglia rossonera del Milan per vestire quella del Madrid per 65 milioni di euro. Più dei 65.000 tifosi, il record finora, che il 5 luglio 1984 al San Paolo di Napoli attesero ore e ore, sotto un sole cocente, l'arrivo di Diego Armando Maradona.

Non si era mai visto niente di simile nella storia del calcio. Il giorno dopo sarà il primo titolo della stampa internazionale dal Portogallo («Madrid ai suoi piedi [...] Delirio al Bernabéu per Ronaldo [...] Cristiano presentato di fronte a 80.000 tifosi estasiati», «Record») all'Inghilterra («Cristiano Ronaldo al Real Madrid: la presentazione in un Bernabéu in preda all'isteria», «Daily Telegraph»). Dalla Francia (*80.000 per Cristiano*, «L'Équipe») all'Italia (*Ronaldo oscura anche Kaká: 80.000 al Bernabéu*, «La Gazzetta dello Sport») e al Brasile («Il fenomeno portoghese [...] la presentazione di Cristiano Ronaldo al Real Madrid batte il record stabilito da Kaká», «Globoesporte»).

Florentino sa di trovarsi di fronte a qualcosa di straordinario e lo sottolinea: «Ciò che sta avvenendo qui stasera forse non ha precedenti. La vostra incredibile affluenza al nostro stadio rappresenta l'essenza di questo Real Madrid. Grazie infinite per essere i veri protagonisti di questa impareggiabile esplosione di sogni ed entusiasmo. Grazie anche ai mille tifosi portoghesi che oggi ci accompagnano per dare il benvenuto a un loro connazionale. Per noi è un onore contare sulla vostra presenza e contare sulla presenza di uno dei migliori giocatori di tutti i tempi. Oggi è qui con noi anche uno dei simboli del miglior calcio portoghese ed europeo. Diamo il benvenuto al mitico Eusébio».

La "Pantera nera", in completo beige, sale sul palco. Saluta il pubblico che grida in coro il suo nome. Abbraccia Alfredo e Florentino. «*Obrigado, muito obrigado*», dice al microfono. Applausi e il presidente *blanco* può continuare. «Parecchi di voi sono molto giovani, ma dovete essere consapevoli che su questo palco e grazie al calcio, che suscita sensazioni straordinarie, abbiamo qui due grandi amici, oltretutto due dei migliori calciatori che ci ha regalato questo sport. Eusébio e il nostro presidente d'onore, Alfredo Di Stéfano. Pochi sono gli eletti degni di ricevere il testimone dai più grandi ed è con questi due giganti del calcio che ne accogliamo uno. Il Real Madrid dà accoglienza, questa sera, a uno degli eletti capaci di generare la più grande delle emozioni e i sogni di milioni di tifosi in tutto il mondo. Oggi è il momento, oggi gli diamo il benvenuto nella sua nuova casa, oggi accogliamo Cristiano Ronaldo».

E dal tunnel degli spogliatoi si affaccia il fenomeno da 94 milioni di euro. Sfoggia la maglia bianca con il nome "Ronaldo" e il numero 9. Un numero rimasto libero dopo il trasferimento dell'argentino Javier Saviola al Benfica, un numero mitico nella storia del club. Un numero che è stato di Alfredo Di Stéfano, da quando entrò nel Madrid nel 1953 fino al 1964; di Carlos Santillana; del messicano Hugo Sánchez; del cileno Iván Zamorano; di Fernando Morientes e del brasiliano Ronaldo Luís Nazário de Lima. Un'eredità che passa ora sulle spalle di Cristiano. Il portoghese non smette di sorridere mentre cammina sul suolo verde del palco e applaude il pubblico che urla il suo nome.

Sono le 21.17.

Il D-Day di CR7 è iniziato a Lisbona alle 10. Un volo privato l'ha portato a Madrid insieme ad altre dodici persone, tra familiari e amici. Alle ore 12.50 il jet è atterrato, con venti minuti di ritardo, alla base di Torrejón de Ardoz. Abbronzato dopo tre settimane di vacanza, capelli corti con la cresta, orecchino di diamante, enormi occhiali da sole, giacca di pelle rossa, jeans e maglietta bianca della Nike, il suo sponsor. Cristiano scende la scaletta dell'aereo e deve già firmare il suo primo autografo e fermarsi per la sua prima foto in terra spagnola. È il personale dell'aeroporto a chiedergliela. Due guardie di sicurezza lo accompagnano all'auto ufficiale, un'Audi bianca con i vetri scuri. Vicino a lui siedono Jorge Mendes, suo amico, manager e rappresentante da più di otto anni, e Zé, suo cognato. La telecamera del Real Madrid Televisión non lo molla un secondo. Lui sembra tranquillo: sorride e scherza sullo spagnolo di Jorge e schiaccia persino un pisolino. L'auto percorre l'autostrada. Da lontano si vedono le quattro torri di vetro e cemento che svettano verso il cielo lì dove una volta si ergeva la Ciudad Deportiva del Real Madrid.

Prima tappa: la Clínica Sanitas della Moraleja per le visite mediche. Una formalità, dato che Ronaldo ha già passato i controlli di routine dieci giorni prima in Portogallo. Macchine fotografiche, microfoni, tifosi... un marea umana assedia la Clínica.

«*I love you*, Cristiano», recita uno striscione che Sandra, una ragazza di diciotto anni, sventola con frenesia. Gli addetti alla sicurezza gli fanno strada. Lo ricevono i medici del Real Madrid e dell'ospedale. Cristiano si ferma all'entrata per la foto di famiglia. All'interno il personale e i pazienti lo aspettano: le scale paiono un anfiteatro umano. Tutti vogliono vedere da vicino l'ingaggio più megagalattico di Florentino. Analisi del sangue e analisi delle urine, poi elettrocardiogramma, ecocardiogramma, risonanza magnetica, radiografia, podologia, biomeccanica. Tutto mentre cameraman e fotografi lo seguono senza sosta. Sul lettino, con gli elettrodi blu già collocati, Cristiano solleva il pollice, posa per le foto mostrando il petto abbronzato e i muscoli scolpiti. Dal collo pende una catena bianca con un crocefisso. Nella mano sinistra un anello di brillanti e al polso un enorme orologio. Mezz'ora di esami, superati senza problemi.

«Il calciatore si trova in perfette condizioni», dichiara il dottor Carlos Díez, responsabile dei servizi medici del Real Madrid. «Ha una straordinaria capacità polmonare e cardiaca. Abbiamo integrato tutto ciò che avevamo già fatto in Portogallo e tutti gli esami specifici. Ora potremo lavorare in modo personalizzato per migliorare il suo rendimento». Verdetto positivo.

Cristiano si dirige verso l'uscita. Ancora autografi, ancora foto, e un piccolo problema con un gruppo di ragazzi che hanno rotto il cordone di sicurezza e hanno circondato la comitiva. Il portoghese saluta attraverso il finestrino. Tappa successiva: lo stadio Santiago Bernabéu. Lungo il tragitto, l'auto si ferma a un semaforo e dal nulla appaiono due ragazze. «Sei il migliore!», gridano, cercando di fotografarlo.

Cristiano abbassa il finestrino: «Scatta, scatta la foto!» dice.

Le due ragazze, estasiate, stringono la mano al loro idolo e promettono: «Ci vediamo alla presentazione!». Altri, in mezzo al Paseo de la Castellana, ci provano senza scendere dalla macchina.

«Una foto, per favore!», gridano. Lui abbassa ancora il finestrino e lancia un «Ciao!».

L'Audi bianca entra nelle viscere dello stadio. L'ascensore porta Cristiano negli uffici del club. Le presentazioni sembrano non finire mai. Gli mostrano i giornali sportivi spagnoli: tutti riportano la notizia del suo arrivo in prima pagina. Firma la prima maglia col suo nome. Sono già in vendita nel negozio del club. In meno di un'ora ne sono state vendute mille. Il marketing galattico funziona alla grande.

Jorge Valdano, direttore generale del Real Madrid, fa da anfitrione. Gli spiega i dettagli della presentazione davanti ai grandi finestroni che si aprono sul campo del Bernabéu, dove stanno finendo di preparare il palco. Alle 14.30 accompagna Cristiano al ristorante Puerta 57, dove si riunisce con Di Stéfano, Eusébio e alcuni dei veterani che hanno fatto la storia del club, come Zoco, Santamaría, Pachín e Amancio. In un separée, Cristiano e Valdano presiedono la tavola. Attorno si siedono Jorge Mendes, Zé e i familiari del fenomeno. Ultime foto e ultime immagini, le porte si chiudono e lasciano in pace il nuovo acquisto. Ma è solo questione di ore. Alle 19 la persecuzione comincia di nuovo. Dopo una breve siesta all'hotel Mirasierra Suites, Cristiano è pronto per continuare il tour de force del suo primo giorno da *Merengue*. Ha cambiato la tenuta sportiva con un completo beige e camicia bianca, ma senza cravatta. Alle porte dell'hotel i tifosi lo acclamano come se fosse una rock star. Autografi e saluti prima di salire nell'auto che lo porta allo stadio. Fuori dal Bernabéu il fenomeno osserva, incredulo, le lunghissime file indiane di gente che, pazientemente, va a occupare il proprio posto sugli spalti.

Allo stadio ha un appuntamento con il Real Madrid Televisión. Trucco, riflettori, palco con una bandiera della Spagna e una del Real Madrid, e arriva la prima domanda.*Immagino che questo sia un giorno importantissimo nella tua vita professionale...*

«Sì, certo, è il giorno della mia presentazione al club, un giorno memorabile per me... Sì, sono molto contento», risponde CR7.

A ventiquattro anni si realizza uno dei tuoi sogni, insiste il giornalista.

«Sì, è vero, ho già detto tante volte che il mio sogno era giocare nel Real Madrid. E grazie a Dio, il mio sogno è divenuto realtà. In questo club ho intenzione di vincere molte cose e sono ottimista».

Un quarto d'ora di intervista in spagnolo e un altro quarto d'ora in inglese, le due lingue del canale del club. Non c'è più tempo, lo aspetta il presidente. Florentino entra con lui sul palco d'onore dello stadio. Entrambi guardano dalle vetrate le gradinate che lentamente si stanno riempiendo. E Cristiano chiede: «Stasera c'è la partita, presidente?».

Il "presi" sorride. Felice di avere al suo fianco il calciatore più caro del suo nuovo album di figurine. Nella sala riunioni si celebra la firma del contratto che vincola Cristiano Ronaldo al Real. Attorno alla tavola ovale Pérez, Cristiano, Don Alfredo, Eusébio e gli altri dirigenti del club. Quattro cartelline, quattro firme, quella del presidente e quella di Cristiano per siglare l'accordo. Terminato l'incontro: applausi da tutti i presenti e una foto per immortalare il momento. Florentino regala al nuovo ingaggio la penna della firma, una riproduzione del Santiago Bernabéu e un orologio.

Ed è già ora di vestirsi di bianco. Nello spogliatoio, davanti al suo armadietto, tra quello di Kaká, il numero 8, e quella di Sneijder, il numero 10, Cristiano si prepara. È una cerimonia, una vestizione come quella di un torero prima di entrare nell'arena. Pantaloncini, calzettoni, scarpe (prima la destra e poi la sinistra) e, finalmente, la maglia col suo nome. Se l'aggiusta bene e si guarda allo specchio per controllare che tutto sia in ordine.

«Il bianco ti sta proprio bene!», esclama Florentino. È il turno della sessione fotografica per la tessera madridista e per la pubblicità: maglie col suo nome in cinese, giapponese e arabo. Gli tirano un pallone e fa acrobazie, gli danno una sciarpa e posa come un perfetto modello. Concluso il lavoro pubblicitario, Cristiano fa esercizi come se dovesse giocare una partita. Ora sì che è impaziente. Ascolta i megafoni dello stadio, la musica, l'inno ufficiale. Gli chiedono se è nervoso e lui risponde: «No, adesso no», ma l'attesa è interminabile e la telecamera rivela un Ronaldo che non sa più trattenere la tensione. Si siede, si toglie le scarpe, si rimette in piedi, si aggiusta la cresta ribelle e finalmente sente le parole di Florentino: «Oggi accogliamo Cristiano Ronaldo!». Ecco, tocca a lui. Esce dal tunnel degli spogliatoi, sale i gradini del palco verde dove si trovano dirigenti, VIP, stampa, cameraman e fotografi. Abbraccia Florentino, Eusébio, Di Stéfano… Fa un giro su se stesso, applaudendo e sorridendo.

«Sì, sì, sì… Cristiano è già qui!», gridano gli 80.000.

E il presidente riprende la parola: «Caro Cristiano Ronaldo, questi saranno, a partire da oggi, i tuoi tifosi, gli stessi che nel corso della storia hanno portato il Madrid al vertice del calcio mondiale». Sullo schermo gigante di Chamartín scorrono i gol e le migliori azioni del portoghese con la maglia del Manchester United. Lui mentre solleva la Champions League, lui mentre bacia il Pallone d'Oro.

«Loro ti chiederanno il massimo, ma sapranno darti altrettanto. La tua professionalità, la tua totale dedizione a questo sport», dice Florentino, «e il tuo indubitabile talento ti hanno permesso di realizzare uno dei tuoi grandi sogni. Per noi rappresenta una grande soddisfazione sapere che era tua ferma intenzione giocare nel Real Madrid. Benvenuto al tuo Real Madrid».

Il "presi" ha terminato. Ora tocca a Cristiano. Dietro di lui, le nove coppe d'Europa; le braccia ai fianchi, CR7 deve aspettare che la marea ruggente del Bernabéu si calmi. «Ronaldo, Ronaldo!», urla il pubblico. Il portoghese emozionato riesce appena a mettere insieme le parole. «Buona sera... Sono molto felice di essere qui...».

Cristiano è costretto a interrompere il suo discorso, le grida sono impressionanti. Le telecamere cercano tra il pubblico le numerose bandiere portoghesi.

«Oggi si è realizzato il sogno che avevo da bambino, giocare nel Madrid...». Un'altra interruzione.

«Non mi aspettavo che lo stadio si riempisse solo per vedermi. Incredibile. Grazie infinite», dice, e subito sorprende il pubblico grazie ai buoni consigli di qualche giornalista che l'ha intervistato prima della presentazione: «E adesso vi chiedo di ripetere insieme a me. Conto fino a tre e gridiamo tutti: *Hala, Madrid*! ("Forza, Madrid"). Uno, due, tre, *Hala, Madrid*!».

Tutto il Bernabéu grida all'unisono col portoghese. Con due parole ha conquistato la tifoseria *blanca*.

Compare un pallone ed ecco tocchi e palleggi per intrattenere il suo pubblico. Firma *a bola* a un bambino che sarà sicuramente invidiato da 80.000 tifosi. Regala una maglia a un ragazzino e lo aiuta a indossarla. Scende dal palco e si dirige verso la passerella verde a salutare i tifosi. Si avvicina agli spalti, dove stringe mani, firma palloni, bacia una giornalista televisiva, saluta. Terminato il giro d'onore, sale ancora sul palco dove lo aspetta la foto con tutti i dirigenti. Nell'aria si sente la Radetzky-Marsch di Johann Strauss padre. E un tifoso coglie di sorpresa la sicurezza (più di mille persone) e riesce a salire sul palco ad abbracciare il suo idolo. La situazione inizia a complicarsi... Sono molti quelli che saltano le palizzate ed entrano in campo. È un autentico rodeo nella polvere. Accompagnato dal personale del Real Madrid, Cristiano abbandona il campo a passo rapido.

La presentazione non è ancora finita. Nella sala stampa lo attendono, ansiosi, i media di mezzo mondo per le prime domande in terra spagnola. Un muro umano di fotografi e operatori televisivi assalta il tavolo della conferenza stampa. Cristiano, con lo stesso look della firma del contratto, entra accompagnato da Valdano e Antonio Galeano, il direttore di comunicazione del club.

Sono le 22.17. Prima che inizi la trafila delle domande c'è da aspettare che i flash si spengano. Poi arriva, puntuale, la prima domanda.

Dopo la finale della Champions ti sei lamentato di aver giocato come attaccante. Manuel Pellegrini, nelle sue prime dichiarazioni come allenatore del Madrid, ha affermato che gli piacerebbe che giocassi come attaccante. Sarebbe un problema per te?
«Non ho mai detto che non mi piace giocare da attaccante. Ciò che ho detto è che non mi sono sentito a mio agio, perché non ero abituato a quella posizione. Se posso scegliere, preferisco giocare sulla fascia, ma non è un problema se devo giocare come attaccante. È questione di abitudine».

Se dovessi definire tutto quello che hai vissuto oggi con una sola parola, quale sarebbe?
«Impressionante».

Cos'hai pensato quando sei entrato in campo e hai visto più di 80.000 persone sugli spalti?
«È stata una sensazione bellissima. Non mi aspettavo che lo stadio si riempisse. È stato un sogno entrare e vederlo così… è stato impressionante. Ho pensato molto alla mia famiglia, a mio padre e a mia madre».

Sei consapevole di averli conquistati con le immagini in cui appari emozionato, quasi tremante, nonostante tu abbia fama di essere una persona molto sicura di sé?
«Ho sentito molto affetto da parte della gente. So che la pressione sarà maggiore rispetto a Manchester, ma sono molto fiducioso. Non vedo l'ora di iniziare a giocare per dimostrare di cosa sono capace e dare il meglio di me stesso».

C'è qualcosa che vorresti dire ai tuoi ex compagni e al tuo ex allenatore?
«Voglio ringraziare tutti. Ho vissuto a Manchester sei anni della mia vita e ho lasciato molti amici e buonissimi rapporti. Credo che la gente abbia compreso e rispettato la mia decisione; hanno capito che per me giocare nel Real era una sfida, un sogno. Così è la vita... Ora ho una nuova vita e un nuovo club, per cui darò il 100 per cento».

Com'è stato conoscere Di Stéfano, una delle più grandi leggende del Real Madrid?
«È stato un momento molto speciale, perché è un mito di questo club. È stato come conoscere Bobby Charlton quando sono arrivato al Manchester. Mi ha augurato buona fortuna. Tutto ciò che è successo oggi è stato uno dei momenti più belli della mia vita».

Quando da bambino sognavi di giocare nel Real Madrid, immaginavi che sarebbe stato a condizione che il club realizzasse un investimento economico così grande?
«Il club che vuole i migliori deve pagare per averli. Il Real Madrid sta prendendo le decisioni giuste e io voglio dimostrare che non si è sbagliato».

Entrando in quello che sarà il tuo nuovo spogliatoio, hai pensato a quanto ti è costato arrivare fin qui?
«Sì, perché ho sempre voluto giocare qui. Sempre. Dopo quello che fatto nel Manchester, volevo cambiare. E questo per me è il più grande club. Perciò, ovvio che senti qualcosa di speciale quando, per la prima volta, indossi questa maglia».

Sul palco abbiamo visto le nove Coppe dei Campioni. Sogni di spezzare la maledizione degli ottavi di finale che ha perseguitato, negli ultimi anni, il Real Madrid?
«Non giocherò da solo. Avrò dieci compagni, oltre a quelli che saranno in panchina. Abbiamo una grande squadra e un grande allenatore. Ciò che dobbiamo fare è andare passo a passo con tranquillità. Lavorare bene e pensare a vincere la Champions».

La scorsa stagione con lo United hai segnato venticinque gol: ti azzardi a darci una cifra per il tuo primo anno con il Real?
«Il mio obiettivo è adattarmi il più velocemente possibile, poi i gol arriveranno da soli. Comunque, non voglio fissarmi una meta, voglio segnare molto e fare tanti assist».

Hai visto le bandiere portoghesi sugli spalti?
«Sugli spalti c'erano bandiere del Portogallo e bandiere di Madeira; sono orgoglioso quando le vedo fuori dal mio Paese».

Il tuo nuovo allenatore sarà Manuel Pellegrini: cosa sai di lui?
«Ho sentito parlare molto bene di lui, e se è qui è perché se lo merita. Ho giocato contro il Villareal e abbiamo avuto problemi. Sarà un piacere lavorare con lui e mettercela tutta per vincere molti titoli insieme».

Sei pronto ad affrontare la pressione di una città come Madrid? Saprai sicuramente che è una città con molta vita notturna…
«Io lavoro per avere successo e a partire da qui si trova il tempo per tutto. Gli obiettivi che ho raggiunto non sono frutto del non far niente, ma di un lavoro ben fatto. C'è tempo per tutto, per lavorare e per divertirsi. Ma soprattutto per lavorare e vincere premi individuali e titoli con il club».

In due anni Ramón Calderón non è riuscito a ingaggiarti: credi che Florentino sia stato fondamentale per il tuo arrivo qui?
«Ho sentito spesso i giornali dire cose molto diverse. Tirano a indovinare, e certe volte ci azzeccano, altre no. Il presidente è venuto e abbiamo firmato, nient'altro. Sono qui e sono molto felice».

Ti dispiace rinunciare al numero 7 e prendere il 9, lo stesso che aveva Ronaldo?
«Io volevo il 7, ma so che è il numero di un giocatore mitico della squadra. Quello che m'interessa è fare bene le cose, non il numero. Quello che gioca sono io, non il numero che porto sulla schiena».

Hai parlato con gli amici che hai qui: Heinze, Pepe, Di Salvo…?
«Mi hanno dato tutti il benvenuto, erano contenti perché sono miei amici da molti anni. Spero che non se ne vadano, perché mi aiuterebbero ad adattarmi, anche se non credo che avrò problemi. Parlo un po' di spagnolo e so che mi farò molti nuovi amici».

C'è qualche giocatore del Real Madrid con cui sei particolarmente contento di giocare?
«La mia ambizione è sempre stata giocare nel Real Madrid. È un privilegio essere qui e giocare con quelli che ci sono già e con quelli che potrebbero arrivare. Sarà una formazione molto forte e lavoreremo sodo per vincere il più possibile. Sarà difficile per Pellegrini dover scegliere i titolari…».

Il Barcellona ha appena vinto campionato, coppa e Champions. Credi che anche il Real sia pronto per vincere tutto?
«Bisogna essere ambiziosi: cercheremo di vincerli tutti e tre, anche se io mi accontenterei di vincere la Liga e la Champions. Dobbiamo lavorare come una squadra organizzata, con uno spirito positivo e una struttura forte. Una volta raggiunto questo obiettivo, dobbiamo essere ambiziosi e se lavoriamo bene possiamo vincere tutto».

Ti è rimasto l'amaro in bocca per la finale di Champions persa contro il Barcellona?
«Per me non esiste la parola "vendetta". Ma voglio giocare contro il Barcellona e batterlo. Sarà una sfida grandiosa: due grandi squadre e un grande spettacolo».

Cambi la Premier con la Liga…?
«La Liga è molto diversa. Nella Premier il gioco è più veloce, anche se entrambi sono campionati estremamente competitivi. In Spagna persino le squadre più modeste cercano sempre di giocare un buon football. Non vedo l'ora che inizi la Liga».

E gli arbitri?
«In Inghilterra sono molto bravi, in Spagna sono fantastici…».

Non hai mai giocato al Bernabéu: che impressione ti ha fatto metterci piede per la prima volta?
«Non avevo mai provato niente di simile: la prima impressione è stata molto buona. Voglio solo continuare a impegnarmi e dimostrare a tutti che ne è valsa la pena».

Tu e Kaká siete persone molto diverse; avete stili di vita molto diversi. Che rapporto pensi che avrai con lui?
«Avremo un ottimo rapporto, ne sono certo. Saremo buoni amici e se lo chiedi a lui, di sicuro ti dirà lo stesso».

Ti preoccupa l'insistenza dei paparazzi e dei giornali scandalistici?
«Per me non è un problema. Quando gioco, faccio una vita molto tranquilla, mi concentro al massimo sul calcio. Qui farò lo stesso: farò in modo di essere sempre in forma per le partite e gli allenamenti».

Che opinione hai di Karim Benzema, un altro dei tuoi nuovi compagni?
«È un ottimo acquisto. È un giocatore su cui sono riposte molte aspettative, perché ha giocato davvero bene a Lione. Anche lui sarà nuovo qui, perciò avremo occasione di imparare tutti insieme».

Cosa consiglieresti a un bambino che sogna di diventare calciatore: Real o Barcellona?
«Per me il Real Madrid è speciale. Il Barcellona è un grande club, ma il Real è speciale. A un bambino direi di seguire il suo sogno, non importa in che squadra».

Qual è il rivale che non vedi l'ora di affrontare in Spagna?
«Io voglio giocare tutte la partite. Ovviamente a ogni calciatore piace giocare le grandi partite. I derby, le partite contro il Barcellona… però io voglio giocare e vincere tutte le partite».

Cos'è più importante: fare spettacolo o vincere le partite?
«Vincere, sono i punti che contano. Se oltre a vincere fai anche spettacolo, tanto meglio. Ma siamo qui per fare più punti possibili».

Come vedi, quest'anno, la gara per il Pallone d'Oro, il Fifa World Player...?
«Non mi preoccupa. Penso solo a disputare una buona stagione. I premi individuali sono importanti, ma non sono la cosa più importante».Alle 23.50 arriva l'ultima domanda:

Chi è il migliore del mondo: tu, Messi, Kaká...?
«Il migliore è il Real Madrid».

La platea scoppia a ridere.

«Grazie a tutti e buona notte», con queste parole il responsabile dell'area comunicazione chiude la prima conferenza stampa del nuovo numero 9 *blanco.*

Cristiano abbandona la sala stampa. La presentazione del calciatore più caro della storia è terminata, ma la telecamera della Real Madrid Televisión lo segue lungo i corridoi dello stadio.

«È stata una giornata incredibile, un'esperienza fantastica. Grazie mille a tutti», dice Cristiano Ronaldo. Saluta e se ne va.

SIR ALEX E CRISTIANO

«Ferguson è come un secondo padre per me».

«Per il Manchester United Cristiano è stato un giocatore meraviglioso. Nei suoi sei anni all'Old Trafford è cresciuto ed è diventato il migliore al mondo. Il suo contributo è stato fondamentale nei successi ottenuti dal club. Il suo talento, le sue qualità e la sua personalità hanno conquistato i tifosi». È l'elogio di Sir Alex Ferguson a CR7 quando se ne va dallo United. E non mancano nemmeno gli auguri per la prossima stagione nel Real.

Al contrario di quanto si è sempre detto (quelli che se vanno dal Manchester non rimangono in buoni rapporti con Ferguson), l'addio di Cristiano è dei migliori. Lo dimostrano le parole dell'allenatore e lo conferma Ronaldo nel suo primo incontro con i giornalisti al Bernabéu: «Non ho nessun problema a riconoscere che il mio rapporto con lui è sempre stato e sarà sempre molto buono. Ho parlato con lui, a Manchester, e fra noi tutto è okay, ma bisogna guardare avanti...».

Si guarda avanti, ma Ferguson non dimentica il suo giocatore: «Sappiamo che non potremo mai sostituire Ronaldo. Non mi interessa ciò che si dice sul ragazzo: per me sarà sempre il migliore. Quando hai avuto il numero uno, non serve trovarne un altro che faccia lo stesso lavoro. Quando sai di non poter sostituire qualcuno cerchi un'altra strada», spiega lo scozzese parlando dello United edizione 2009-10. E aggiunge: «Ci mancheranno i gol di Ronaldo, questo è ovvio. Ma Berbatov quest'anno se la caverà bene. E Rooney e Owen sono capaci di fare venti gol. Avremo alternative».

Il mister sa che per il club Ronaldo è una grande perdita, che il Manchester non sarà lo stesso senza il numero 7 portoghese, ma deve difendere il club. È il suo lavoro. Com'è parte del suo lavoro accettare la sfida di rimodellare una squadra che ha perso la sua stella. L'ha fatto nel 1995, quando Paul Ince è andato all'Inter e Mark Hughes al Chelsea; nel 1997, quando Éric Cantona ha appeso le scarpe al chiodo; o nel 2003, quando David Beckham è entrato nel Madrid.

È comunque normale sentire la mancanza, nei primi tempi, di un calciatore che hai aiutato a trasformarsi da ragazzino di gran talento a fenomeno mondiale. Ma Sir Alex non dimentica Ronaldo, anche tempo dopo la sua partenza. E nel marzo del 2010, quando a Madrid le cose non sembrano andargli così bene, lo scozzese dichiara al «Daily Express»: «Cristiano conosce il valore del Manchester United, sa che qui i giocatori sono protetti. Vengono ad allenarsi tutti i giorni senza che nessuno li disturbi. Non credo che il Real Madrid sia un club in cui è facile giocare. Ha un circo tutt'attorno. Ci sono molti tifosi e molto fermento mediatico». E sembra quasi suggerire a Ronaldo un ritorno a casa: «Mi piace pensare», dice il manager, «che un giorno tornerà. Nella vita non si sa mai. Non penso che rimarrà per sempre al Real Madrid. Ci saranno altre sfide, e lui è il tipo di giocatore che adora le sfide. Ho un buon rapporto con lui. È un bravo ragazzo. Mi piace Cristiano», spiega Sir Alex.

E lo ripete proprio prima della partita di andata delle semifinali di Champions League 2011 tra il Real Madrid e il Barcellona, tra Cristiano e Leo: «Ho avuto Ronaldo nello United e penso che sia un calciatore fantastico. È ambidestro, ha potenza, forza, audacia, coraggio, abilità ed è un fanatico del pallone. Anche Messi è assolutamente fantastico. È molto difficile scegliere tra i due. Bisognerebbe fare a testa o croce. Tutto dipende da come e da che angolo guardi il giocatore. Il fatto di aver avuto qui Ronaldo per tanti anni, di conoscerlo bene cambia il mio punto di vista. Ho visto come si allenava, ce la metteva tutta per diventare il migliore. E questa, secondo me, è la cosa più importante. Lo conosco come giocatore e come persona. Però guardi Messi e ti rendi conto che è un giocatore molto professionale. Adora giocare a calcio. Ha il coraggio di un leone, perché sempre, in qualsiasi situazione, vuole la palla e se la va a prendere. Sono due giocatori diversi, ma non c'è nessun dubbio che entrambi offrano un fantastico prodotto finale».

«Messi o Ronaldo?», gli chiedono ancora dopo la finale della Coppa del Re 2011, che il Madrid vince contro il Barcellona grazie a un colpo di testa di Ronaldo.

«Sono due grandi, ma tra i due io sceglierò sempre Ronaldo. Ho una grande lealtà verso di lui».

Perché questa lealtà del burbero scozzese verso Ronaldo? Perché è stata una sua scommessa nel 2003.

Perché grazie ai buoni consigli di Carlos Queiroz, il suo vice, ha saputo giocare d'anticipo sul resto dei pretendenti del ragazzo di Madeira. Perché Ronaldo gli ha sempre dimostrato di essere un giocatore che non si accontenta, che vuole migliorare giorno dopo giorno. È un calciatore che non riposa sugli allori di un titolo o di un trofeo, ma vuole sempre di più, vuole vincere sempre di più. Gliel'ha dimostrato per sei anni. Impegnandosi al massimo e mettendosi in gioco all'interno della squadra. Arrivando per primo agli allenamenti e andando via per ultimo. Come ha raccontato più volte Ferguson, quando gli altri erano già nello spogliatoio a cambiarsi, Cristiano rimaneva in campo a esercitarsi: calci di punizione e rigori. O se ne andava in palestra per irrobustirsi e mettere su muscoli (dai 75 kg di quando è arrivato agli 85). E soprattutto faceva qualsiasi cosa per imparare a giocare a calcio ai massimi livelli. Sin dal primo giorno, Ferguson ha scommesso su di lui dandogli la maglia numero 7. E un po' alla volta gli ha insegnato a mettere il suo ego a servizio della squadra. È stato ricambiato con gol, titoli e trofei. Cristiano per Ferguson è un giocatore «speciale, incredibile, soprattutto quand'è il momento di prendere decisioni. Non ha mai paura, non si sente mai incalzato e fa sempre ciò che considera giusto fare». Ferguson sa che Ronaldo è stato capace di conquistare il pubblico, di portare su un campo da calcio quella magia tanto ammirata dagli inglesi.

Della sua stessa opinione è anche Denis Law, Pallone d'Oro 1956 e gloria dei Red Devils. «È un giocatore che fa vibrare i tifosi», ha dichiarato.

Lo stesso sostiene Bobby Charlton, Pallone d'Oro nel 1966 e leggenda del calcio inglese: «Fin dal primo momento ha stregato il pubblico dell'Old Trafford».

Il rapporto tra il manager dello United e il numero 7 non è sempre stato rose e fiori. Come in tutte le coppie, ci sono stati momenti felici e momenti difficili. Il Pallone d'Oro conquistato nel 2008 rientra nei primi. Sir Alex e tutto il Manchester aspettavano da quarant'anni che lo vincesse un giocatore con la maglia rossa. La Champions e l'incredibile stagione 2008-2009 hanno rappresentato il momento culminante in cui Cristiano ha dimostrato a Ferguson tutto quello che aveva imparato.

Momenti difficili: all'inizio della storia del portoghese nello United, quando il mister lo relegava in panchina o non lo convocava. Era la sua strategia del passo a passo per far sì che il ragazzo si adattasse alla nuova realtà, non si sentisse addosso troppa responsabilità e potesse così progredire. Ma Ronaldo non giocava e la sua rabbia era smisurata.

E poi il luglio del 2006, dopo la vicenda Rooney… altra situazione complicata che Ferguson, vecchia volpe, risolve, convincendo Ronaldo a tornare allo United.

Giugno 2008: Ronaldo dichiara che gli piacerebbe giocare nel Real Madrid e i media inglesi parlano apertamente di rottura tra il fenomeno e l'allenatore. Sostengono persino che lo scozzese non sia il benvenuto nel ritiro della nazionale portoghese che disputa l'Europeo.

Problemi e scontri che a Sir Alex Ferguson non hanno fatto cambiare opinione, tanto che, in occasione dell'addio di Ronaldo, ribadisce che gli anni migliori del suo ex numero 7 devono ancora venire. E, come molte altre volte, ha ragione.

E Ronaldo cosa dice del suo manager? «Sir Alex Ferguson è stato come un secondo padre», dichiara in un'intervista a Sky Sport. Dice che è stato così sin da quando è arrivato al Manchester a diciotto anni. E per Cristiano non è solo una questione di rispetto verso uno degli allenatori di calcio più preparati al mondo; per lui sente lo stesso affetto di un figlio per il padre. In poche parole, un rapporto che va oltre quello che c'è di solito tra un mister e un giocatore. «A volte mi parlava di cose che non avevano niente a che fare con il calcio, e io l'ascoltavo sempre, perché le sue parole mi facevano sentire una persona migliore», ha confessato l'ormai giocatore del Madrid. In quanto al calcio, «è stato un maestro. Decisivo per la mia carriera. Mi ha spinto a maturare e a migliorarmi. Tutti i giorni ho imparato qualcosa da lui e mi ha aiutato a diventare quello che sono ora». Cristiano ricorda come l'ha sempre appoggiato e incoraggiato, come gli ha insegnato a trovare una soluzione ai suoi problemi. Come l'ha motivato, per esempio scommettendo ogni anno sul numero di gol che avrebbe segnato nel corso della stagione. «Ho bei ricordi del Manchester e quando, a volte, guardo le partite dello United, sento molta nostalgia, perché in Inghilterra ho lasciato una parte di me. Solo perché gioco nel Madrid, non vuol dire che non abbia più contatti col mio ex allenatore… No, quando ho l'occasione, parlo con Sir Alex Ferguson. Ed è sempre un piacere fare quattro chiacchere con lui. È stato importante per me averlo vicino quando la mia vita era lì, con il Manchester. E io non dimentico chi mi ha aiutato».

TOMBEUR DE FEMMES

«Ho ricevuto più colpi alle caviglie che al cuore, anche se il mio cuore è stato ferito. Tante volte le donne mi hanno fatto soffrire, ma per fortuna sono un vincente e sono sempre riuscito a riprendermi».

Jordana Jardel, Alice Goodwin, Mirella Grisales, Gemma Atkinson, Bipasha Basu, Imogen Thomas, Daniele Aguiar, Gabriela Entringer, Luciana Abreu, Alyona Haynes, Olivia Saunders, Marina Rodríguez, Nuria Bermúdez, Merche Romero, Karina Ferro, Nereida Gallardo, Fernanda, Maria Sharapova, Caroline Wozniacki, Paris Hilton, Raffaella Fico, Kim Kardashian, Letizia Filippi, Luana Belletti, Nicole Minetti, Andressa Urach, Rita Pereira, Nena Ristic. La lista di amanti, fidanzate, vere o presunte, di Cristiano Ronaldo, è infinita. E ogni anno la cronaca rosa o i giornali scandalistici aggiungono nuove conquiste. Un catalogo di donne inglesi, spagnole, brasiliane, colombiane, italiane, portoghesi, danesi, russe, serbe sono state relazionate al numero 7 o sono state fotografate al suo fianco. In alcuni casi i media le hanno vendute come future signore Ronaldo, in altri Cristiano in persona le ha scelte come compagne sentimentali. Molte in pochi anni, ma bisogna tenere conto che Cristiano è un calciatore, famoso, ricco, bello, con un fisico che ama mettere in mostra e con doti da Don Giovanni. In poche parole, un tombeur de femmes, un play boy, un golden boy. O almeno, questa è l'etichetta che gli hanno affibbiato. Eppure lui sull'argomento "donne" confessa: «Sono riservato sugli appuntamenti con le ragazze, ho i miei momenti romantici e sono sensibile». Delle donne, dice, gli piace il sorriso, la gentilezza e l'umorismo. «Ridere è uno dei miei passatempi preferiti». Non dimentica il fisico, che «è importante, molto importante, anche se la cosa più importante è quello che c'è dentro una bella donna… che comunque dev'essere bellissima, come Angelina Jolie».

Il concetto è chiaro. A prova di ciò, diamo un'occhiata alla lista delle sue "fidanzate" reali o presunte: modelle, attrici, tenniste, studentesse, starlette della televisione che conciliano il loro lavoro con le pubblicità sulle riviste di moda o su quelle rivolte al pubblico maschile. Come Jordana Jardel, modella brasiliana di diciassette anni, sorella di Mario Jardel, attaccante dello Sporting Lisbona. «Un'amica» secondo Cristiano, che i media inglesi, al suo arrivo al Manchester, vendono come la fidanzata ufficiale. Una "fidanzata" capace di creare grande scompiglio con le sue dichiarazioni su Victoria Adams e David Beckham. Approfittando dell'ondata di paragoni tra Ronaldo e Beckham, l'ex numero 7 del Manchester, il «Daily Star» chiede a Jordana la sua opinione sulla Posh: «Non mi piacerebbe essere come lei», dichiara la giovane brasiliana. «È bella, ma credo che viva di suo marito. Sembra anoressica, e non è attraente, almeno per i giovani portoghesi e brasiliani. Mi piace la musica, soprattutto quella brasiliana e italiana, ma nella mia raccolta non ho nessun cd delle Spice Girls. Chi non ha talento, non dovrebbe cantare». Tagliente.

E su David Beckham precisa: «Beckham è un buon giocatore ed è anche molto bello, ma Ronaldo è un portento, un talento naturale e non ho dubbi che, come calciatore, sia migliore di Beckham».

Altra modella: Gemma Atkinson, che, a quanto pare, ha aiutato Ronaldo a imparare la lingua di William Shakespeare ed è famosa per aver interpretato Lisa Hunter nella serie per ragazzi *Hollyoaks*.

Cristiano non ha mai confermato la relazione, come non l'ha mai fatto nemmeno con la modella Merche Romero. Nove anni più grande di lui, originaria dell'Andorra, di padre e madre spagnoli, è uno dei volti più conosciuti delle passerelle e del piccolo schermo portoghese. È stata lei, nel 2006 a *So Visto!*, un programma televisivo "lusitano", ad annunciare che la storia era finita.

Prima di passare a Merche, il cuore del portoghese apparteneva alla spagnola Nuria Bermúdez, che tra l'altro è agente di calciatori. La loro relazione è finita con l'intromissione di Merche. Anche l'attrice e cantante Luciana Abreu, che si descrive come «una brava ragazza cattolica a cui piace leggere la Bibbia», ha avuto un "affaire" con il calciatore, secondo i media portoghesi.

Raffaella Fico, starlette della televisione e appassionata di calciatori famosi (vedi, tempo dopo, la love story con Mario Balotelli), conferma la sua relazione con CR7 in un'intervista al settimanale «Chi». Un reportage ritrae la coppia alla discoteca Sottovento di Porto Cervo e a Lisbona. Raffaella racconta, con aria romantica, il suo amore per il fuoriclasse del Madrid. Ma ha paura di sbagliare le sue mosse e aggiunge: «Non cerco pubblicità e non voglio perderlo. Parliamo tutti i giorni e ho iniziato a studiare portoghese».

I tabloid inglesi divulgano la passione di Cristiano per la brasiliana Luana Belletti, sorella di Juliano, ex giocatore del Barcellona e del Chelsea. Luana ha ventiquattro anni e dimostra un gran interesse per il numero 7 dei Reds, tanto che suo fratello, alla fine, organizza l'appuntamento: una cena al ristorante del Lowry Hotel di Manchester.

Una delle fidanzate più conosciute, o che più si è fatta conoscere, è Nereida Gallardo, di Maiorca, infermiera ausiliaria e studentessa di Scienze dietetiche e nutrizionali. È stata insieme a Ronaldo otto mesi. Racconta che per lui lasciò il lavoro. Passava cinque giorni a Manchester e due con la sua famiglia a Palma. Nell'aprile del 2008, due mesi dopo aver iniziato la relazione con il numero 7 dello United, Nereida si fa fotografare, senza veli, per la copertina del settimanale spagnolo «Interviú». Sul web iniziano a moltiplicarsi le sue foto in atteggiamenti provocanti e le interviste a conoscenti che la definiscono una ragazza capace di tutto per la fama e i soldi. Rivelazioni che non fanno per niente piacere al clan Ronaldo, e in particolare a sua madre, Dolores, che mette in guardia il figlio. Ma Cristiano sembra non voler sentire ragioni ed è determinato a sposare Nereida se vince l'Europeo col Portogallo.

Questo è quello che racconta la Gallardo, già calatasi nel ruolo di WAG, tanto da definirsi la nuova Victoria Beckham. I due sembrano davvero innamorati. Le foto li ritraggono in vacanza sulle spiagge della Sardegna nell'estate del 2008 e fanno felici i paparazzi italiani, che possono vendere l'esclusiva a mezzo mondo. Ma la storia non ha un lieto fine. La relazione finisce pochi giorni dopo. Ronaldo, stanco delle voci che circolano sul passato della sua dolce metà (tra le tante, una notte d'amore tra le braccia di Sergio Ramos, difensore del Real Madrid), rompe la relazione sentimentale con un sms. Lei non si dà per vinta e fa di tutto per far cambiare idea a Cristiano. Mesi dopo arriva al punto di inseguirlo all'entrata di una discoteca di Maiorca, sostenuta dalla troupe di uno dei tanti programmi scandalistici. Ma non c'è niente da fare. E Nereida si dedica a sfruttare la sua storia con interviste a riviste rosa e Tv, e con un altro servizio in cui posa senza veli proprio quando Ronaldo arriva al Real Madrid. A «Interviú» dichiara: «Cristiano è cambiato molto da quando stava con me, quasi non lo riconosco». Si sente ferita da tutta la gente che si avvicina al fuoriclasse solo per fama e denaro, che se en approfitta di lui. Dice che Cristiano, quando stava con lei, non beveva e non usciva così tanto la sera, mentre adesso spende decine di migliaia di euro in discoteche. Nereida non è l'unica che rilascia rivelazioni sul suo ex. Mirella Grisales, colombiana, modella e attrice di telenovele, rivela, sempre a «Interviú», di aver conquistato il giocatore grazie al proprio fondoschiena. E racconta meraviglie dell'uomo che è stato il suo amante: «Cristiano a letto gioca bene come in campo. Ha un incredibile movimento di bacino. È bravissimo a tirare calci di rigore a letto, ma le nostre partite finivano sempre in pareggio, perché anche se lui è bravo ad attaccare, io so difendermi molto bene».

Letizia Filippi e Cristiano si conoscono a Capri. Il calciatore e la finalista di Miss Italia 1994 s'incrociano, casualmente, in un ristorante dell'isola. «Il nostro è stato un colpo di fulmine. Appena è entrato io ho guardato lui e lui ha guardato me. È stato molto carino, mi è passato di fianco e mi detto "*Que guapa*". Non ha smesso un attimo di farmi complimenti», racconta Letizia, che, prima su «Interviú», poi su «Max», appare senza veli e parla della sua relazione raccontando anche i dettagli più morbosi. Come le sue esperienze in alta quota a bordo di un jet privato, nonché dei giorni passati senza uscire dalla sua casa di Manchester. Invitata al *Chiambretti Night*, dichiara: «Devo ammettere che Cristiano è fuori dalla norma in tutti i sensi, anche da quel punto di vista. È fantastico. È uno dei ragazzi più belli che io abbia mai conosciuto. Affettuoso, tenero». In parole povere, un flirt con Cristiano incrementa il cachet di una showgirl di diversi zeri ed è utilissimo per far fruttare un minuto di fama.

Non è il caso di Paris Hilton, bisnipote di Conrad Hilton, fondatore della catena di Hotel Hilton, ex ereditiera dell'impero alberghiero, modella, attrice, stilista e cantante statunitense. Appare insieme a Ronaldo in una sala VIP del My House di Hollywood poche ore dopo che Cristiano ha ricevuto la notizia del suo trasferimento milionario al Real Madrid. Lei ha lasciato il suo ragazzo, il giocatore di baseball Doug Reinhardt, solo un paio di giorni prima, e si lancia alla caccia del portoghese. «Ronaldo e Paris non si sono fermati un solo secondo. Si sono baciati e accarezzati tutta la sera; hanno giocato con una bottiglia che Ronaldo si è messo tra le gambe. Si sono presentati a tutti come coppia. Si tenevano per mano e lei gli appoggiava un braccio sulle spalle. Ronaldo non si è separato un istante da Paris». Così racconta il personale del club ai tabloid inglesi. E aggiunge che il nuovo acquisto del Real Madrid ha speso la bellezza di 17.000 euro in consumazioni. Il portale VIP «TMZ» pubblica la foto che ritrae il calciatore mentre flirta con l'ex ereditiera. Foto che fanno il giro del mondo e appaiono sulle prime pagine dei quotidiani sportivi di Barcellona: un bel modo per attaccare il nuovissimo acquisto fiammante del Real Madrid.

Dopo le effusioni e lo champagne Cristal, Paris va a casa di sua sorella Nicky, e un'ora dopo Ronaldo fa lo stesso. Ma la storia non finisce qui. Dopo essere stati immortalati insieme al My House, i due si vedono una seconda volta a una festa privata, organizzata nella casa di Beverly Hills di Paris. Secondo i media sensazionalisti, c'è aria di love story. La prima a smentire è Paris Hilton. Insiste che sono solo «buoni amici» e su Twitter si lamenta: «È ridicolo! Si inventano storie del tutto false, e per di più maligne», scrive. A ogni modo, la vicenda è molto più piccante di quello che sembra, o forse sono i tabloid inglesi a condire troppo una notte in discoteca. Sì, perché Paris Hilton rivela a fonti a lei vicine, citate dal tabloid inglese «Daily Star», di essersi solo divertita con Cristiano e di non aver mai preso seriamente in considerazione l'idea di iniziare una relazione.

«A lei piace l'uomo *macho*, e Ronaldo le sembrava molto effeminato. Temeva che l'avrebbero derisa se fosse uscita con un uomo a cui piace mettersi fiori tra i capelli». La dichiarazione si riferisce a una foto di Cristiano paparazzato in vacanza in California.

Cristiano, invece, afferma: «Paris è una ragazza davvero simpatica e ci siamo divertiti molto insieme. Io sono un ragazzo giovane, Paris è una ragazza giovane, e abbiamo semplicemente fatto quattro chiacchiere. È quello che fanno le persone normali alla nostra età. Paris vive a migliaia di chilometri di distanza ed è sempre indaffarata, io sono troppo occupato a Madrid, perciò dubito che potremo rivederci. Voglio solo godermi quel poco d'estate che mi rimane».

E così si chiude l'*affaire*.

Non tutte le presunte fiamme di Ronaldo sono ricche, famose o modelle. Tra le sue conquiste fa capolino anche una studentessa universitaria di Management di diciotto anni come Olivia Saunders. I due si conoscono in un locale di Manchester dove la ragazza lavora come promoter per pagarsi gli studi. Escono a cena nei migliori ristoranti della città e si mantengono in contatto costante tramite sms. Gli amici di Olivia sostengono: «Ronaldo è stato fortunato a conoscere Liv, una ragazza intelligente, ambiziosa, indipendente e bella. Niente a che vedere con la tipica WAG». I giornali scandalistici parlano di differenze economiche tra i due: CR7 vive in una villa da quattro milioni di sterline, mentre Olivia condivide un appartamento con i suoi compagni di università e paga cento sterline la settimana. Cristiano guida una Bentley da 150.000 sterline, Olivia una Ford Ka.

Come finisce la storia tra Olivia e Ronaldo non si sa. Altre, al contrario, si trasformano in scandali sessuali prontamente smentiti. Come nel caso di Fernanda, una brasiliana che, secondo «News of the World», tabloid britannico ormai estinto, era dedita alla prostituzione di lusso e che nel settembre del 2008 dichiarava in prima pagina: «Io e Cristiano siamo buoni amici da anni, ed è stato anche mio cliente».

«La notizia è del tutto falsa e diffamatoria», smentisce il giocatore portoghese tramite un comunicato stampa. Così, d'accordo con i suoi avvocati, decide di querelare «News of the World».

Nel febbraio del 2011 le cronache rivelano un altro scandalo. Protagonista Karima El Mahroug, alias Ruby Rubacuori, la ragazza che porterà alla condanna di Silvio Berlusconi per abuso di potere e prostituzione minorile. Ruby dichiara di aver conosciuto Ronaldo il 29 dicembre 2009 in un ristorante. Lei era minorenne, aveva solo diciassette anni. «Mi ha riempita di complimenti e ci siamo scambiati il numero di telefono. Tre settimane dopo ci siamo dati appuntamento e abbiamo fatto l'amore in un hotel di lusso. Abbiamo dormito insieme e la mattina dopo ho trovato una busta con 4.000 euro e un messaggio: "Spero di non trovarti al mio ritorno"». Un paio di settimane dopo, secondo quanto scrive «La Repubblica», Ruby rincontra il giocatore del Madrid nella discoteca The Club di Milano. E gli rinfaccia il suo comportamento; i due discutono pubblicamente, e la giovane assicura di avergli tirato un bicchiere di champagne, oltre ai 4.000 euro in banconote da 500. L'ultimo incontro tra la giovane e il calciatore avviene nel giugno del 2010, al ristorante Ibiza di Milano. Secondo Ruby, Ronaldo le chiede scusa, giustificando così il suo atteggiamento poco cavalleresco: «Pensavo che fossi una ragazza come tutte le altre, che mi cercassi solo per i soldi». Una montatura, secondo il comunicato di Getafe, la società di José Mendes: «Queste notizie sono totalmente false. Non conosco questa ragazza. Non ho mai avuto nessun appuntamento con lei. Sono vittima, ancora una volta, di squallidi reportage. Come ho già fatto in precedenza, non darò nessuna importanza a chiunque coinvolga il mio nome in storie sordide, che mancano di rispetto alla dignità degli altri e alla loro professione».

Fra le tante vicende, non mancano casi di stalking a Cristiano. Il più clamoroso l'ha raccontato proprio lui. «Una donna olandese si è letteralmente accampata davanti a casa mia a Manchester. Ha oltrepassato il cancello e mi ha detto che ero stato in Olanda e che l'avevo guardata in modo speciale. Non aveva denaro, né un posto dove andare». Il calciatore paga duecento sterline per il volo di ritorno della donna e dice al suo amico Rogelio di assicurarsi che salga sull'aereo. «Ma dopo meno di un mese era di nuovo lì, piantata davanti alla mia porta», racconta ancora Ronaldo a «Hello!».«Sorpresa!», gli dice lei quando lo vede. «A quel punto avevo già perso la pazienza e ho minacciato di chiamare la polizia. Fortunatamente per entrambi, non l'ho più rivista».

Storie del passato, perché Cristiano-Don Giovanni dalla primavera del 2010 mantiene una relazione stabile con Irina Shayk, vero nome Irina Shajchlislamova, nata il 6 gennaio 1986 a Emanzhelinsk, un paesino della Repubblica di Bashkortostan, in Russia. Modella di professione. È stata la protagonista delle campagne di Guess, Lacoste e La Perla, nonché il volto di Intimissimi, marca italiana di abbigliamento intimo. Il 15 febbraio 2011 appare per la prima volta sulla prima pagina del numero speciale «Swimsuit» della rivista «Sports Illustrated»: la prima russa a ottenere tale riconoscimento. Una carriera professionale iniziata a diciotto anni, dopo aver vinto il concorso di bellezza di Miss Cheliabinsk 2004. Uno stilista le dice che ha la possibilità di lavorare come modella, e un anno dopo è sulle passerelle di Parigi, con un contratto dell'agenzia Traffic. Inizia a farsi strada nel mondo della moda, fino a diventare la modella più ambita dalle riviste internazionali. È cresciuta in una famiglia umile: il padre, minatore, è morto quando lei aveva solo quattordici anni e la madre è stata costretta a portare avanti due lavori per sopravvivere. È una donna di carattere, che sembra avercela fatta dove nessun'altra prima di lei è riuscita: far sì che CR7 mettesse la testa a posto. Tant'è vero che il giocatore *blanco* le ha aperto, dall'inizio del 2011, le porte della sua villa nel quartiere "La Finca" di Madrid, per la quale paga 15.000 euro di affitto al mese. I due sono andati in vacanza insieme alle Isole Maldive, a New York e a Madeira con tutta la famiglia di Cristiano e il piccolo Junior. A quanto pare, mamma Dolores vede di buon occhio la ragazza e già si parla di nozze imminenti. Secondo il «New York Post», la coppia potrebbe essersi fidanzata all'inizio di luglio del 2011, durante una vacanza romantica in Turchia. Irina e Cristiano sono stati fotografati mentre passeggiavano sulla spiaggia. Lei portava un anello di diamanti alla mano destra. Un oggetto talmente simbolico da far suonare tutti gli allarmi cerimoniali della cronaca rosa. Nozze in vista hanno gossippato gli scandalistici di mezzo mondo. Il fatidico sì non c'è ancora stato, ma in compenso si sono moltiplicate le voci sulle presunte scappatelle del calciatore *merengue*. Ecco Nicole Minetti, l'igenista dentale, l'ex consigliere regionale lombardo, l'ape regina di Villa Certosa: secondo la rivista «Cuore» avrebbe passato una notte di passione con Ronaldo in un albergo madrileno, quando Irina era a Miami per lavoro. O Miss Bum Bum, alias Andressa Urach, modella brasiliana, seconda nel concorso che incorona il miglior fondoschiena del Brasile. Al «Sun» dichiara: «Cristiano mi ha "mangiata" e buttata via come se fossi spazzatura: era un idolo e ora per me è un mostro». E chi più ne ha, più ne metta, visto che fra le fiamme possibili rientrano anche Rita Pereira, ex playmate e star delle soap opera portoghesi, o Nena Ristic, modella serba ex di Kevin-Prince Boateng. Comunque sia, la storia d'amore tra Cristiano e Irina sembra andare avanti. Resta solo da vedere se alla fine vivranno felici e contenti.

0 TITOLI

«Sono triste e frustrato per non aver vinto nulla nella mia prima stagione al Real Madrid».

La sveglia suona presto. L'appuntamento, venerdì 10 luglio 2009, alla Ciudad deportiva di Valdebebas (il complesso di impianti sportivi del Real Madrid a quindici chilometri a Nord della città) è alle 8.30. Prima dell'allenamento ci sono analisi del sangue, colazione e sartoria, per prendere le misure delle divise ufficiali della squadra firmate Hugo Boss. Uno spillo qui, un ritocco là e arriva il momento della foto. Facce tese e sorridenti in questo primo giorno della nuova stagione *merengue*. Finite prove e foto, i ventinove convocati cominciano a uscire dallo spogliatoio. La squadra non è al completo: mancano giocatori come Kaká, l'altro ingaggio galattico di Florentino Pérez, che hanno disputato la Confederation Cup in Sudafrica.

Erba verde, porte bianche in mezzo al campo, rondini che volano basso, spalti deserti, sedie che disegnano la parola Real Madrid. All'orizzonte quartieri residenziali in continua espansione e le quattro torri di vetro e acciaio che brillano sotto il sole. Al secondo piano dell'impianto, la terrazza della sala stampa è strapiena: un esercito di telecamere e microfoni attende, impaziente, che il giocatore più caro della storia entri in scena. Raúl, il capitano, è il primo ad apparire, alle 9.30. Poi arrivano tutti gli altri. In pantaloni neri e maglia bianca "da lavoro", ecco Cristiano Ronaldo. Le macchine fotografiche sembrano impazzite. Scattano, scattano. Non si fermano. Tutti i giocatori al centro del campo per il primo discorso tecnico dell'allenatore Manuel Pellegrini e dei suoi collaboratori. Cinque minuti di corsa, esercizi di stretching e col pallone. Cristiano si avvicina a Pepe, il difensore brasiliano di nascita e portoghese di nazionalità; chiacchiera con Marcelo, il laterale brasiliano, e con Gabriel Heinze. Conosce l'argentino dagli anni nel Manchester, dove ha giocato tra il 2004 e il 2007, e dal periodo trascorso a Lisbona: Gabriel ha passato nello Sporting la stagione (1998-99) in cui Ronaldo era solo un raccattapalle nelle partite della prima squadra.

Quindici minuti di immagini e le tende della sala stampa si abbassano. L'allenamento viene oscurato. È a porte chiuse. Tre giorni di lavoro a Valdebebas e il 13 luglio il Real Madrid parte con destinazione Dublino, Irlanda. Dopo quattro anni i *Merengues* lasciano Irdning, località ai piedi delle Alpi austriache, per Maynooth, un paesino nella contea di Kildare, a ventidue chilometri dalla capitale. Il ritiro estivo è al Carton House Hotel, un edificio vittoriano del XVIII secolo, antica dimora dei duchi di Leinster, che ha ospitato la Regina Vittoria, il principe Ranieri di Monaco e Grace Kelly.

Cristiano Ronaldo è al centro dell'attenzione. I tifosi si appostano tra il verde dei campi di golf dell'hotel per poterlo intravedere. E la stampa inglese lo assedia. Lo accompagna dappertutto un armadio di due metri, una body gard dell'hotel. Lui, però, non si sente a suo agio con «quest'ombra vestita di nero», così il Madrid decide di farne a meno.

In questi primi giorni di preparazione estiva, Cristiano sorprende i suoi compagni. Michel Salgado, il difensore galiziano, dichiara: «Ronaldo va come un treno». Ezequiel Garay, l'argentino appena approdato alla corte *blanca*, sostiene che «è un piacere vederlo quando si allena», mentre Raúl gli fa i complimenti e afferma che CR7 è «un ragazzo normale che si impegna molto».Della stessa opinione è Manuel Pellegrini: «Cristiano è esattamente come pensavo che fosse. Una cosa è l'immagine che si dà all'esterno; un'altra è com'è il giocatore, ed è una persona semplice e normale. Non assume nessuna posa da divo. È il primo ad arrivare agli allenamenti. Si è integrato rapidamente in un club come il Real e con i suoi compagni».

Cristiano occupa la stanza 223, e a tavola si siede con Raúl, Heinze, Guti, Salgado e Benzema. I giocatori si intrattengono a lungo a chiacchierare dopo pranzo. Si discute di calcio, e non solo. Il portoghese, nella sua prima conferenza stampa nella dolce Irlanda, ammette che «non si aspettava di sentirsi così. Il gruppo di lavoro è ottimo. Mi ha fatto molto piacere, perché quando sono arrivato i giocatori mi hanno accolto molto bene. Non mi aspettavo un'accoglienza simile. Leggevo i giornali e non dicevano cose positive. E invece da quando sono arrivato, mi trovo benissimo. Le persone che parlavano di un clima negativo nello spogliatoio del Real Madrid, si sbagliano di grosso».

La prima amichevole si gioca il 20 luglio contro lo Shamrock Rovers FC. Il Tallaght Stadium è gremito. Tutti vogliono vedere il Madrid e il suo nuovo campione contro gli Hollies, la squadra irlandese con più titoli (quindici campionati e ventiquattro coppe). Cristiano è titolare e padrone della fascia destra.

«Non mi segnaranno. Né lui, né nessun altro giocatore del Real» aveva promesso, prima della partita, Barry Murphy, il portiere degli Hollies. È vero che Cristiano non riesce a bucare la rete, ma nei suoi quarantacinque minuti di gioco costruisce le migliori occasioni e mostra tutto il suo repertorio. Un buon debutto, che si conclude con la vittoria del Real Madrid per 1-0, gol di Benzema.

Gli impegni estivi sono tanti: otto partite tra Peace Cup, tournée negli Stati Uniti, Trofeo Santiago Bernabéu. CR7 gioca 603 minuti e totalizza tre gol, due in meno del capitano Raúl e di Karim Benzema. «Marca» scrive che Cristiano non trova il suo posto nel Madrid, che l'asso lusitano è affetto dalla sindrome Zidane: ansia e pressione per le enormi aspettative, e mancanza di adattamento. Ma quando inizia la stagione, tutto cambia. Il 29 agosto, prima giornata della Liga, al Bernabéu, contro il Deportivo La Coruña, segna, su rigore, il suo primo gol in una partita ufficiale. Lo festeggia spiccando un salto verso gli spalti e sferrando un pugno in aria. E dopo cinque partite, il suo bottino è già di sette gol. Da ricordare lo slalom contro il Villareal, (parte da metà campo, salta tre avversari e conclude con un tiro secco che Diego López, il portiere del "submarino amarillo" non riesce a fermare) e la doppietta che firma a Zurigo, prima partita di Champions League per il Real Madrid.

Un esordio assolutamente fantastico, il migliore della sua carriera, nonché uno degli inizi più spumeggianti per un nuovo arrivato al Real Madrid. C'è solo una cosa che, in queste prime gare, a Cristiano proprio non va giù: essere sostituito. È già successo una volta che Pellegrini decida di cambiarlo; la seconda arriva al settantanovesimo minuto contro il Tenerife, il 26 settembre, al Bernabéu.

CR7, che non ha segnato, se ne va arrabbiato, si siede in panchina senza stringere la mano tesa del mister e tira un calcio a un pallone rimasto lì vicino. Uno sgarbo a Pellegrini? L'allenatore minimizza l'episodio: «È una questione senza alcuna importanza. A nessun giocatore piace essere sostituito. Non c'è nessun problema». Da tempo il mister cileno ha deciso che le rotazioni sono importanti per far riposare i suoi campioni, considerato il numero di partite che il Real deve disputare. A Cristiano, però, il turn over non piace, perché, come sostiene Jorge Valdano: «Ronaldo è un giocatore ambizioso e soffre di una vera e propria sindrome da gol, che lo spinge a voler fare sempre qualcosa di grande».

In poche parole, vuole essere sempre il protagonista ed essere sempre in campo. Non sarà così, perché la sfortuna è in agguato e colpisce tre giorni dopo la partita contro il Tenerife. Il 30 settembre, secondo incontro di Champions contro l'Olympique Marsiglia. Cristiano mette a segno due gol e si procura un rigore, ma è costretto a ritirarsi per infortunio. Souleymane Diawara, rude difensore marsigliese, lo mette giù in area. Un durissimo tackle sulla caviglia destra. Steso a terra, Ronaldo si lamenta per il dolore, si rialza, zoppica e lascia a Kaká il compito di trasformare il rigore. Infortunato, segna la terza rete, ma al sessantaseiesimo minuto lascia il posto a Gonzalo Higuaín. E segue il resto della partita dalla panchina con una borsa di ghiaccio sulla caviglia. Il verdetto dei medici parla di forte contusione e distorsione alla caviglia destra. Due o tre settimane fuori. Non gioca la partita contro il Siviglia, prima sconfitta dei *blancos* in campionato, ma convocato dalla nazionale vola a Lisbona.

Il Portogallo affronta Ungheria e Malta per la classificazione al Mondiale 2010. Cristiano dice di stare bene, e pur sapendo di non essere al cento per cento, vuole aiutare il suo Paese. Ma il 10 ottobre, contro l'Ungheria, la sua presenza sul campo dura solo ventisette minuti. Si infortuna di nuovo. Una ricaduta della lesione alla caviglia.

«Probabilmente non potrò contare su Cristiano Ronaldo per la partita di mercoledì contro il Malta. Ho parlato con i medici», dice Carlos Queiroz, il ct lusitano, «e le sensazioni non sono positive». Per niente positive, tanto che la Federazione portoghese gli dà il permesso di abbandonare il ritiro e di sottoporsi a un ulteriore controllo clinico della caviglia destra. La diagnosi dei servizi medici del Real Madrid parla di distorsione del legamento laterale interno di grado I-II, con infiammazione ed edema osseo all'astragalo. Un infortunio che costringe Ronaldo a stare lontano dal terreno di gioco per quattro settimane. Si perde il derby contro l'Atlético Madrid e la partita di Champions contro il Milan.

«Sono molto dispiaciuto», dichiara il portoghese a «O jogo». «Non sono il salvatore della patria, però volevo aiutare i miei compagni del Real Madrid». Non potrà aiutarli per cinquantacinque giorni. Due lunghissimi mesi in cui c'è di tutto: lo stregone, l'Alcorcónazo, il viaggio ad Amsterdam, la polemica tra il Real Madrid e la Federazione portoghese. Andiamo con ordine.

Lo stregone. A metà settembre il Real Madrid riceve una lettera indirizzata a Florentino Pérez, in cui si legge: «Io non ho niente contro il Real. Sono un professionista e mi pagano bene per usare i miei poteri. Mi hanno ingaggiato perché Ronaldo s'infortuni. Non posso garantire che si tratterà di una lesione grave, ma di sicuro passerà più tempo in convalescenza che in campo». Nel club *merengue* la considerano «una follia, come tutte le altre con cui il Madrid deve fare i conti ogni giorno». Anche il clan di Ronaldo non dà peso alla vicenda. Però pochi giorni dopo arriva la lesione e la ricaduta in Portogallo. L'ombra dello stregone Pepe, l'autore della missiva, inizia a far spavento. Anche perché Pepe, cinquantasette anni, di Malaga, pagato 30.000 euro per il malocchio su Cristiano, in ogni intervista è sempre più minaccioso. In ottobre, lo stregone spagnolo spiega al quotidiano lusitano «Correio de

Manhã» che dopo questo infortunio, Cristiano ne subirà un altro e a quel punto «sarà costretto a fermarsi per due o tre mesi; arriverà poi la lesione finale e non giocherà mai più». Chi l'ha ingaggiato per danneggiare a tal punto il calciatore? «Si tratta di una vendetta da parte di una donna che non parla spagnolo, non è portoghese e ha meno di trent'anni. Viene da una famiglia influente, ha avuto rapporti con Ronaldo, gli ha aperto le porte dell'alta società, ma lui l'ha rifiutata», dichiara il mago. I media tirano subito in ballo il nome di Paris Hilton, l'ereditiera statunitense con cui Ronaldo ha avuto un flirt l'estate prima di arrivare nel Madrid. Lo stregone non smentisce, e non conferma. Sa che la madre di Cristiano si è rivolta a Fernando Nogueira, il mago portoghese di Fafe, che utilizza la magia bianca. Magia nera e vudù contro magia bianca: l'assurda guerra è dichiarata. Il povero Cristiano, nel frattempo, cerca di rimettersi in sesto, mentre i tifosi *merengues* accendono candele alla Madonna chiedendole, per il bene del Real, di liberare il portoghese dal sortilegio.

L'Alcorcónazo. Alcorcón è una città dormitorio di 168.000 abitanti a quindici chilometri dal centro di Madrid. Dal 1971 ha una squadra di calcio: la Agrupación Deportiva Alcorcón, che naviga in terza divisione. Il 26 ottobre ospita il Real Madrid nel suo stadio, il Municipale di Santo Domingo. Partita di andata dei sedicesimi di Coppa del Re. Non c'è paragone tra gli *amarillos* (i "gialli", dell'Alcorcón) e i *blancos* (i "bianchi", del Real Madrid): un club da un milione di euro contro uno da 445; una squadra dove il calciatore più pagato prende 6.000 euro all'anno e di mestiere fa il pizzaiolo, contro lo stipendio di tredici milioni di euro annuali di un Ronaldo.

Cristiano non c'è e non ci sono neppure Casillas, Sergio Ramos, Xabi Alonso e Kaká. La formazione che mette in campo Pellegrini (Dudek, Arbeloa, Albiol, Metzelder, Drenthe, Granero, Guti, Lass Diarra, van der Vaart, Raúl, Benzema) è comunque di alto livello. Ma il risultato finale è assolutamente incredibile: 4-0 per l'Alcorcón.

Umiliazione, *Sconfitta storica*, *La figuraccia del secolo* sono i titoli dei giornali il giorno dopo. «Marca», in prima pagina, vicino a una foto di Pellegrini, scrive semplicemente: *Vattene!*Non sono passati nemmeno quattro mesi da quando il cileno è arrivato al Madrid e la sua panchina già traballa. Lui non ha intenzione di dimettersi, anche se già stanno cercando un sostituto. Sembra proprio che non arriverà a mangiare il panettone. Era stato criticato per il gioco e per le sconfitte contro il Siviglia e il Milan, questa volta finisce direttamente sulla graticola. Ha due partite per salvarsi: in Liga contro il Getafe, e in Champions, a San Siro, contro il Milan. Una vittoria contro i vicini e un pareggio a Milano, e il tecnico respira.

Amsterdam. Il 4 novembre, dopo che i medici hanno verificato che le terapie per la lesione alla caviglia non hanno dato i risultati sperati, Cristiano Ronaldo vola ad Amsterdam per farsi visitare da Cornelis Van Dijk. Lo specialista in Traumatologia e Chirurgia ortopedica conosce bene i problemi della caviglia di Cristiano. L'ha operato l'8 luglio 2008 dopo l'eliminazione del Portogallo dall'Europeo. Sarebbe dovuto stare in convalescenza quattro mesi, e invece dopo i primi due era tornato ad allenarsi col Manchester. Le prime indiscrezioni che arrivano dall'Olanda sono preoccupanti: due o tre mesi lontano dal calcio. La predizione di Pepe funziona? No, per fortuna. Venti giorni dopo Cristiano scenderà in campo al Bernabéu. Prima, però, esplode la polemica con la Federazione lusitana e si chiude il capitolo Coppa del Re.

Carlos Queiroz decide di convocare Ronaldo per le partite del playoff contro la Bosnia. La Seleção, in due partite, si gioca un posto al Mondiale 2010. Manuel Pellegrini si dimostra comprensivo: «È normale che lui voglia giocare e che il tecnico lo voglia in campo, ma c'è un problema medico. Penso che sia complicato sia per il giocatore, sia per il Portogallo. Cristiano sta seguendo una terapia». Il Real Madrid, che non ha mai capito perché CR7 sia entrato in campo contro l'Ungheria, replica inviando una lettera firmata da Cristiano e da Jorge Valdano, con allegati i referti medici del club e del dottor Van Dijk. È una battaglia per evitare che l'asso del Madrid vada a Lisbona. Il club *blanco* la spunta: Cristiano rimane per continuare con la terapia. Il 10 novembre, giorno della partita di ritorno con l'Alcorcón, non ha ancora il via libera dei medici. Senza di lui i Galattici mettono a segno un solo gol che non serve per rimontare il risultato dell'andata. Il Real Madrid è fuori dalla Coppa del Re. 25 novembre, stadio Santiago Bernabéu, Real Madrid-Zurigo. Settantesimo minuto, Cristiano Ronaldo sostituisce Raúl. Il pubblico di Chamartín lo accoglie come l'eroe ritornato a casa. La guarigione della caviglia del portoghese è l'evento più festeggiato della partita di ritorno di Champions. Nei venti minuti che rimane in campo, CR7 sfoggia dribbling, una rabona che non va a buon fine e una conclusione che Leoni, il portiere svizzero, neutralizza con difficoltà. Sembra che tutto vada per il meglio. L'infortunio gli ha fatto perdere dieci partite: sei di Liga, due di Champions e due di Coppa del Re contro l'Alcorcón. Calcolano che le sue assenze siano costate al club *blanco* 1,7 milioni di euro. Comunque Coppa del Re a parte, nulla è ancora perso. Il Madrid è leader della Liga con un punto di vantaggio sul Barça e, a meno che in quel di Marsiglia non si replichi la débâcle di Alcorcón, è classificato agli ottavi di finale di Champions.

Prima però c'è il Clásico: Barcellona-Real Madrid.

Piove sul Camp Nou il 29 novembre. Cristiano entra in campo correndo, sfoggia il suo fisico e i capelli zeppi di gel. Il pubblico ripropone un coro inventato nove anni prima per Luís Figo, quando tradì i *blaugrana* per vestirsi di bianco: «*¡Ese portugués, qué hijoputa es!*» («Questo portoghese, che figlio di puttana!»). Sarà il leitmotiv della serata. Il numero 9 ignora gli insulti e gioca. Nel primo tempo, il Real è dirompente, rapido, efficace e letale in contropiede. Per un bel po' ha in mano la partita grazie a Kaká, che gioca da secondo attaccante, e a Cristiano, nella sua posizione preferita. È lui che, dopo mezz'ora, finalizza l'offensiva bianca. Dalla zona tecnica, Manuel Pellegrini grida a Cristiano Ronaldo: «Apriti, apriti!»; il numero 9 esegue l'ordine e si allontana nello spazio tra Henry e Abidal. Rimessa laterale di Marcelo per Kaká che tiene testa ad Alves e Puyol e se ne va. Vede uno spazio libero e serve Cristiano alle spalle della difesa *blaugrana*. Il numero 9 è solo di fronte a Valdés, che esce a coprirgli l'angolo di tiro. Un uno contro uno che potrebbe essere letale. Cristiano calcia con la caviglia destra, quella della lesione, e il pallone ne esce fuori troppo centrale. Il portiere del Barça lo fa suo. Il Camp Nou tira un sospiro di sollievo. E il portoghese, per la quarta volta, non riesce a segnare contro l'eterno nemico. Nei suoi sessantasei minuti sul campo, prima di essere sostituito da Benzema, Ronaldo dimostra di essere in forma; non si stanca di affrontare gli avversari e di chiedere la palla ma, nel secondo tempo, i catalani lo chiudono. Il Barça sale in cattedra. Ibrahimovic, l'ultimo acquisto *blaugrana*, imbeccato da Alves, fucila Casillas. È l'1-0 finale. Il Barça recupera il primo posto nella Liga, distanziando i *Merengues* di due punti. La sfida per il titolo comunque non finisce. Durerà fino all'ultima giornata.

Il 6 dicembre, cattive notizie per Cristiano: Messi riceve il Pallone d'Oro dato da «France Football», soffiandolo a Ronaldo. Vince per goleada: 473 punti contro i 233 di Ronaldo. Un risultato che si ripete il 21 dicembre all'Opéra di Zurigo, nella cerimonia del Fifa World Player 2009: 1.073 punti per il piccolo argentino, il triplo dei voti di Cristiano Ronaldo, secondo con 352. Nessuno tiene testa alla Pulce e alla favolosa stagione del Barcellona, che ha collezionato sei titoli (Liga, Champions, Coppa del Re, Supercoppa di Spagna, Supercoppa d'Europa, Mondiale dei club).

A gennaio, però, i *blaugrana* inciampano nel Siviglia. Fuori dalla Coppa del Re. Nella Liga mantengono il primo posto in classifica con cinque punti di vantaggio sul Madrid. Il 25 gennaio, Cristiano Ronaldo è protagonista, ma questa volta non solo per i suoi gol. Si gioca al Bernabéu contro il Malaga e il portoghese, dopo tre sfide senza segnare, infila due reti spettacolari che mettono la parola fine all'incontro. Peccato che poi tiri una gomitata, inutile, a Patrick Mtlinga, che lo afferra per la maglia. Cartellino rosso. Il secondo della stagione. Il primo era stato contro l'Almería, per un calcio a Juanma Ortiz. Ronaldo, la sera stessa, si scusa. L'episodio gli costa comunque la squalifica di una giornata. La gomitata a Mtlinga, invece, non gli sembra un fallo da espulsione. Prima si inginocchia sul campo, poi mostra al pubblico e all'arbitro come l'avversario l'ha strattonato. E quando Toribio del Malaga gli dice: «Vieni a vedere cos'hai fatto al mio compagno», Cristiano risponde: «E tu cosa vuoi?». Alla fine si dirige verso il tunnel degli spogliatoi scuotendo la testa. Poi arriva lo sfogo con i giornalisti: «Non posso muovermi. Appena tocco l'avversario è cartellino rosso. Quel fallo non era da espulsione. Potete interpretarlo come volete, ma chiunque se ne intenda minimamente di calcio, sa che non era rosso. Perché non era mia intenzione far male all'avversario».Pérez Lasa, l'arbitro, nel suo verbale scrive: «Cartellino rosso per aver colpito con il braccio il volto dell'avversario causandogli un'emorragia, motivo per cui è stato sostituito».

No, Cristiano non è convinto. Pensa che sia un complotto contro di lui. E lo dice: «Ho come la sensazione che ce l'abbiano con me, per essere quello che sono». È vero però che il numero 9 *blanco* va nello spogliatoio del Malaga, si scusa con il difensore avversario e si spaventa quando vede che il setto nasale è rotto. Ma non cambia idea. La polemica sulle pagine dei giornali è servita. Lo chiamano eroe e villano, e «El País» titola: «Cristiano fuori controllo. Il Real ammette che è difficile frenare la personalità del portoghese».

Valter di Salvo, preparatore fisico dello United, spiega: «La sua traiettoria nel Real Madrid sarà sempre così: momenti di gloria e momenti complicati, fino a che riuscirà a trovare un equilibrio e a liberarsi della tensione in cui vive. Si affanna per dimostrare che è il migliore, perché la gente glielo chiede. È difficile controllarsi quando vivi perennemente sotto pressione. E Cristiano vive così. In Inghilterra finiva sulle pagine dei giornali ogni due settimane, in Spagna tutti i giorni».

Jorge Valdano lo difende: «Fa parte della sua personalità. Entra in campo super carico; ma è anche grazie a questo che riesce a cambiare il corso delle partite». Non tutti sono d'accordo. Alla "Casa Blanca" molti sono preoccupati per il suo ego e, più concretamente, per il fatto che in dodici incontri di Liga ha già rimediato la metà delle espulsioni che ha ricevuto in cinque anni con il Manchester.

Tra polemiche e grappoli di gol, si arriva al 16 febbraio 2010, ottavi di finale di Champions. Un momento chiave: da cinque stagioni il Real Madrid non approda ai quarti e per giunta, quest'anno, la finale di Champions si gioca al Bernabéu. Sarebbe lo scenario perfetto per vincere la tanto sognata decima Coppa dei Campioni. L'avversario negli ottavi è l'Olympique Lyonnais, l'ex squadra di Karim Benzema. Gara d'andata a Gerland, dove i *Merengues* non hanno mai segnato, e hanno incassato un 2-0 e un 3-0. Questa volta sembra tutto diverso, visto lo squadrone che ha messo insieme Don Florentino. Ma la serata non va come dovrebbe. Il Real Madrid non sa come rispondere all'impostazione tattica di Claude Puel, non trova varchi contro un Lione ben disposto in campo. In tutto il primo tempo, i bianchi tirano una sola volta verso la porta avversaria. Lontano dai tre pali. Jean Makoun porta in vantaggio l'OL con un missile che finisce nel sette. Gli uomini di Pellegrini reagiscono negli ultimi quindici minuti con un assalto disperato all'area di un perfetto Lloris. Il portiere francese blocca un tiro di Cristiano volando all'altro palo e la sua rete rimane inviolata. Nessuno dubita che il Real possa ribaltare il risultato al Bernabéu, anche se si è cacciato nei guai. Prima della partita di ritorno, Cristiano dichiara: «Ce la metteremo tutta. Dobbiamo dimostrare al Lyon che chi comanda al Bernabéu siamo noi».

E così sembra, almeno nel primo tempo. Il Real Madrid è devastante. Cristiano è un uragano. E non serve a niente sbarrare le porte con travi di legno, né rinforzare le finestre con sacchi di sabbia. È un ciclone su tutto il fronte dell'attacco. Guti lo vede smarcato tra Réveillère e Cris. Lancio perfetto e Ronaldo conclude di sinistro. Il pallone passa tra le gambe del povero Lloris. È solo il sesto minuto: tutto sembra indicare che il Lione se ne andrà a casa sepolto da una valanga di gol. E invece no, perché il calcio è un gioco dove, a volte, i soldi, il blasone e i Palloni d'Oro non contano. Così, Miralem Pjanic, al settantacinquesimo minuto, pareggia e per la sesta volta di fila il Real Madrid esce dalla Champions.

Un disastro, un fallimento... sebbene nessuno della squadra lo ammetta. I quotidiani sportivi madrileni sono contundenti. *Catastrofe* il titolo di «As», *Fuori* strilla «Marca» contro Pellegrini. «El País» scrive: «Il calcio non ha prezzo. Il Lyon riporta coi piedi per terra Florentino Pérez e il suo magniloquente progetto».

Ebbene sì, ora tutte le speranze del magniloquente progetto si concentrano sulla Liga, dove la sfida contro il Barça è aperta. Alla trentunesima giornata a Chamartín si gioca Real Madrid-Barcellona. Quando tutto è finito, Cristiano passa via veloce in zona mista e dice solamente:

«Se una squadra vince, è perché è più forte. Oggi il Barcellona, dopo il primo gol, ha giocato meglio di noi». Gol segnato da Lionel Messi, quaranta secondi dopo aver ricevuto un colpo in faccia da Sergio Ramos. L'argentino esce dal dimenticatoio dove era si era cacciato, insiste perché Maxell rimetta in gioco velocemente, riceve, scambia con Xabi che gli restituisce il pallone da dentro l'area e trafigge Casillas. Una mazzata per i *Merengues*. Messi fino a questo momento è stato esattamente il contrario di Cristiano. La Pulce è persa in mezzo al campo, assente. Cristiano, invece, si fa notare. Riceve i lanci lunghi, ne prolunga la traiettoria per i compagni, di spalle alla porta li difende in attesa dei rinforzi, reclama palla, detta il passaggio, se la vede faccia a faccia con Piqué, traccia continue diagonali dalla trequarti in avanti. È una presenza costante: un concentrato di energia, determinazione, volontà, voglia di vincere. Questa volta, però, tutto il suo impegno non basta per far cambiare rotta al Clásico. La storia finisce con il secondo gol di Pedro. Messi e Pep Guardiola hanno dato scacco matto a Ronaldo e Pellegrini.

Il Barça torna in testa alla Liga e distacca il Madrid di tre punti (80 a 77). Il Real, però, non si arrende. Alla trentacinquesima giornata batte il record di vittorie in una Liga: ventinove. E il merito è di Cristiano: mantiene il Real avvinghiato alla lotta per lo scudetto. E risponde alle due triplette consecutive di Messi (contro il Valencia e il Saragozza) con tre gol sul campo del Maiorca. Da solo, mantiene la pressione sul rivale che ha subito l'eliminazione alle semifinali di Champions contro l'Inter di Mourinho. Alla trentasettesima giornata, c'è solo un punto di differenza fra i due colossi del calcio spagnolo. Il Barça e il Real hanno viaggiato a una velocità tale che il Valencia, terzo classificato, rimarrà a ventotto punti dalla cima.

Domenica 16 maggio, ultima giornata di Liga, è la fine della corsa. Un maestoso Barcellona batte il Valladolid (4-0) mentre il Real pareggia con il Malaga alla Rosaleda. I *blaugrana* cantano l'Alirón, festeggiano il loro ventesimo titolo di Liga e il record di novantanove punti contro i novantasei dei bianchi. Nonostante i due mesi d'infortunio, Cristiano Ronaldo ha segnato trentatré gol (ventisei nella Liga contro i trentaquattro di Messi, sette in Champions contro gli otto di Messi), numeri che hanno portato il Real Madrid a 102 gol contro i 98 del Barça. Cristiano ha stregato il pubblico del Bernabéu. Ha convinto i suoi compagni. Chi credeva che fosse un tipo strano, un narciso con pose da star hollywoodiana, ha scoperto un tipo normale, affettuoso, generoso, che dice sempre quello che pensa e soprattutto un competitore nato.

Casillas riassume così le sensazioni da spogliatoio: «Cristiano ha una mentalità vincente. Sai che in una partita ti dà sempre quel qualcosa in più che nessuno ti può dare. Ha la capacità di cambiare gli equilibri grazie alla sua disposizione mentale». Ronaldo ha stregato anche Manuel Pellegrini, e ha tranquillizzato i dirigenti del club. Avevano paura delle sue serate brave, dei suoi flirt, di vederlo un giorno sì e l'altro pure sulle copertine dei giornali scandalistici. Ma il ragazzo, al contrario, esce poco e dimostra di essere un grande professionista che, come aveva detto, prima di tutto pensa al suo mestiere. E ha diviso in due l'opinione pubblica calcistica: da una parte i fedelissimi, dall'altra gli anticristiano. Ognuno a difesa della propria barricata. Resta il fatto che l'acquisto più caro della storia del calcio ha dato i suoi frutti, in termini di immagine, di risultati e di marketing. Niente a che vedere con gli altri due galattici della seconda tappa di Florentino: Kaká e Benzema. Loro no, loro non sono stati all'altezza delle aspettative. Insomma, per il portoghese il bilancio è più che positivo. Non per lui, insoddisfatto per natura. In un'intervista a «Público», rivedendo la sua stagione dice: «Sono triste e frustrato perché non siamo riusciti a vincere nessun titolo. La colpa? È di tutti». Però non si sorprende che si punti il dito su Pellegrini: «L'allenatore è l'anello più debole. È sempre stato così e sempre lo sarà. Non c'è nulla da fare». Spiega che questo Real è ancora in via di costruzione. «Sono arrivati grandi giocatori, è innegabile, però una squadra non si fa da un giorno all'altro. Non siamo ancora così completi, integrati e simmetrici come il Barcellona». Sugli avversari dice: «Il Barcellona ha raggiunto i novantanove punti, per cui è giusto riconoscerlo come campione. Chi ama il calcio deve saper apprezzare lo spettacolo di qualità. Il calcio giocato dal Barcellona è un calcio attra-

SAGRES

vivo

FINAL KYIV 2018

FIFA
APPROVED
tmn
PORTUGAL

SAGRES
SAGRES

bwin
UniCredit

bwin

Jeep

BENTANCUR
30
23
7
ALEX SANDRO
12
D. COSTA
11
Cygames

RONALDO
7
adidas

Jeep
7

adidas

RONALDO
7
Cygame

adidas
JUVENTUS
Jeep
7

JUVENTUS
adidas

Jeep

Jeep
7

ente, e io, come tifoso, mentirei se dicessi che non mi piace vedere giocare il Barcellona. Mi piace, ma mi piace molto anche il Real. Non abbiamo ancora una squadra come la loro, ma l'avremo. Abbiamo solo bisogno di tempo. Sono sicuro che la prossima stagione sarà completamente diversa».

Ma prima ci sono i Mondiali in Sudafrica. Un buon terreno per seppellire le frustrazioni della Liga.

SPAGNA-PORTOGALLO

«La Spagna è una delle favorite per vincere il Mondiale, ma non mi fa paura».

Non segna in nazionale da quindici mesi. Ma non si preoccupa. E parafrasando ciò che Ruud van Nistelrooij disse un giorno a Gonzalo Higuaín per fargli coraggio, sostiene che «i gol sono come il ketchup: quando arrivano, arrivano tutti insieme. Di colpo».

Il 13 giugno 2010, nella prima conferenza stampa in Sudafrica, il capitano portoghese, sorridente e rilassato, informa il mondo sulle condizioni della squadra. «Sta bene, è preparata e motivata. Sono contento di fare parte del gruppo». Di se stesso Ronaldo dice: «Voglio superarmi ed essere il migliore del Mondiale. Non dico che sarò il capocannoniere, ma ce la metterò tutta. Questa è sempre la mia ambizione, poi vedremo. Voglio giocare bene e aiutare la mia squadra a vincere. Anche se non ho bisogno di dimostrare niente a nessuno».

Del gruppo G, in cui il Portogallo è inserito insieme a Brasile, Corea del Nord e Costa d'Avorio, ha già detto che è «il più difficile della competizione», e definisce cruciale la prima partita contro la Costa d'Avorio. «È importantissimo entrare con il piede giusto in un Mondiale».

Se il Portogallo passa, potrebbe trovarsi di fronte le Furie Rosse... «Sarebbe divertente», risponde CR7 alle domande dei giornalisti spagnoli. «La Spagna è una delle favorite, ha buone possibilità di vincere il Mondiale. Ma non mi fa paura. Se dovremo affrontarla, cercheremo di vincere. Tutto può succedere in una eliminatoria secca».

Il Portogallo supera la fase a gruppi, imbattuto e senza incassare un gol. Una serie positiva che dura da tempo: i lusitani hanno subito un solo gol (in un'amichevole contro il Camerun) in undici partite e ne hanno disputate diciotto senza perdere. Carlos Queiroz, il ct, ha messo in piedi una difesa che lascia pochi spiragli. Eduardo, il portiere, è stato una piacevole sorpresa. Difficile superarlo. 0-0 contro la Costa d'Avorio, 7-0 contro la Corea del Nord, 0-0 contro il Brasile: il Portogallo con cinque punti si qualifica agli ottavi come secondo del gruppo dopo la nazionale verde-oro.

Il 29 giugno, allo stadio di Green Point, a Città del Capo, affronterà la Spagna che, malgrado la sconfitta nella prima partita contro la Svizzera di Ottmar Hitzfeld, è prima del gruppo H. Tutto come da pronostico.

Spagna-Portogallo: una partita speciale per la rivalità storica, culturale, sociale e calcistica di due Paesi vicini.«È un derby peninsulare», sostiene Queiroz, «intenso quanto Argentina-Brasile». È la prima volta che le due nazionali si sfidano in un Mondiale, dei trentadue incontri precedenti la Spagna ne ha vinti quindici, il Portogallo cinque, dodici i pareggi. Ma la Seleção, il 20 giugno 2004, con uno 0-1 eliminò la Spagna dall'Europeo del 2004. Sei anni dopo, La Roja può regolare i conti.

E veniamo al fattore Ronaldo. Cristiano, nella Liga, ha terrorizzato i difensori spagnoli, è il punto di riferimento della nazionale e, insieme a Messi, la stella del Mondiale. È vero che col Portogallo non ha fatto vedere cose straordinarie e non ha nemmeno dato prova di ciò che ha dimostrato con la maglia del Real Madrid, ma in Sudafrica, contro la Corea del Nord, finalmente ha spezzato il maleficio del gol. Ha segnato la prima delle sette reti che il Portogallo ha assestato agli avversari. Un gol divertente: dopo aver superato il portiere Ri Myong-Guk, il pallone carambola sul collo e la testa di Cristiano prima di finire in rete. A ogni modo, la sua astinenza, dopo quasi due anni senza segnare con la maglia rosso-verde, è finita. E c'è di più: nelle tre partite della fase a gruppi è stato scelto come il miglior giocatore. Perciò, contro La Roja si presenta come El matador, il grande pericolo.

Vicente del Bosque, il commissario tecnico della Spagna, elogia l'asso lusitano, ma dice: «Non credo che ci sia un'ossessione per Cristiano. È a tutto il Portogallo che bisogna prestare la massima attenzione. Ha dimostrato di essere una squadra molto preparata, sia in difesa che in attacco. È arrivato al Mondiale nelle migliori condizioni possibili».

Dello stesso avviso è Cesc Fàbregas il quale, in un'intervista a «El País», dichiara: «Il Portogallo non è solo Cristiano, è molto di più. Sono fortissimi e pericolosi in contropiede. Sono una squadra competitiva e con una difesa di quelle toste. Bruno Alves è il capitano del Porto, Ricardo Carvalho un campione consacrato in Inghilterra...».

Ma l'ossessione per Cristiano Ronaldo c'è. Per i tifosi iberici, il Portogallo è Ronaldo. E c'è anche una curiosità morbosa nel vederlo sfidarsi con i suoi compagni di squadra, come Sergio Ramos e Iker Casillas, e con Piqué e Puyol, i centrali del Barça avversari, prima con il Manchester e nell'ultima stagione con il Real. Nella difesa delle Furie Rosse lo temono tutti. Álvaro Arbeloa, che lo conosce dall'Inghilterra, dice: «Non esiste una formula magica per frenare Cristiano, ed è proprio per questo che è uno dei migliori al mondo: perché quasi nessuno ci riesce. Se è vicino all'area, devi marcarlo stretto per impedirgli di tirare. È meglio che riceva il pallone per stargli addosso, invece di farsi prendere alle spalle, perché quando corre è inarrestabile».

Ancora più diretto è il capitano, Iker Casillas, che del compagno di squadra e capitano rivale conosce a memoria tecnica e potenza di tiro: «Quando un giocatore come lui è ispirato, è quasi impossibile fermarlo». Credono nel suo potenziale offensivo anche i bookmaker. Un'agenzia come William Hill quota un suo gol 7 a 1, mentre favorita per passare ai quarti è la Spagna: 1,44 contro 2,62 del Portogallo.

«Si può vincere anche senza essere i favoriti», dice François Pienaar, il capitano della nazionale di rugby sudafricana, campione del mondo 1995. L'uomo che ispirò *Invictus*, il film di Clint Eastwood con Matt Damon e Morgan Freeman, fa visita alla Seleção la vigilia della partita. Carlos Queiroz l'ha invitato a fare due chiacchiere con i giocatori «perché», dice, «è un simbolo del Sudafrica ed è l'uomo che ha guidato, per la prima volta, una squadra di neri e di bianchi alla vittoria nel Mondiale. È la prova che tutto è possibile».

Tredici gradi e 62.995 spettatori al Green Point: uno scenario impressionante (Table Mountain alle spalle e confluenza di due oceani) per il derby iberico. Il Portogallo riposiziona Almeida al centro dell'attacco e lascia Cristiano libero sulla fascia. Il capitano portoghese ha ottenuto quello che voleva da Queiroz. Dopo la partita col Brasile, dove aveva giocato come 9, Cristiano dichiara con diplomazia: «Il mister sa che non mi piace giocare là davanti, che non è la mia posizione, anche se l'importante è classificarci».«Se Cristiano deve giocare in porta, giocherà in porta», aveva risposto il commissario tecnico, ma contro La Roja lo schiera dove si sente a suo agio.

La Spagna si presenta con la stessa formazione che ha sconfitto il Cile. Xabi Alonso si è ripreso da un leggero infortunio e del Bosque sceglie ancora Fernando Torres come compagno di David Villa in attacco. Suonano gli inni nazionali e Cristiano non apre bocca. Cattivo segno. Quasi una premonizione di come sarà la sua partita: un disastro. Quattro conclusioni. Due nello specchio della porta: una punizione, al sedicesimo, che finisce blandamente tra le mani di Casillas, poi al ventisettesimo sempre su punizione da trenta metri. Il capitano della Spagna non blocca lo Jabulani, che finisce lontano dagli attaccanti lusitani. Altro da registrare? Due cross, un fallo subito, due tentativi di dribbling non riusciti. Unica nota positiva: una rabona, la sua specialità. Le statistiche non registrano null'altro della sua prestazione. Cristiano comincia sulla destra, passa sulla fascia sinistra, prova al centro dell'attacco, quando Queiroz sostituisce Almeida con Dani. Tutto inutile: Capdevila, Sergio Ramos e Puyol, con l'aiuto di Villa, di Busquets e di Xabi Alonso, lo bloccano. Sempre.

«Sono riusciti», spiegherà in seguito del Bosque, «a far sì che Ronaldo passasse inosservato. Più merito loro che colpa di Ronaldo».

Alla fine del primo tempo, quando il risultato è ancora 0-0, il numero 7 è il primo a entrare nello spogliatoio. Non è contento di come sta giocando la sua selezione: troppo conservatrice e speculativa, troppo pragmatica, troppo trincerata nella sua area. E non è contento di come ha giocato nei primi quarantacinque minuti. Nel secondo tempo, dopo il gol di Villa al sessantasettesimo, lo si può vedere lì davanti, solo, con le braccia ai fianchi mentre fissa la panchina e chiede spiegazioni, chiede consigli, reclama qualcuno che lo aiuti a cambiare il corso di una partita. Ma Carlos Queiroz non sa e non può rispondergli. Al fischio finale, la Spagna festeggia la qualificazione. Eduardo, il portiere che ha fatto miracoli, ma che non ha potuto far niente contro il tiro di Villa, è seduto per terra e si copre gli occhi pieni di lacrime. Iker Casillas lo abbraccia.

Cristiano Ronaldo abbandona il campo affranto e sconfitto. I tifosi spagnoli lo fischiano, così come alcuni portoghesi. La telecamera lo riprende in primo piano. Ha una faccia inespressiva. Si volta e sputa. Per terra o al cameraman? Non si sa. Il gesto, comunque, è brutto. E la stampa di Barcellona si accanisce sull'atteggiamento del giocatore del Real. Genera polemiche anche la sua laconica dichiarazione ai giornalisti: «La partita? Chiedete a Carlos Queiroz».

Il mister risponde in sala stampa: «Se a qualcuno va stretta questa maglia, che se ne vada». Questa la sua risposta, ma quando gli chiedono se non ha forse dato un ruolo troppo importante a Cristiano, replica indispettito: «Questa domanda è fuori luogo. È il nostro leader, il nostro capitano. Credo in lui».

Non è dello stesso avviso Luís Figo, eroe lusitano ed ex capitano della Seleção: «Indipendentemente dalla vittoria o dalla sconfitta, un capitano deve sempre difendere la sua squadra. Anche a costo di compromettere la sua immagine. E soprattutto, nei momenti difficili, deve saper rappresentare il gruppo».

Per difendere Cristiano esce allo scoperto José Mourinho, il suo nuovo allenatore al Real Madrid. All'agenzia stampa portoghese dichiara: «Con me Cristiano non avrà addosso tutte le responsabilità. Nelle mie squadre, quando vinciamo, vinciamo tutti; quando perdiamo, sono io a perdere… Per questo motivo, Ronaldo può stare tranquillo e godersi le vacanze. Non permetterò a nessuno di caricarlo di tutte le responsabilità. I grandi sono grandi perché sono i migliori, e il Portogallo ha perso perché la Spagna ha giocato meglio».

Anche Jorge Jesús, il prestigioso allenatore del Benfica, è dalla parte di Cristiano. Secondo lui, CR7 non ha detto nulla fuori luogo. «Ronaldo ha carattere; siete solo voi giornalisti a non apprezzarlo. In Spagna è un giocatore amato, rispettato. Qui in Portogallo, no... ma i portoghesi sono fatti così».

Difensori d'ufficio a parte, il polverone è incredibile, tanto che ore dopo GestiFute, la società di Jorge Mendes, rettifica, inviando a tutti i media un comunicato di Cristiano: «Sto male e ho il diritto di stare male da solo. Quando ho detto di chiedere al mister, lui era in conferenza stampa e io non me la sentivo di spiegare niente. Come capitano, mi sono sempre assunto e mi assumerò sempre le mie responsabilità, ma in quel momento non avrei potuto dire più di tre o quattro cose sensate. Non avrei mai pensato che una semplice frase avrebbe sollevato così tante polemiche. Non andate in cerca di fantasmi dove non ce ne sono».

Peccato che i fantasmi del Mondiale per Cristiano siano altri, più reali delle polemiche seguite a una dichiarazione. Il fantasma più spaventoso è il bilancio dei due Mondiali che ha disputato il capitano della nazionale portoghese. In Germania è stato assolto per l'età (ventun anni) e per la gran performance della nazionale lusitana. Ma il suo bottino si riduce a due rigori: uno contro l'Iran, e l'altro contro l'Inghilterra. In Sudafrica ha giocato tutte le partite. Ha totalizzato ventuno conclusioni (è il terzo in classifica dopo Messi e il ganese Gyan), ma ha segnato solo un gol. Nessuna traccia del calciatore spumeggiante, del superatleta, del goleador. «È il sistema che limita Cristiano Ronaldo o è lui che non poteva dare di più?», la domanda di «Record», è giusta e legittima. Chissà che l'Europeo 2012 non offra una risposta definitiva.

PATERNITÀ

«Certo che cambio i pannolini a mio figlio. Oddio, non è il massimo, ma lo faccio».

«Con grande gioia ed emozione vi informo che sono diventato papà. La madre del bambino e io abbiamo accordato, dato che lei preferisce che la sua identità rimanga confidenziale, che io abbia la custodia esclusiva di mio figlio. Non verranno date ulteriori informazioni a riguardo e chiedo a tutti di rispettare il mio diritto alla privacy (e a quella del bambino)».

Il 3 luglio 2010 Cristiano Ronaldo annuncia, su Facebook e Twitter, di essere diventato padre. Il numero 7 del Real Madrid lascia il mondo intero a bocca aperta con questo comunicato, che arriva pochi giorni dopo l'eliminazione del Portogallo dal Mondiale del Sudafrica. Ancora più sorprendente, dato che nessuno sapeva che Ronaldo stesse per diventare padre e nemmeno che avesse una relazione stabile. Le ultime foto del giocatore in gentile compagnia risalgono a maggio. I paparazzi scovano Ronaldo e Irina Shayk su uno yacht al largo della Corsica. Irina, però, non sembra proprio in dolce attesa. E, a quanto pare, non ha fatto salti di gioia quando ha saputo della nascita del primogenito di CR7. Il giorno dopo la diffusione della notizia, la modella scrive sul suo profilo Facebook e Twitter: «Perché mi hai fatto questo? Hai avuto un figlio con un'altra donna e non mi hai detto nulla. Mi hai spezzato il cuore. Grazie per avermi fatto piangere».

Niente di vero! Un comunicato stampa dell'agenzia della modella russa mette fine alle speculazioni: «È spiacevole che certi individui si prendano la libertà di creare pagine false e fare false dichiarazioni, qualsiasi sia la ragione. In questo momento la signorina Shayk ha sospeso il suo account di Twitter finché continueranno a circolare certe voci».

Ma non sono solo le parole a mettere fine alle speculazioni. Ci sono i fatti. Irina e Cristiano sono a New York, insieme, quando Ronaldo rende pubblica la sua paternità. Il calciatore si è dedicato allo shopping e al relax e la sua compagna è uscita con altre modelle per godersi la vita notturna della Big Apple. Sono stati visti coccolarsi nella piscina di un hotel di Manhattan e a cena in un lussuoso ristorante. Foto e indiscrezioni confermano che la coppia è ancora unita e che, apparentemente, non esistono segreti né malintesi tra i due. E il bambino? Si trova a Marina de Vilamoura, in Algarve, con Dolores, la madre del calciatore. Qui passa l'estate Cátia, la sorella maggiore del calciatore, che dichiara: «Cristiano è felice, molto felice. Quale padre non lo sarebbe?». Del piccolo dice che «ha gli occhi marroni, i capelli castani come Cristiano ed è molto tranquillo, mangia e dorme». Come si chiama? RTP, l'emittente televisiva portoghese, annuncia che ha lo stesso nome del padre, Cristiano junior, che misura 53 cm e pesa 4,3 kg. Quando è nato? Il 17 giugno, due giorni dopo la partita del giocatore con la nazionale portoghese contro la Costa d'Avorio al Mondiale del Sudafrica.

Tutte informazioni utili, ma quello che intriga veramente i tabloid inglesi, i media portoghesi e i gossipari è l'alone di mistero attorno alla madre. Chi è? Perché ha rinunciato alla custodia del piccolo? Si vagliano le ipotesi più incredibili. Il quotidiano portoghese «Diário de Notícias» assicura che il bambino è stato concepito a San Diego con inseminazione artificiale e grazie all'utero in affitto di una donna statunitense. Sarebbe successo quando il giocatore si trovava in vacanza in California ed è stato paparazzato insieme a Paris Hilton. La mamma di Cristiano, e le sorelle, si sarebbero recate negli Stati Uniti per occuparsi delle pratiche legali e per portare il bambino in Portogallo.

Il «Correo da Manhã» assicura che Cristiano Ronaldo ha pagato per avere il bambino. «The Sun» spara persino la cifra: sedici milioni di euro per comprare il silenzio della madre e assicurarsi che avrebbe rinunciato alla custodia. Non è l'unica ipotesi. Altri media, in Portogallo, sostengono che Cristiano junior sia il frutto di una notte di passione e che la madre, una giovanissima, non voglia sapere niente del bambino.

La telenovela non finisce qui. Sei mesi dopo la nascita del piccolo, il «Daily Mirror» annuncia che si è scoperta l'identità della donna. Si tratterebbe di una ventenne studentessa londinese. Una tesi confermata anche da Nereida Gallardo, ex di Cristiano, in un programma di gossip. Nereida sostiene di essere stata contattata dalla ragazza su Facebook, mesi prima che la notizia della nascita del bambino fosse annunciata, e di aver saputo che stava aspettando un figlio da Cristiano. L'ex di Ronaldo non si sorprende che sia successo in una notte d'amore, perché, dice, non gli è mai piaciuto usare il preservativo.

Aggiunge che Cristiano Ronaldo e la ragazza hanno firmato un contratto che obbliga la madre a tenere segreta la propria identità e a non rivelare alla propria famiglia di aver dato alla luce un bambino. Un contratto che stabilisce, secondo i tabloid inglesi, per il giocatore *merengue* la custodia esclusiva del bambino. In cambio la madre avrebbe ricevuto un sostanzioso risarcimento: undici milioni di euro. Mesi dopo la "teenager" si sarebbe pentita di aver ceduto la custodia del neonato e si sarebbe dichiarata disposta a tutto per recuperare il suo bambino. Avrebbe tempestato Cristiano di telefonate per fargli cambiare idea e gli avrebbe proposto di restituirgli i soldi pur di poter vedere suo figlio. «Si sente come se avesse venduto l'anima al diavolo. Ha uno stile di vita milionario, ma non potrà mai raccontare alla sua famiglia e ai suoi amici quello che è successo, per questo si sente molto sola», spiegano alla stampa inglese persone vicine alla giovane.

Nuovo colpo di scena. Cátia Aveiro, la sorella di Cristiano, con una dichiarazione rilasciata al «Sun», aggiunge ancora più mistero alla storia: «Non c'è nessuna donna che lo chiama. Non c'è nessuna madre», dice. «Sua madre è morta. Il bambino è nostro. Non dirò com'è arrivato fino a noi, ma posso garantire che è figlio di mio fratello. È mio nipote, ha il nostro sangue. Sua madre è mia madre, la persona che si occupa di lui ventiquatt'ore al giorno».

Nelle prime foto pubblicate in esclusiva dalla rivista portoghese «Tv Mais», il piccolo Cristiano appare tra le braccia di sua nonna. La faccia del bambino è pixelata, ma sono riconoscibili la pelle scura e i tratti molto simili a quelli del padre. Nonna Dolores si occupa del piccolo nell'abitazione madrilena di Cristiano. L'8 dicembre lo porta per la prima volta allo stadio Santiago Bernabéu. Ronaldo gli ha già dedicato i suoi gol in altre occasioni, ma questa volta è speciale. Al cinquantesimo minuto, quando segna il secondo nella partita di Champions League contro l'Auxerre, si mette il dito in bocca a mo' di ciuccio, e indica il suo palco privato, dove le telecamere captano l'immagine del bambino. In quel momento, il figlio di Cristiano è protagonista: tutti gli sguardi dello stadio si concentrano su di lui.

Settimane dopo il numero 7 bianco rompe il silenzio sulla sua paternità in un'intervista a Real Madrid Televisión. Confessa che essere padre lo ha cambiato: «È una grande responsabilità. Sto ancora imparando. È una sensazione difficile da spiegare. Svegliarsi la mattina e vedere una persona del tuo stesso sangue è straordinario. Sto vivendo un momento speciale della mia vita. Credo di sentirmi più tranquillo». Assicura che non ha nessun problema a svolgere i compiti propri di ogni padre: «Certo che cambio i pannolini a mio figlio. Oddio, non è il massimo, ma lo faccio». Parla del futuro, di avere altri figli, di sposarsi, di cosa sogna per suo figlio da grande: «Sarebbe fantastico che gli piacesse il calcio e fosse il mio successore, vedremo... Mio figlio farà quello che vorrà».

Finita la Liga 2010-11 e prima di un impegno con la nazionale portoghese, Cristiano va in vacanza a Madeira, dove per la prima volta lo si vede in veste di padre. Un video del «Jornal da Tarde» ritrae l'arrivo all'aeroporto di Funchal di Cristiano, di sua madre e di Irina. Ronaldo ha il bambino in braccio e, una volta saliti in macchina, è la modella russa a prendersi cura del bebè. Cristiano junior ha un berretto da baseball con la visiera all'indietro e una felpa blu scuro: stile glamour che somiglia a quello di suo padre. Pochi giorni dopo, il 17 giugno, primo compleanno del bambino, nella Capela da Senhora do Ar di Alcochete, a Madeira, si celebra il battesimo del piccolo Ronaldo insieme a quello di suo cugino Dinis, il figlio di Cátia. Il padrino di Cristiano junior è Jorge Mendes. Alla cerimonia e alla festa alla Moita, residenza della sorella, partecipa tutta la famiglia. «È stato un momento molto bello», dice Cátia, «e i bambini sono stati buonissimi».

CINQUANTATRÉ GOL

«Segnare più di cinquanta gol non è facile. A livello personale sono felice, ma non sono del tutto soddisfatto. Volevo vincere più titoli».

Non è 9, un centravanti classico. Mourinho non l'ha mai considerato tale e quasi mai l'ha fatto giocare in quella posizione. È un'ala che predilige la fascia sinistra del campo, eppure, nella stagione 2010-11, ha polverizzato tutti i record del calcio spagnolo: cinquantatré gol fra Liga, Coppa del Re e Champions. È capocannoniere europeo, si aggiudica la Scarpa d'Oro e si conferma perfetta macchina da gol.

Ventotto di destro, otto di sinistro e quattro di testa; sei da fuori area, otto rigori trasformati e quattro gol realizzati su calci piazzati. Contro l'Almeria, il 21 maggio 2011, ultima giornata di Liga, gli bastano cinque minuti per segnare il primo a Esteban, il portiere avversario. Nel secondo tempo, firma la doppietta che fa esplodere di gioia il Santiago Bernabéu. *Los aficionados* gridano il suo nome all'unisono. Lui alza le braccia al cielo, guarda il palco dove siede la sua famiglia. E chissà, forse pensa alle gesta di cui si è appena reso autore: quaranta reti in trentaquattro partite di campionato.

«Per qualcuno sono quarantuno gol, per altri quaranta... gliene regalo uno a Pepe», scherza Cristiano dopo l'incontro terminato in goleada (8-1). Parla della punizione deviata dalla schiena di Pepe e finita nella rete della Real Sociedad. Un gol che alcuni gli attribuiscono, altri lo assegnano a Pepe. È un dettaglio... nessuno, nel calcio spagnolo, in una sola stagione, ha segnato quanto lui. Cristiano supera il record storico di trentotto reti di Telmo Zarra dell'Atletico Bilbao nella stagione 1950-51, e del messicano Hugo Sánchez, stagione 1989- 90. Il messicano del Real Madrid realizzò trentotto reti in trentacinque incontri. Sánchez segnò un gol ogni ottanta minuti, Zarra uno ogni 71,05 e Ronaldo uno ogni settantadue minuti.

«Quello che ha fatto è un'autentica prodezza. Durante tutto l'anno Cristiano ha dato prova di una grande generosità. Un giocatore che segna quaranta gol è generoso nei confronti della sua squadra e un'arma letale per vincere le partite», dice Jorge Valdano, l'allora direttore generale del Real Madrid. Nelle ultime quattro partite di Liga, quando il titolo era già saldamente nelle mani del Barça, CR7 ha segnato undici reti. Quattro contro il Siviglia al Sánchez Pizjuán, tre contro il Getafe al Bernabéu, due contro il Villarreal nel Madrigal e un altro paio contro l'Almeria. «Vediamo chi riesce a battere il mio record», scherza un Ronaldo che si è lasciato alle spalle i suoi precedenti exploit: quarantadue gol nel 2007-2008 con lo United e trentatré della sua prima stagione con i *Merengues*.

Cristiano ha segnato più di chiunque altro e più di alcune squadre della Liga. I suoi quaranta gol superano quelli dello Sporting de Gijón (trentacinque), del Deportivo La Coruña (trentuno), dell'Hércules (trentasei) e dall'Almeria (trentasei). Aldilà dei confini spagnoli, le cifre di Ronaldo sono di un'altra galassia. Il portoghese, per esempio, ha segnato due gol in meno della somma delle reti dei capocannonieri della Premier League: Berbatov (Manchester United) e Tévez (Manchester City), che ne hanno siglati ventuno a testa.

«Sono contento di aver vinto la classifica cannonieri e battuto un record storico», dichiara Ronaldo. «Ringrazio tutti quelli che mi hanno aiutato, il mister, che ha creduto in me, e i miei compagni. Sono generoso perché i miei compagni sono generosi con me, e il calcio è uno sport di squadra. Il Pichichi e la Scarpa d'Oro sono traguardi meravigliosi perché sono il frutto del lavoro dei miei compagni, del corpo tecnico, di tutti gli impiegati, i dirigenti e dell'appoggio dei tifosi».

Il numero 7 si rallegra che il Real abbia raggiunto i centodue gol nella Liga e i centoquarantotto nelle tre competizioni, diventando così la seconda squadra con più gol segnati della storia *merengue* (superati solo la squadra della stagione 1959-60, che segnò centocinquantottto gol in quarantasei partite). «Bisogna fare i complimenti alla squadra», spiega Cristiano. «Il mister voleva che segnassimo e che finissimo nel miglior modo possibile per iniziare la prossima stagione al massimo».

Sì, perché la stagione, record a parte, non è andata secondo le aspettative del portoghese. E per questo non è contento al cento per cento. Di tutte le reti che ha segnato, solo quella della finale di Coppa del Re contro il Barcellona, un gol di testa segnato a Pinto nei supplementari, è stato decisivo per ottenere l'unico titolo della stagione. E questo per CR7 non è sufficiente, «perché il Madrid aspira a vincere tutto e io preferirei aver segnato la metà dei gol e aver vinto la Liga o la Champions», spiega al programma *El partido de las 12* della Cadena COPE.

A ogni modo, il bilancio a livello individuale è positivo: «Mi sono sentito più a mio agio e probabilmente è stata la mia stagione migliore». A se stesso e alla squadra dà un 8. Ma Cristiano, come tutto il Real Madrid, ha vissuto un anno complicato per colpa del Barcellona, di Pep Guardiola e soprattutto di Leo Messi.

CRISTIANO E LEO

«Io non sono in competizione con Messi, sono in competizione con me stesso e con tutte le altre squadre della Liga».

I due sono seduti su un divano. Stanno parlando. «Dio mi ha mandato sulla terra per insegnare alla gente a giocare a calcio», dice Cristiano Ronaldo. E Messi, sorpreso, gli risponde in malo modo: «Non è vero, idiota, io non ho inviato nessuno». È una barzelletta che invade il web e che spiega, meglio di qualsiasi parola, il punto di vista dei tifosi sulla rivalità tra il portoghese e l'argentino. Ventotto anni il primo, ventisei il secondo, così simili nel loro percorso professionale e nella fame di vittorie, ma anche così diversi nella vita e sul campo.

«Cristiano Ronaldo segue la tesi di Euclide: la linea retta è il percorso più breve tra due punti, che questo giocatore percorre a una velocità uniformemente accelerata fin quando il suo corpo e il gol non deflagrano insieme. Leo Messi», sostiene lo scrittore spagnolo Manuel Vicent su «El País», «segue la teoria di Einstein: la linea più corta tra due punti è sempre la curva e si può arrivare prima alla porta avversaria anche con vari zigzag, in un imprevedibile piccolo trotto tra calci e colpi degli avversari. Ronaldo suscita passione, Messi ammirazione». E per questo sono gli dei del calcio. È vero che Cristiano è in competizione prima di tutto con se stesso, e quando viene paragonato a Messi proclama: «La mia personalità e il mio calcio non hanno niente a che vedere con Messi. Mi interessa solo il mio calcio e che vinca il Real».

Cristiano sostiene di non essere invidioso di Messi, ma non c'è dubbio che per lui Leo sia come la kriptonite per Superman. È la sua ossessione, il suo tallone d'Achille. Non a caso dalle tribune degli stadi di tutto il mondo, per ferirlo i tifosi avversari gli gridano in coro: «Messi, Messi, Messi!». Sanno di toccare il suo nervo scoperto. Per Cristiano Leo è da anni un metro di paragone, il diretto rivale nella corsa al titolo di migliore al mondo. E se, in pubblico, il portoghese nega di essere invidioso dell'argentino, in privato è risaputa l'irritazione di Cristiano nei confronti del Nano (così l'ha battezzato), che gli ha sottratto il Pallone d'Oro e lo status di numero uno al mondo. Corre voce che vedere Cristiano Ronaldo davanti alla televisione, quando gioca Messi, sia un autentico spettacolo. Jorge Mendes, l'agente di Cristiano, cerca di calmare il suo assistito quando lo affianca in questo rito. Suggerendogli che la gente non capisce niente di calcio, che il numero 10 del Barça non è poi tutto questo fenomeno, che non merita di essere il migliore al mondo. È vero che, nella Liga 2010-11, Cristiano si è lasciato alle spalle Leo. Ha segnato nove gol più dell'argentino. Ma nelle ultime giornate, quando il portoghese ha fatto la differenza, Messi non ha giocato per dare il meglio nella finale di Champions. Cristiano è andato al tiro molto più spesso della Pulce. E ha subito più falli: ma Messi, secondo le statistiche, lo supera nel numero di dribbling e di passaggi portati a buon fine. Oltre a essere il re degli assist (diciannove contro i nove del portoghese). Nel computo delle tre competizioni, Cristiano e Leo hanno ottenuto lo stesso risultato (cinquantatré gol), ma Messi si è preso i due titoli che voleva il portoghese: Liga e Champions. L'argentino si avvia verso il terzo Pallone d'Oro consecutivo, il trofeo più prestigioso: Ronaldo lo ha vinto prima di Leo, e vorrebbe riprenderselo.

Il paragone tra CR7 e la Pulce è una costante fin da quando l'uno ha cominciato a brillare nel Manchester United e l'altro nel Barcellona. Un duello calcistico che si gioca a tutto campo. Li mettono a confronto dal punto di vista dell'impatto mediatico (studi universitari per capire chi di loro è più mediatizzato), della guerra di marche (Cristiano è Nike, Messi Adidas, Cristiano veste Armani, Messi Dolce&Gabbana, Cristiano indossa un orologio Time Force, Messi un Audemars Piguet, il portoghese usa Castrol, l'argentino Repsol. Il numero 7 *blanco* beve Soccerade, il numero 10 Gatorade), dei guadagni (secondo «France Football» Messi è a quota trentacinque milioni di euro l'anno contro i trenta di Ronaldo), dei follower sulle reti sociali: qui Cristiano è "il Pichichi" con più di quarantatré milioni di seguaci, poco meno delle grandi stelle del pop come Lady Gaga. Messi, che ha creato il suo profilo Facebook nel marzo 2011, è a trentacinque milioni.

Ma tutti questi confronti sono riassunti in una domanda: chi è il migliore? Una domanda ripetutasi migliaia di volte sui giornali, in radio, in Tv, nei blog: un dibattito che ha coinvolto allenatori, calciatori, opinionisti e semplici appassionati. La risposta... ognuno, a seconda dei colori e dei gusti calcistici, ha la sua. L'olandese Johan Cruijff, ex giocatore dell'Arancia Meccanica, tre volte Pallone d'Oro ed ex tecnico del Barcellona, sostiene che Ronaldo sia un giocatore «più fisico», mentre Messi è più tecnico, e ritiene difficile che il portoghese possa arrivare ai livelli di Pelé, Maradona e Di Stéfano, tutti calciatori molto tecnici. Fabio Capello, ex allenatore del Real Madrid e attuale commissario tecnico della nazionale russa, dice che «è difficile decidere chi è il migliore. Sono entrambi molto forti, ma in modo diverso. Messi è imprevedibile e nessuno sa fare quello che fa lui: Cristiano ha potenza e velocità».

«Secondo me Messi è il migliore, ma Cristiano Ronaldo è sul podio dei migliori», dice Sergio El Checho Batista, ex commissario tecnico dell'Argentina. «Leo è talentuoso e abile e ha un sinistro che molti vorrebbero avere. Cristiano colpisce bene la palla, è forte e si muove rapidamente». «Sono entrambi due grandissimi: se non giocassero nello stesso Paese non si discuterebbe neppure su chi è il migliore. Sono orgoglioso di essere l'allenatore di un giocatore come Cristiano, che è un professionista perfetto», replica Paulo Bento, il commissario tecnico del Portogallo. Iker Casillas, capitano del Real Madrid, è convinto che «Messi e Ronaldo sono i due migliori al mondo: gli altri seguono a ruota. Ognuno di loro ha le sue caratteristiche: a qualcuno piacciono la forza e il colpo di testa di Cristiano, ad altri la velocità e la circolazione di palla di Lionel. Io scelgo Ronaldo, che è mio compagno di squadra». Un ex del Real Madrid come José María Gutiérrez, detto Guti, discrepa: «Cristiano ha dimostrato di non essere decisivo nelle partite importanti, al contrario di Messi. I grandi giocatori devono esprimersi al meglio nelle partite di alto livello». A Neymar, la nuova stella brasiliana del Barcellona, piacciono sia Messi che Ronaldo e li considera «i punti di riferimento del calcio mondiale», ma secondo lui «in questo momento Messi è il migliore al mondo».

Opionioni, statistiche, video e, come a scuola, voti. Ecco quelli di «Marca»:

Gioco di squadra: Cristiano Ronaldo 7, Lionel Messi 8
Tecnica individuale: Cristiano Ronaldo 9, Lionel Messi 9
Fisico: Cristiano Ronaldo 10, Lionel Messi 7
Velocità: Cristiano Ronaldo 9, Lionel Messi 8
Dribbling: Cristiano Ronaldo 8, Lionel Messi 10
Passaggio: Cristiano Ronaldo 9, Lionel Messi 9
Leadership: Cristiano Ronaldo 9, Lionel Messi 7
Calci di punizione e rigori: Cristiano Ronaldo 9, Lionel Messi 7.

Il risultato è evidente. Vince Ronaldo, ma bisogna precisare che «Marca» vende soprattutto ai tifosi madridisti. Difficile che Messi esca vincente dal confronto.

Anche «La Gazzetta dello Sport» dà i voti. Eccoli:

Senso tattico: Cristiano 8,5, Leo 9
Dribbling: Cristiano 9, Leo 10
Velocità: Cristiano 9, Leo 9
Colpo di testa: Cristiano 7,5, Leo 6
Destro: Cristiano 9, Leo 8
Sinistro: Cristiano 8, Leo 10

Messi prevale di pochissimo, appena un punto in più nella media generale. CR7 contro Messi è ormai un classico del calcio: lo sport vive di sfide tra atleti, tra squadre, tra nazioni, e di paragoni tra epoche diverse della sua storia. La memoria è qualcosa di fondamentale nel gioco; l'uno contro uno è pane quotidiano e divide, da sempre, gli appassionati di mezzo mondo. Alí contro Foreman, Prost contro Senna, Bartali contro Coppi, Borg contro McEnroe, Magic Johnson contro Larry Bird, Valentino Rossi contro Jorge Lorenzo, Carl Lewis contro Ben Jonhson... ma nel calcio non è mai successo che i più grandi si trovassero di fronte qualcuno in grado di eclissarli. Pelé, Cruijff, Diego Armando Maradona e Di Stéfano appartengono a epoche diverse. Oggi invece Cristiano e Leo convivono nello stesso tempo e per giunta nello stesso campionato. Un confronto che è diventato un corpo a corpo e che nella stagione 2011 si è spalmato su cinque interminabili Clásicos e su un'amichevole tra Portogallo e Argentina.

I Clásicos: uno psicodramma che inizia lunedì 29 novembre 2010 al Camp Nou. Data strana per un Barça-Real, ma in Catalogna di domenica ci sono le elezioni regionali, meglio non gettare ulteriore benzina sul fuoco della politica e dell'indipendentismo catalano. Alla vigilia si parla del derby di Spagna più equilibrato di sempre e si annuncia l'ora del passaggio dei poteri tra Barcellona e Real Madrid. Perché? «Perché», dicono in molti, «Cristiano è più forte di Messi, perché Mourinho non è Manuel Pellegrini, Bernd Schuster, Juande Ramos e neppure Fabio Capello». Il tecnico portoghese è l'uomo che appena sei mesi prima, sulla panchina dell'Inter, è riuscito a neutralizzare il gioco dei *blaugrana* negando al Pep team una finale di Champions al Bernabéu. È l'uomo che il presidente del Real Madrid ha scelto come antidoto contro la magia dei catalani. Un allenatore che, dal pulpito più alto della Liga (la sua squadra è imbattuta e ha un punto di vantaggio sul Barça, trentadue contro trentuno), mette in discussione il cammino del Barcellona e segnala gli arbitri come responsabili dello strapotere *blaugrana*. Cristiano si limita a dire che gli avversari sono «più tiki-taka mentre i *Merengues* sono più concreti». Dice che il Barcellona «è una squadra molto forte specialmente in casa. E ha dimostrato di essere pronta a lottare con noi per la vittoria della Liga». Di Lionel non parla, preferisce sottolineare che il Real sta lavorando bene: «Sappiamo di essere a un buon livello. Per questo ci sono tutte le premesse per assistere a una bella partita, con la speranza che al Camp Nou vinca il migliore. E il migliore sarà il Real Madrid». No, Cristiano non ci prende. Il 29 novembre al Camp Nou il Barça offre una *lectio magistralis* di calcio. Al termine di una serata fredda e piovosa, i gol subiti dal Real Madrid sono cinque e avrebbero potuto essere sei, sette, otto senza che nessuno gridasse allo scandalo. Il Real Madrid, come il Titanic, affonda nelle fredde profondità oceaniche. Cristiano Ronaldo? Invisibile. Condannato a giocare controcorrente, ad aspettare, sotto la pioggia, palloni che non arrivano mai. Da segnalare: un calcio di punizione sul fondo, un tiro da quaranta metri e un inutile uno contro uno con Valdés. Tutto ciò limitandosi al calcio giocato, perché per il resto bisogna ricordare che Ronaldo perde la testa ed è il protagonista di un accenno di rissa con gli avversari. Il pallone finisce in fallo laterale. Pep Guardiola raccoglie la sfera, la trattiene e la getta a terra nel momento in cui Cristiano si avvicina per la rimessa in gioco. Il portoghese risponde, alla "provocazione" con una spinta, il tecnico del Barcellona rischia di perdere l'equilibrio. Intervengono prima Andrés Iniesta, poi Valdés. Si accende la rissa: insulti e altri spintoni. Iturralde González, l'arbitro, evita che la situazione peggiori estraendo un cartellino giallo per Cristiano. Dalle gradinate partono bordate di fischi dirette al portoghese, che risponde affrontando con ancora più rabbia gli avversari. Ma nulla da fare contro Alvés e Abidal. Nient'altro da raccontare, se non un dialogo inconcludente con Mou. Il numero 7 si avvicina alla panchina chiedendo indicazioni, o forse la ricetta miracolosa per risolvere i guai in campo, ma lo Special One è impietrito, non risponde e si rintana in panchina. Ronaldo rimane solo con i suoi problemi, senza neanche un gol nella sua sesta partita (tra Manchester United e Real Madrid) contro il Barça. Neppure Messi ha segnato: non l'ha mai fatto contro una squadra allenata da Mourinho (Chelsea, Inter o Real Madrid che sia). Ma è stato generoso e, con precisione chirurgica, ha servito sul piatto d'argento una doppietta a David Villa, ha mandato in corto circuito la difesa avversaria, tanto che Sergio Ramos perde le staffe e, dopo un inutile fallo sull'argentino al novantaduesimo minuto e una rissa con Puyol e Xabi, viene espulso. Non è strano in una partita nervosissima in cui il Real Madrid capisce che il progetto Mourinho è ancora in costruzione, che la band non ha ancora affinato gli strumenti. E ce ne vorrà per mettere in discussione il calcio del suo eterno avversario.Cristiano Ronaldo abbandona lo stadio senza rilasciare nessuna dichiarazione, e il capitano Casillas fa lo stesso. Curiosità: una squadra di Mourinho non aveva mai subito un 5-0. In sala stampa il mister ne prende atto, pare, con tranquillità: «È una sconfitta facile da digerire», dice. «Non è una sconfitta di quelle in cui meriti di vincere e poi perdi, o di quelle in cui prendi per tre volte il palo. In questo caso una squadra ha giocato al limite, mentre l'altra ha giocato molto male. Quando si perde com'è successo oggi non bisogna mettersi a piangere, ma rimettersi a lavorare. Mi piacerebbe scendere in campo già domani». Mou dovrà aspettare quasi cinque mesi per un altro faccia a faccia con il Barcellona, fischio d'inizio di una maratona di Clásicos: quattro in meno di un mese. Ma prima, il 9 febbraio 2011, Cristiano e Leo si sfidano a Ginevra nell'amichevole Portogallo-Argentina. È una novità assoluta: Messi e Ronaldo non si erano mai affrontati con le rispettive nazionali. I 33.000 biglietti dello stadio svizzero vanno esauriti in pochi minuti, e i bagarini chiedono seicento euro per un biglietto che al botteghino ne costava al massimo cento. Un'amichevole che verrà trasmessa in cinque continenti, e sono duecentocinquanta i giornalisti accreditati di sedici Paesi diversi. I due protagonisti non rilasciano dichiarazioni, e i due allenatori cercano di spiegare, senza successo, che è un Portogallo-Argentina e non un Ronaldo-Messi. Massimo Busacca fischia l'inzio dopo il tocco a centrocampo di Michael Schumacher, il sette volte campione del mondo di Formula 1. Al diciannovesimo, Messi regala al pubblico uno dei suoi slalom. Parte da sinistra, sulla trequarti, si lascia alle spalle gli avversari e regala la palla al madridista Di María, che anticipa l'uscita del portiere avversario: 1-0 per l'Albiceleste. Replica Cristiano, più per casualità che per meriti propri. Nani al limite dell'area disorienta la difesa argentina, sul suo cross Almeida tocca di testa un pallone morto davanti alla porta. Cristiano deve solo anticipare Romero per segnare il gol del pareggio: 1-1 e lo spettacolo può cominciare. Le stelle assolute sono il 10 con la maglia a strisce bianche e azzurre e il 7 con la maglia rossoverde. Gli altri venti sul terreno di gioco, per il pubblico, sono solo figuranti. Ma al sessantesimo Paulo Bento, l'allenatore portoghese, sostituisce Cristiano con Danny. I lusitani rallentano il ritmo, pensando che la partita sia ormai finita. Non la pensano così gli argentini che, affamati di risultati, spingono sull'acceleratore in cerca della vittoria: e proprio all'ultimo minuto, prima che si abbassi il sipario, Coentrão provoca un calcio di rigore. Messi segna dagli undici metri il gol della vittoria e pareggia i conti con Cristiano. L'esibizione è finita. È ora di tornare agli avvenimenti del campionato spagnolo.

Il 16 aprile 2011, al Bernabéu, si gioca il ritorno del Clásico. La situazione non è cambiata rispetto all'andata. Il Pep team non ha ceduto la testa della Liga. Con sedici vittorie di fila, il Barcellona ha superato il record di successi consecutivi del Real Madrid nella stagione 1960-61 (per capirsi, la squadra di Puskás, Di Stéfano, Gento e Santamaría) e comanda la classifica con otto punti di vantaggio sul Real Madrid. Quattro giorni prima, battendo lo Shakhtar Donetsk, il Barça si è qualificato per le semifinali di Champions League in cui, come stabilito il 17 marzo dal sorteggio di Nyon (Svizzera), affronterà il Real Madrid. I *Merengues* hanno superato, negli ottavi di finale, la loro bestia nera, l'Olympique Lyonnais. Dopo 2.562 giorni, 74 giocatori, 9 allenatori e 5 presidenti, il Real Madrid si qualifica per i quarti di finale di Champions League. Non succedeva dalla stagione 2003-2004. Nei quarti il Tottenham (4-0 all'andata, 0-1 nel ritorno a Londra) è preda facile. Vento in poppa per il vascello madridista... e in molti sognano già la Coppa dei Campioni, un trofeo che manca da quando, a Glasgow, Zidane segnò uno straordinario gol al volo nella finale del 2002. Ma prima di approdare a Wembley e pensare alla "Decima", c'è un altro Clásico, contro il peggior nemico possibile: il Barça. Andata il 27 aprile al Bernabeú, ritorno il 3 aprile al Camp Nou; e in mezzo, il 20 aprile, c'è pure la finale di Coppa del Re.

Cominciamo dalla trentaduesima giornata della Liga, l'ultima occasione per la banda Mourinho di mettere in discussione il titolo dei catalani. Otto punti sono tanti, ma chissà, una vittoria potrebbe fare breccia nel morale degli avversari e condizionare le restanti partite. È vero che il 3 aprile, contro lo Sporting de Gijón, per il Real Madrid è arrivata un'inaspettata battuta d'arresto, e Mourinho ha perso la sua prima partita casalinga in campionato dopo nove anni di carriera, ma il Clásico è un'altra storia. Mou lo prepara con una mise en scene che gli vale uno sciopero dei taccuini. Alla vigilia della partita si presenta nella sala stampa di Valdebebas e non apre bocca. Lascia che sia Aitor Karanka, il suo vice, a parlare. I giornalisti, per nulla divertiti, se ne vanno in segno di protesta. Al silenzio dell'allenatore del Real Madrid, Guardiola risponde con un elogio del gioco degli avversari: «Non ho mai visto una squadra come questo Real. In quattro o cinque secondi dalla loro area arrivano alla porta avversaria. Sono più forti rispetto al girone d'andata, più potenti, vanno più spesso alla conclusione». E aggiunge: «Mourinho ha un grande pregio: sa giocare in modi molto diversi. Dobbiamo stare attenti perché questo può condizionare il nostro calcio». Lo Special One ha surriscaldato l'ambiente e sarà indiscutibilmente il grande protagonista dei Clásicos fuori dal campo. Leo Messi e Cristiano Ronaldo lo saranno sul terreno di gioco. Il piccolo numero 10 arriva all'appuntamento con un bottino straordinario: quarantotto gol in quarantacinque partite. È il calciatore del Barça che ha segnato più gol in una sola stagione: batte il record di Ronaldo Nazário de Lima nella stagione 1996-97 e supera Cristiano, il suo diretto avversario nella corsa al titolo di capocannoniere, di tredici gol. Lionel e Cristiano cercano, al Bernabéu, il gol che finora non hanno mai segnato: Ronaldo contro il Barça, Messi contro una squadra di Mourinho. Special One teme una replica della partita d'andata: ha paura che il Real debba patire un'altra umiliazione, e per giunta in casa. Come dice César Luis Menotti, detto El Flaco, allenatore della nazionale argentina campione del mondo 1978, con un'espressione molto colorita, «se la fa addosso dalla paura». Tanto che lascia in panchina un costruttore di gioco come Özil, un centrocampista creativo come Kaká e tre attaccanti: Higuaín, Adebayor, Benzema. Disegna uno schieramento ultradifensivo, e piazza Pepe centrocampista centrale. L'idea è semplice, distruggere il gioco degli avversari e sfruttare al massimo il contropiede ed eventuali punzioni o calci d'angolo. A Cristiano spetta il compito di guidare le ripartenze, operazione difficile visto che la trincea madridista è lontana dall'area *blaugrana*. In ogni caso il numero 7, alla fine del primo tempo, dopo un calcio d'angolo e un colpo di testa di Ramos, sfiora il gol. Adriano salva sotto la traversa. E all'inizio della ripresa, con un'esecuzione magistrale, spedisce un calcio di punizione sul palo alla destra di Valdés. La partita si anima e Albiol atterra David Villa, lanciato a rete. Rigore ed espulsione per il centrale madridista. Dagli undici metri Messi non sbaglia, così come non sbaglia trenta minuti dopo Cristiano, che, sempre su rigore, pareggia. Alla sua settima partita contro i *blaugrana*, riesce finalmente a sbloccarsi. 1-1 alla fine di un match brutto e con poco da dire. Un pareggio che lascia il Barcellona a un passo dal suo ventunesimo titolo di Liga e che è un'iniezione di fiducia per il Real Madrid in vista dei prossimi impegni. Tanto che i tifosi del Santiago Bernabéu festeggiano il pareggio come fosse una vittoria, in una partita nervosa che lascia uno strascico di polemiche. Ad accenderle è Mou, che in sala stampa attacca l'arbitro e disegna una trama di poteri occulti che penalizzano sempre le sue squadre: «Sono stanco», dice, «di finire tutte le partite contro il Barcellona in dieci. Fin quando l'abbiamo giocata undici contro undici è stata una partita equilibrata: dopo, com'è già successo moltissime volte, siamo rimasti in inferiorità numerica e ci attendeva una missione impossibile contro una squadra che è la migliore al mondo nel possesso palla. Ancora una volta, noto un'incredibile difformità di giudizio da parte degli arbitri». Oltre a quella di Mou, c'è un'altra polemica insospettabile: questa volta il protagonista è Leo Messi, che a pochi minuti dalla fine del match spedisce il pallone fra gli spettatori. Il pallone stava terminando la sua corsa in fallo laterale, ma invece di lasciarlo uscire Messi lo calcia violentemente e colpisce alcuni tifosi. L'arbitro non estrae il cartellino giallo, ma il pubblico lo riempie di insulti. Pepe lo affronta dicendogli: «Sei matto?», e gli appassionati di calcio sono sorpresi per il gesto di Messi. Cosa è successo al ragazzo di Rosario, un tipo che in campo perde la testa molto raramente? Perché un gesto così brutto? Il responsabile non dà spiegazioni, e non gli passa nemmeno per la testa di chiedere scusa: sono i compagni a difenderlo. Parlano dell'impotenza di Leo davanti alla marcatura di Pepe, e si lamentano per i cinque falli commessi dal centrale madridista sul numero 10.

20 aprile, Valencia. È il giorno della finale della Coppa del Re: la partita in cui il gol di Ronaldo vale l'unico titolo della stagione e diventa il preferito dei madridisti sul web. A Cristiano servono cento minuti per arrivare alla meta: inizia da centravanti, una posizione innaturale. Non è facile per lui ricevere spalle alla porta, controllare i lanci lunghi che arrivano, essere l'unico ariete della squadra, l'unico punto di riferimento. Ronaldo deve correre, sfiancarsi e lavorare per i compagni che arrivano da dietro, come Pepe che, quasi alla fine del primo tempo, colpisce il palo su assist di Cristiano. Nei primi quarantacinque minuti, dominati in lungo e in largo dal Real (il Barcellona non tira neanche una volta in porta), Ronaldo soffre di solitudine e, nel secondo tempo, quando il Barça recupera il suo spartito, è ancora più isolato. Al termine dei novanta minuti di una partita intensa e ricca di buon calcio, il numero 7 ha tirato solo una volta in porta. Deve aspettare i tempi supplementari, il centesimo minuto, per togliersi i sassolini dalle scarpe accumulatisi nelle sfide contro il Barcellona. Di María triangola con Marcelo e in corsa fa partire un cross preciso e potente. Cristiano Ronaldo sovrasta Adriano dimostrando il suo dominio aereo, appreso a Manchester, e colpisce di testa. Inutile il volo di Pinto. È un gol che regala al Real Madrid, dopo quasi vent'anni di digiuno, la Coppa del Re. Stavolta il Barcellona e Messi escono sconfitti, e non solo per il risultato. Leo ha cercato di partire da qualsiasi posizione, finendo sempre nella rete della difesa madridista. Ha portato palla senza arrivare alla conclusione: i suoi dribbling e i cambi di direzione sono sterili. Nel secondo tempo il rendimento di Messi migliora e il suo passaggio filtrante a Pedro è eccellente, ma il guardalinee annulla il gol per fuorigioco. Bocciatura per Messi, e prima sconfitta in una finale per il Pep team.

Sette giorni dopo si arriva al primo atto delle semifinali di Champions. Nella sala stampa del Bernabéu, il giorno prima, Guardiola si sfoga. Mourinho ha stuzzicato il tecnico del Barcellona sull'arbitraggio della partita del Mestalla e sulla designazione dell'arbitro per la semifinale, e Pep esplode. Non era mai successo: «Visto che il signor Mourinho mi ha dato del tu e mi ha chiamato Pep, io lo chiamerò José», esordisce Guardiola. E continua: «Domani, alle 20.45, c'è una partita. Mourinho fuori dal campo ha già vinto, come ha fatto per tutto l'anno. Gli regalo la sua Champions, può portarsela a casa. Noi giocheremo, vinceremo o perderemo. Di solito vince lui, lo dice la sua storia. Noi ci accontentiamo di vittorie più piccole, che suscitano ammirazione. In questa sala stampa "*el puto jefe, el puto amo*" è lui. È lui che comanda, è lui il sapientone. Io nemmeno per sogno ho intenzione di mettermi in competizione».

Il giorno dopo, in campo, "*el puto jefe, el puto amo*" è Lionel Messi. Due azioni, due gol. Prima segna su cross di Afellay, poi offre al Bernabéu un lungo prezioso che termina in rete. Due gol che mettono al tappeto un Real Madrid conservatore, sparagnino, asserragliato nella propria area. La stessa versione vista nel Clásico della Liga. Cristiano Ronaldo, dispensato da compiti difensivi per giocare in avanti, dopo un quarto d'ora, alza le braccia al cielo e mima la sua disperazione. Chiede ai compagni di uscire dalle catacombe, di affiancarlo, di fargli arrivare qualche palla giocabile. È proprio Ronaldo che, a fine primo tempo, crea le due occasioni più pericolose del Real Madrid: tiri dalla lunga distanza che mettono paura a Valdés. Ma per il resto si fa vedere poco. Niente a che fare con Lionel, che alla fine sarà il padrone del match, mentre Mou, ancora una volta, è il padrone della sala stampa. Non ha un attimo di esitazione. Special One decide di offrire un altro spettacolo, e di superare se stesso nell'arte della provocazione. «Il Real è fuori dalla finale di Champions», dice. «Andremo al Camp Nou con tutto l'orgoglio, con tutto il rispetto per il calcio che a volte mi fa schifo. Mi fa schifo vivere in questo mondo, che però è il nostro mondo. Andremo a Barcellona senza Pepe, che non ha fatto niente, senza Ramos, che non ha fatto niente, e senza l'allenatore, che non potrà sedersi in panchina con un risultato che è praticamente impossibile da rimontare. E se per caso segneremo al Camp Nou, riaprendo almeno in parte il discorso qualificazione, qualcuno ci colpirebbe di nuovo. La mia domanda è: perché? Perché non permettono alle altre squadre di giocare contro di loro? Non lo capisco. Se dico all'arbitro e alla Uefa quello che penso, la mia carriera finisce oggi. Non so se è perché il loro sponsor è l'Unicef, o perché sono più simpatici, o perché Villar [Ángel María, presidente della federazione spagnola di calcio e vicepresidente della Uefa, N.d.A.] ha molta influenza nella Uefa. Il fatto è che loro hanno qualcosa di molto difficile da ottenere, ed è il potere. Perché l'arbitro ha espulso Pepe? Perché l'arbitro non ha fischiato quattro rigori per il Chelsea quando abbiamo giocato contro di loro? Perché van Persie è stato espulso? Perché Motta è stato espulso? Da dove viene questo potere? Il loro potere dovrebbe essere solo calcistico, e ce l'hanno: dovrebbe bastare per vincere. Vincere come vincono loro deve avere un sapore diverso, ma per gustarti una sensazione del genere devi essere una pessima persona. Guardiola è un allenatore fantastico, ma ha vinto una Champions che io mi vergognerei di vincere, perché l'ha vinta grazie allo scandalo di Stamford Bridge. E se quest'anno conquisterà la sua seconda Champions, sarà merito dello scandalo del Bernabéu».

Un discorso che costerà caro a Mourinho: il 6 maggio 2011 la commissione disciplinare e di controllo della Uefa lo sanziona con 50.000 euro di multa e lo squalifica per cinque giornate. Comuque sia, il boss ha dettato la linea per la squadra e per la tifoseria madridista. Cristiano Ronaldo non sgarra: «Avete visto tutti quello che è successo. Quando eravamo in undici contro undici anche se non stavamo giocando bene, la partita era sotto controllo. È sempre così contro il Barcellona, è una coincidenza? Lo 0-0 non sarebbe stato un brutto risultato, avremmo potuto segnare a Barcellona. Sarebbe entrato Kaká, e negli ultimi venti minuti avremmo cercato il gol. Ma in quel momento hanno espulso Pepe... Siamo molto tristi perché è sempre così contro il Barça», spiega il portoghese. E ovviamente critica l'arbitro, il tedesco Wolfgang Stark: «Durante la partita non sono riuscito a parlare con nessuno; se lo avessi fatto mi avrebbe sicuramente ammonito o espulso». Quando chiedono a Cristiano un'opinione sulla prestazione di Messi, risponde secco: «In undici contro dieci tutto è più facile. Potessi giocare anche io in superiorità numerica come capita a lui». Ronaldo, come il suo connazionale, si fa poche illusioni sul ritorno: «Nel calcio può succedere di tutto, ma fuori casa e dopo uno 0-2 è molto difficile».

Il 3 maggio, al Camp Nou, Mourinho non è neppure in tribuna: segue il match in Tv, nella sua stanza d'albergo. E vede la sua squadra, sicuramente più coraggiosa e ambiziosa rispetto agli altri tre Clásicos, che mette in difficoltà il Barça. E nel primo quarto d'ora impedisce agli avversari di uscire dalla loro metà campo. A poco a poco i *blaugrana* cominciano a macinare gioco. Messi si presenta davanti a un Casillas che in cinque minuti, con tre interventi miracolosi, gli nega il gol e si guadagna la pagnotta. Dopo l'intervallo, Cristiano, che fino a quel momento non aveva ricevuto un pallone, è protagonista della giocata polemica della serata quando, spinto da Piqué, nel cadere, atterra Mascherano e il gol di Higuaín viene annullato. L'arbitro vede solo la seconda parte dell'azione, e punisce un fallo di Cristiano, autore dell'assist decisivo. Il Barça reagisce e Pedro si presenta solo davanti a Casillas. Non sbaglia. È il gol del vantaggio. Il Real Madrid non si dà per vinto. Di María prende in pieno il palo, raccoglie la respinta e serve Marcelo, che pareggia. Il finale è teso ma il risultato non cambia. Messi non segna, ma percorre una distanza di otto chilometri, fa pressing e provoca l'ammonizione di Carvalho, di Xabi Alonso, di Marcelo e di Adebayor. Subisce dodici falli e a fine partita è stremato. Con o senza gol, è stato determinante in una partita che apre al Barcellona le porte di Wembley, dove il 28 maggio, contro il Manchester United, i *blaugrana* vinceranno la loro quarta Coppa dei Campioni. Intanto i *Merengues* continuano a lamentarsi degli aiuti arbitrali, e di una trama occulta che, ancora una volta, ha favorito i rivali. Tutti, da Karanka a Iker Casillas, hanno imparato a memoria la lezione di Mourinho. «Sapevamo che sarebbe successo qualcosa, ed è successo di nuovo. Il gol di Higuaín era gol», dichiara Ronaldo, «sono troppe cose insieme. Il Barça è una grande squadra, ma c'è qualcosa dietro... non voglio pensare a qualcosa di oscuro, ma è difficile non farlo».

Un mese dopo le acque si sono calmate e dal Portogallo Cristiano ammette che «non possiamo continuare a lamentarci. Avevamo il potenziale per vincere, ma non ci siamo riusciti e non è giusto dire che è la colpa è degli arbitri. Nella Liga e in Champions sono successe molte cose, ma non ne voglio più parlare». E sul Barcellona aggiunge: « Non hanno vinto per caso. Hanno giocato meglio e sono stati più bravi di noi, ma nessuna squadra è imbattibile». Insomma il duello con il Barça e con Leo continua. Il verdetto? Nelle prossime puntate.

CRISTIANO E MOU

«Mourinho è un amico, il mio allenatore e una persona che ammiro».

Miglior atleta maschile: Cristiano Ronaldo. Miglior allenatore: José Mourinho. Sono loro i vincitori, nella categoria sport maschile, della sedicesima edizione dei Globos de Ouro. Un'iniziativa della rivista «Caras» e della catena televisiva portoghese Sic, che premia i migliori del cinema, del teatro, della musica, della moda e dello sport. Grazie al suo record di gol nella Liga, Ronaldo ha battuto la concorrenza di Armindo Araújo, quattro volte campione del mondo di rally, di Fábio Coentrão del Benfica, che si trasferirà al Real Madrid, e di João Pina, medaglia d'oro agli Europei di judo. Mourinho, che vince per il secondo anno consecutivo (era stato premiato anche nel 2010 grazie al successo nella finale di Champions con l'Inter), ha battuto Jorge Jesus del Benfica, Domingos Paciência dello Sporting Braga e Rui Rosa, tecnico della nazionale portoghese di judo. La cerimonia di premiazione è fissata per domenica 29 maggio 2011 e, curiosamente, nessuno dei due vincitori è presente al Coliseu dos Recreios di Lisbona: Ronaldo è in ritiro con la nazionale, che si gioca la qualificazione all'Europeo 2012 contro la Norvegia; Mourinho è rimasto a Madrid per preparare la nuova stagione. Dopo l'addio al club del direttore generale Jorge Valdano, ha ormai pieni poteri.

In rappresentanza di Ronaldo c'è sua sorella Cátia, mentre a fare le veci di Mou c'è il suo amico João Graça. Il Globos de Ouro è solo uno dei tanti riconoscimenti ricevuti da Cristiano e Mourinho, due idoli in Portogallo, due madridisti e due uomini uniti da un legame molto stretto, a volte polemico. Nell'aprile del 2010 l'Inter di José Mourinho batte il Barcellona 3-1 a San Siro, nella semifinale di andata di Champions. In conferenza stampa a Valdebebas, a Cristiano viene chiesta un'opinione sul suo connazionale: «Sarò diretto e onesto. Mi piacciono le persone con una mentalità vincente: sono soddisfatto del lavoro di Pellegrini, e in questo momento non mi piace parlare degli altri», taglia corto il portoghese. Poche settimane più tardi si vocifera che Mourinho potrebbe essere il nuovo tecnico del Real Madrid. Sky Sport News torna alla carica sul tema. E Ronaldo spiega: «Mourinho è un allenatore speciale, ha dimostrato di essere uno dei migliori al mondo. Può darsi che a qualcuno non piaccia per il suo carattere o perché è una persona speciale: io lo conosco bene, e mi piace molto. È un vincente». E a chi gli chiede se gli piacerebbe che Mou arrivasse a Madrid dopo aver alzato la Champions con l'Inter, Cristiano risponde: «Non è il momento di parlarne. Per adesso penso solo a disputare un buon Mondiale con il Portogallo, e non m'importa di quello che succederà sul mercato o di chi sarà l'allenatore del Real Madrid. A Mourinho posso solo mandare un in bocca al lupo per la finale di Champions: è portoghese come me, e per questo spero che vinca».

Il 22 maggio 2010, al Santiago Bernabéu, Mourinho conquista il massimo trofeo continentale. L'Inter batte il Bayern Monaco 2-0. Quattro giorni dopo, Florentino Pérez annuncia l'esonero di Manuel Pellegrini e conferma l'arrivo sulla panchina del Real di José Mourinho. Cristiano, in Sudafrica con la nazionale, è contento e ne spiega il motivo: «Mi piacciono gli allenatori con uno spirito vincente, come Mourinho. I titoli conquistati nei club che ha allenato parlano per lui: spero», dichiara in un'intervista a «Público», «di poter vincere e festeggiare molti titoli con Mourinho. Sono venuto al Real Madrid per questo».Mou, da parte sua, in un'intervista a «Marca», parla un gran bene del connazionale: «Cristiano è un fenomeno. Nessuno può criticarlo se durante le vacanze esce con Paris Hilton, va a Los Angeles o si compra una Ferrari. Una persona che lavora come lui è un professionista straordinario. È già nella storia del calcio per essere come Pelé, Maradona o Di Stéfano, deve solo vincere qualche titolo in più». Special One sa perfettamente, e lo dice, che Cristiano non è felice perché nel suo primo anno al Real Madrid «non ha conquistato né Liga né Champions». «Non credo», commenta Mou, «che Cristiano si accontenti di un'annata straordinaria, di ventisei gol in campionato».

Sì, Mou conosce molto bene il suo futuro giocatore. Lo conosce da quando giocava nelle giovanili dello Sporting Lisbona. «Era una partita contro la União Desportiva de Leiria: noi ci saremmo allenati subito dopo», ricorda in un'intervista Mourinho, «e per questo ci fermammo a vedere il match. Mi avvicinai al mio collaboratore e gli dissi: "Ecco il figlio di van Basten". Era un attaccante, un giocatore molto elegante e con un gran bagaglio tecnico: mi ricordava l'olandese. È curioso... non sapevo neppure come si chiamava, ma devo ammettere che ci lasciò tutti a bocca aperta».

Da allora il cammino di Mou e Ronaldo si è incrociato molte volte: nel campionato portoghese, quando l'uno trascinava l'FC Porto alla conquista di due titoli nazionali e di una Champions, e l'altro esordiva con lo Sporting Lisbona. Poi la storia continua in Inghilterra: Mourinho sulla panchina del Chelsea, Ronaldo con la maglia numero 7 del Manchester United. Cristiano sbarca sull'isola britannica nel 2003, e in due anni riesce a farsi un nome. Mourinho arriva a Stamford Bridge nel giugno 2004 e vince due Premier League di fila. E a Ronaldo chiedono se Mou, in Inghilterra, non lo privi delle luci della ribalta. «Stiamo parlando di un allenatore e di un giocatore, ognuno con il suo curriculum. Mourinho è un grande tecnico, uno dei nomi più noti in Premier League: ma io ho il mio spazio, e per il Portogallo è importante avere due uomini di cui si parla tanto. Ci incontriamo ogni tanto quando le nostre squadre si affrontano, ma siamo amici», racconta Cristiano ai media portoghesi, alla fine della stagione 2005-2006.

Eppure solo un anno dopo tra i due si scatena una *war of words* (una guerra di parole). Domenica 22 aprile 2007, fra Manchester United e

Chelsea, nella Premier è un testa a testa. I Blues hanno pareggiato a Newcastle e l'arbitro ha negato loro un rigore a favore; il giorno prima, all'Old Trafford, il direttore di gara non ha fischiato un rigore contro i Red Devils. José Mourinho, in conferenza stampa, sostiene che «nel calcio inglese c'è una nuova regola: non si possono fischiare rigori contro lo United e a favore del Chelsea». E aggiunge: «Non credo che mi si possa deferire per aver detto la verità. Se poi qualcuno vuole punirmi, faccia pure, ma in questo caso sarebbe la fine della democrazia e il ritorno al passato». Parole che scatenano una guerra verbale tra il portoghese e il Manchester United. Il primo a replicare alle dichiarazioni di Mou è Cristiano Ronaldo, che proprio il 22 aprile ha ricevuto il premio al miglior giocatore della Premier: «Non voglio parlare di Mourinho e delle sue lamentele contro gli arbitri. Tutti sanno com'è», spiega Ronaldo alla televisione portoghese. «Deve sempre dire qualcosa per richiamare l'attenzione, soprattutto quando non è soddisfatto del rendimento dei suoi giocatori. Quando sbaglia non lo ammette mai».

La risposta di Mourinho non si fa attendere. Due giorni dopo il tecnico portoghese a RTP TV dichiara: «un giocatore che vuole essere il migliore al mondo, e può diventarlo, deve avere abbastanza onestà e maturità per capire che davanti ai fatti non ci sono spiegazioni che tengano. Se Ronaldo dice che non è vero che al Manchester United sono stati concessi dei rigori dubbi, è un bugiardo. E se mente non arriverà mai ai livelli che vuole raggiungere».

Alex Ferguson si presenta in conferenza stampa e difende Cristiano. «Ronaldo ha espresso un'opinione, ma questo non vuol dire che sia un bugiardo». E su Mourinho dice: «È un uomo che non rispetta nessuno tranne se stesso. Sembra che stia portando avanti una crociata personale, e mi sorprende che non l'abbiano ancora deferito. Dice che le regole del calcio sono cambiate: a questo punto vorrei sapere chi è il responsabile. Siamo noi? La Federazione inglese? La Uefa? Mourinho deve sempre scagliarsi contro qualcuno, e credo che il suo comportamento non sia onesto nei confronti di questo sport». Poi sir Alex rincara la dose: «Le decisioni arbitrali, giuste o sbagliate che siano, valgono per tutti. Forse Mourinho non si ricorda del gol regolare che ci hanno annullato quando abbiamo affrontato il suo Porto, che ci eliminò dalla Champions. La decisione dell'arbitro non ci piacque, ci lamentammo, ma non scatenammo una guerra». Ferguson è convinto che Mourinho cerchi di «mettere pressione sugli arbitri. È una persona molto intelligente, e per qualcuno è un eroe. Io non so chi sia l'eroe, o chi sia il villano. Ma so che è tutto calcolato. Ci restano quattro partite di Premier, e se fischiano un rigore a nostro favore, Mourinho vincerà la guerra. Non mi va giù».

Anche Carlos Queiroz, all'epoca vice di Ferguson, reagisce alla provocazione: «Mourinho ha il suo stile: cerca sempre di sviare l'attenzione da quello che gli fa comodo. Noi siamo diversi», spiega il tecnico portoghese, «perché abbiamo l'umiltà di riconoscere i meriti dei nostri rivali». Dopo la partita contro il Bolton, un 2-2 a Stamford Bridge che lascia il Chelsea a cinque punti dallo United leader della Premier, in conferenza stampa Mourinho torna alla carica contro Cristiano: «Questo è un gioco in cui un bambino ha rilasciato alcune dichiarazioni non particolarmente... non è un segnale di maturità e rispetto. Forse è la conseguenza di un'infanzia difficile, senza una buona educazione. Sir Alex si è sentito in dovere di proteggere il suo bambino, ed è normale... non ho nessun problema, né con Ferguson, né con il ragazzo».

L'allenatore dello United è irritato dalle dichiarazioni di Mourinho: «Forse José cerca di destabilizzare Cristiano. Non lo so, ma ci tengo a dire che nascere in una famiglia povera, della classe operaia, non significa non essere una persona educata. Ronaldo ha i suoi principi e le sue idee», afferma Sir Alex, che aggiunge: «C'è gente che ha ricevuto un'ottima educazione, ma che non ha principi, quindi meglio chiudere qui la questione».

La guerra di parole si conclude solo quando lo Special One, contravvenendo alle sue abitudini, si scusa con Cristiano: «Mourinho mi ha chiesto scusa e adesso», conferma Ronaldo, «non ho nessun problema con lui. Per quanto mi riguarda, questa storia è acqua passata». Le scuse arrivano per telefono poco prima del match di Premier tra Chelsea e United. Una conversazione telefonica tra Mou e Cristiano, svelata da Jorge Mendes, agente di entrambi, il quale ha tutto l'interesse che la vicenda non prosegua su questi toni.

Poche settimane più tardi, alla vigilia della finale di FA Cup contro il Manchester United che si gioca il 19 maggio al nuovo Wembley Stadium, quando a Mou chiedono un messaggio per Ronaldo, l'allenatore dei Blues risponde cosí: «Spero che giochi bene, che sia onesto con gli avversari e che non abbia problemi fisici, perché gli infortuni non mi piacciono neppure quando colpiscono gli avversari».

La polemica è chiusa. Mourinho lascia il Chelsea il 20 settembre 2007 e Cristiano lo rimpiange. Crede che i Blues «senza José Mourinho in panchina siano una squadra completamente diversa. Non bisogna mai dimenticare il Chelsea nella corsa alla Premier, ma ho l'impressione che non sarà un'annata positiva per loro», dichiara in un'intervista al quotidiano viennese «Heute».

Tre anni dopo i due si ritrovano al Real Madrid, e fin dal primo momento le impressioni di Ronaldo sono eccellenti. Dice che Mou è un allenatore quasi infallibile: «Lo dimostra il modo in cui ha vinto la Champions con l'Inter. È stato fondamentale per la conquista della Champions, dello scudetto e della Coppa Italia». Cristiano ha fiducia in Mou e assicura che «quest'anno lotteremo tutti insieme per vincere. Mourinho ci è riuscito all'Inter e al Porto, e può farcela anche qui».

A ottobre, dopo la vittoria per 2-0 del Real Madrid contro il Milan, nella fase a gironi di Champions, Cristiano, che ha segnato un gol straordinario su punizione, spiega che «con Mourinho tutti sono felici. Quando la situazione non gira per il verso giusto è normale che la gente sia triste, ma quest'anno sta andando tutto alla perfezione. Mourinho è fantastico. Ringrazio il Real per averlo portato qui, perché è un piacere lavorare con lui. Ho sempre detto che avrei voluto essere allenato da Mourinho e il mio sogno è diventato realtà, e non sono l'unico a essere felice. Anche i miei compagni sono soddisfatti: spero di vincere la Champions».

Mourinho considera Cristiano un intoccabile, titolare indiscutibile. Lo definisce «un lavoratore umile e semplice. L'immagine che hanno costruito di lui non ha nulla a che vedere con il suo modo di essere. È un grande professionista che vive per il calcio». Secondo il mister, il ragazzo di Madeira è il migliore al mondo: «Ci sono due opzioni. Cristiano o Messi? Se consideriamo Cristiano il numero uno, Messi è il numero due; se pensiamo che Messi sia il numero uno, Cristiano è il numero due. Ma per me è chiaro: Cristiano è il numero uno». E per giunta è convinto che CR7 sarà al top per molti anni, perché a suo parere «non c'è nessun giocatore in grado di arrivare al suo livello in un futuro prossimo».

10 gennaio 2011: al Palazzo dei Congressi di Zurigo Lionel Messi vince per la seconda volta consecutiva il Pallone d'Oro. Cristiano non è tra i tre finalisti. José Mourinho, invece, sale sul palco per ricevere il premio come miglior allenatore. Ha battuto la concorrenza del commissario tecnico della nazionale spagnola Vicente del Bosque e di Pep Guardiola. Quanto al trofeo consegnato a Messi, l'allenatore portoghese dichiara: «Quando un giocatore straordinario, come Messi, vince, merita tutto il rispetto. Ovviamente a me sarebbe piaciuto che il premio lo avesse ricevuto Wesley Sneijder, per quello che ha fatto lo scorso anno, o Cristiano Ronaldo perché attualmente è un mio giocatore, ma devo rispettare questa scelta». Ancora una volta Mou non lesina elogi per il suo pupillo. Durante la stagione lo difende da critiche e provocazioni. Quando a settembre Cristiano Ronaldo è infastidito perché il pubblico del Bernabeú lo ha fischiato durante la partita contro l'Osasuna, Mou chiede alla tifoseria *merengue* di «usare le proprie energie per sostenere la squadra, invece di fischiare». E spiega: «Il ragazzo si gioca il fisico e il futuro per il Real e assume sempre le sue responsabilità e i rischi del caso. Chiedo solo unità di intenti tra il pubblico e la squadra». Quando a febbraio, dopo il battibecco tra Cristiano Ronaldo e Walter Pandiani alla fine del primo tempo di Osasuna-Real Madrid, El Rifle dichiara che a Cristiano Ronaldo «manca qualche rotella», Mou interviene un'altra volta. E commenta: «Pandiani dovrebbe pagare per tutta questa pubblicità gratuita. Oggi, parlando di Ronaldo, ha avuto il suo minuto di gloria: la pubblicità negli orari di massima audience è cara». Immediata la risposta ironica del centravanti dell'Osa-

suna: «A difendere Cristiano ci ha pensato subito il suo papà. Pubblicità per me? Sono in Spagna da undici anni, non ho bisogno che questi due mi facciano pubblicità».

Più di una volta in polemica con gli arbitri, come da sua abitudine, José Mourinho sostiene che «gli avversari picchiano Cristiano, mentre quando affrontano altri giocatori si scansano, hanno paura a mettere la gamba». Un'idea che Ronaldo farà sua dopo una brutta entrata di Leko, difensore della Dinamo Zagabria, nella prima partita di Champions League della stagione 2011-12. «Quando gioco, gli arbitri non mi tutelano: altri vengono trattati benissimo, non si possono neppure toccare. Invece gli avversari possono riempirmi di botte... non me lo spiego!». L'allusione a Messi e al Barça è ovvia.

Il 27 aprile, subito dopo la sconfitta nell'andata delle semifinali di Champions contro il Barcellona, sorge il primo problema tra i due portoghesi: «A un giocatore offensivo come te piace il gioco del Real Madrid?», chiedono a Cristiano. E lui, con la massima onestà, risponde: «No, non mi piace, ma devo adattarmi perché questo è quello che ci tocca». Risposta concisa, ma contundente, che scatena un gran dibattito sui media. Risposta che non piace per nulla a Mourinho. È la prima critica che riceve dallo spogliatoio, e arriva dal peso massimo della squadra. «Cristiano può dire quello che vuole, è la sua opinione. Non è un problema mio», risponde Mou. Sembra tutto risolto, ma non è cosi: per Ronaldo arriva il castigo. Mourinho lo lascia fuori dalla lista dei convocati per la partita contro il Saragozza, fondamentale per il prosieguo della Liga. «Una decisione tecnica», spiega Mou, «un turno di riposo in vista della nuova sfida con il Barça al Camp Nou». Non ci crede nessuno: in tutta la stagione il numero 7 è rimasto fuori, per scelta tecnica, solo una volta, a dicembre, in una partita ininfluente di Coppa del Re contro il Levante. È una punizione per le critiche al suo sistema di gioco: un modo per spiegare al suo calciatore che deve imparare a starsene zitto. Cristiano è indignato per il castigo ricevuto, e Mourinho è furioso perché il suo pupillo ha osato criticare pubblicamente la sua tattica. Si racconta che durante il ritiro di Barcellona, alla vigilia dell'ultimo Clásico di Champions, Ronaldo e Mourinho si siano beccati davanti alla squadra.

«Secondo un testimone», scrive «El País», Mourinho avrebbe puntato il dito contro Cristiano dicendogli: "Cris, non puoi lamentarti del fatto che giochiamo in modo troppo difensivo, perché sai che se giochiamo in questo modo è colpa tua. Non vuoi difendere"». Mourinho è convinto che se Cristiano è l'attaccante più prolifico al mondo è grazie al suo sistema di gioco, costruito su misura per lui. Per questo non sopporta che le critiche arrivino dall'unico giocatore a cui ha permesso tutto. La polemica è servita, e i giornali mettono il dito nella piaga. Dagli archivi inglesi si ripesca la famosa *war of words* dei tempi della Premier. Si pensa addirittura che questo possa essere l'inizio della fine, una rottura tra le due stelle del Real Madrid. Ma a fine stagione pare tutto risolto. Quando ai microfoni della COPE chiedono a Cristiano se l'esclusione contro il Saragozza è stata una punizione di Mourinho, il portoghese risponde: «Non lo so, dovete chiederlo a lui». E sulle sue dichiarazioni dopo la partita contro il Barça, Cristiano chiosa: «Ne ho parlato con i miei compagni e con il mister: a volte non bisognerebbe dire quello che si pensa. A volte diciamo qualcosa che non volevamo dire: non avevo cattive intenzioni, ma ero frustrato per la sconfitta e per l'espulsione di Pepe. A volte quello che dico non è la verità: ma questo è un capitolo chiuso e adesso va tutto bene. Nessuno è perfetto».

Un'autocritica e un bilancio positivo del rapporto con Mou: «Per me il suo arrivo a Madrid è stato molto importante. Non solo perché è un allenatore portoghese. Ciò che conta di più è il fatto che in tutti i campionati in cui ha allenato, Mou ha dimostrato di essere il migliore: secondo me i migliori sono quelli che lo dimostrano in più Paesi, e José lo ha dimostrato. Ha una mentalità forte, vincente. Noi giocatori ce ne siamo resi conto, e solo chi ha la fortuna di lavorare con lui sa chi è davvero Mourinho. Le persone non hanno idea di quello che succede in uno spogliatoio o durante gli allenamenti, e hanno un'opinione sul nostro allenatore: può piacere o non piacere, come succede anche con me. Secondo me è straordinario e spero che continui ad allenarmi per tanti anni». Mourinho o Ferguson: chi è il migliore? «È diverso: non si può paragonare una Ferrari con una Porsche», risponde Cristiano. «Ti può piacere più una Ferrari o più una Porsche. Ognuno ha i suoi gusti.

Comunque, per me Mourinho e Ferguson sono stati i migliori allenatori con cui ho lavorato».

E a settembre 2011, all'inizio della nuova stagione, in un'intervista a «Marca», Cristiano aggiunge altri elogi al suo allenatore: «Mourinho è un amico, il mio allenatore e una persona che ammiro». Nemmeno due anni dopo la musica cambia.

PASSIONI E OSSESSIONI

Passioni
Calcio
Ping Pong
Atletica
Tennis
Nuoto
Musica
Automobili
Famiglia
Clan
Madeira

Ossessioni
Gli addominali
Le sopracciglia
I capelli
La lotta contro il fumo
La dieta
La lunghezza del prato di casa sua
La vita privata
Il 7
Il pallone

Il gol
I titoli
Messi
Il Pallone d'Oro
Essere il migliore
La perfezione

Passioni

Esercizio utile: scrivere in qualsiasi motore di ricerca di Internet nome e cognome di CR7 e la parola passioni. «Cristiano Ronaldo genera passioni» è il titolo più frequente. Genera passioni tra i tifosi del Real Madrid; genera passioni in Portogallo, in Inghilterra, a Washington, in Asia; tra il pubblico femminile, tra i bambini che sognano di diventare calciatori, nella comunità gay (la rivista «Gay Times» l'ha eletto nel 2009 l'uomo più sexy del mondo). Ovunque vada, a uno stadio, all'aeroporto, a un negozio d'abbigliamento o in un ristorante, il portoghese genera passioni di ogni tipo. Idolatria, pazzia, invidia, odio, amore. Per alcuni è un eroe, per altri un arrogante; per alcuni è il modello del perfetto calciatore del XXI secolo, per altri semplicemente un buon giocatore. Per alcuni è un dio, per altri il diavolo. Fin da quando ha messo piede in Inghilterra, Ronaldo non lascia indifferente nessuno. C'è chi lo apprezza per essere assolutamente onesto e chi lo considera soltanto un prepotente. Ma quali sono le vere passioni di un uomo che suscita tante passioni? Quelle normali di un calciatore giovane, ricco, bello e famoso: i vestiti firmati, gli accessori, la velocità e le auto sportive... Ultimo acquisto: una Ferrari 599 GTO, capace di passare dagli 0 ai 100 chilometri all'ora in soli 3,35 secondi, grazie al suo motore V12. Un'auto che assomiglia alla famosa Batmobile. E nella collezione di Ronaldo figurano anche una Mercedes, una Porsche 911, una Bugatti Veyron, una Bentley Continental GT Speed, una Aston Martin DB9, una Maserati Gran Cabrio, fino ad arrivare alla Ferrari 599 GTB Fiorano, un V12 da 6.0 litri e 612 cv. Il portoghese l'ha distrutta, l'8 gennaio 2009, in un incidente contro una barriera di protezione in un tunnel nei pressi dell'aeroporto di Manchester. Un crash da cui Cristiano è uscito illeso.

Calciatore e automobili è un binomio normale, com'è normale anche che un calciatore sia un appassionato di sport. Dopo il calcio, lo appassiona il ping pong. Ha iniziato a praticarlo da bambino a Madeira, dove c'è una buona tradizione e un club a livello internazionale. L'ha portato avanti negli anni dello Sporting e non l'ha più abbandonato. Adora vedere le partite e adora sfidare amici e compagni di squadra. Si vanta di essere molto bravo e ha raccontato varie volte che l'allenatore della squadra di ping pong dello Sporting gli ha proposto di entrare a far parte della sua squadra. Lui, però, voleva fare il calciatore. Completano la sezione sportiva il tennis – non si è fatto mancare un campo in terra battuta nella sua villa inglese –, atletica e nuoto (la piscina è un must nelle sue case).

Musica

Amor mío, eres el ser que amo sin fin
Pasión divina, amor mío
Razón eterna de vivir
Amor mío, mi vida es toda un vacío sin ti
Quiero que me sientas cerca, y así, tus ojos en mí, amor Mío
Amor mío.
Amore mio, sei la creatura che amo infinitamente
Passione divina, amore mio
Ragione eterna del mio vivere
Amore mio, la mia vita è vuota senza te
Voglio che tu mi senta vicino, così, i tuoi occhi nei miei, amore mio
Amore mio.

Ebbene sì, Cristiano ha addirittura cantato una ballata romantica in un video pubblicitario del Banco Espírito Santo. Una pubblicità che gioca con i pettegolezzi sulla vita del fenomeno lusitano a Madrid. Le sue donne guardie del corpo, un presunto fratello gemello con cui si scambia negli intervalli delle partite e l'anima musicale segreta per cui sogna di incidere un disco in spagnolo. «Cantare non è la cosa che mi riesce meglio», ammette in un'intervista a Real Madrid TV. Eppure non canta solo per la pubblicità: lo fa anche nello spogliatoio, dove coinvolge Pepe, Marcelo, e a volte anche Casillas. «A tutti i giocatori piace la musica; la ascoltiamo durante gli allenamenti, durante i viaggi, nelle partite... Sì, la musica fa parte della mia vita, sono cresciuto in un ambiente musicale: mia sorella era cantante, e quando vivevo a Madeira andavo ad assistere agli spettacoli di musica tradizionale con la mia famiglia. Non c'è un tipo di musica che preferisco, dipende dal momento, dalla compagnia, da diversi fattori», dice il portoghese. Prima delle partite preferisce canzoni ritmate; dopo un gol sul terreno di gioco preferisce il ritmo di *Ai se eu te pego* di Michel Teló, il Justin Bieber brasiliano. Giusto per ballarlo, come ha fatto, insieme a Marcelo.

Famiglia e clan

Chiamatela passione, amore, devozione filiale e fraterna, ma ciò che più importa a un ragazzo che ha dovuto abbandonare la sua terra e il suo nucleo familiare all'età di dodici anni è sua madre Dolores, le sue sorelle, suo fratello, suo cognato, i nipoti (Rodrigo e Dinis), le nipoti (Beatriz ed Eleonor), suo cugino Nuño; un clan in cui entra a pieno titolo anche Jorge Mendes, il suo agente.

Lo ha sempre detto di essere molto legato alla sua famiglia, ha ribadito che sua madre è stata un caposaldo nella sua vita, che con lei ha un rapporto speciale, che da piccolo l'hanno coccolato, che Dolores non l'ha mai lasciato solo, nemmeno per un attimo; che suo padre lo ha appoggiato, che gli ha dato molto e che lui ha cercato di ricambiare quanto ha ricevuto. Ha mandato in pensione sua madre quando ha firmato il contratto milionario col Manchester United; le ha comprato una casa, si è preso cura di lei quando ha avuto problemi di salute. Ha tentato inutilmente di salvare suo padre dall'alcolismo. Ha aiutato suo fratello a uscire dal tunnel della droga e sua sorella Cátia a coltivare la sua carriera artistica (tre album: *Pronta pra te amar*, *Esperança*, *Corpo de Al-*

ma). Ha messo nelle mani di sua sorella maggiore Elma il negozio del suo marchio CR7 a Madeira, mentre suo cognato Zé, il marito di Cátia, è diventato il suo braccio destro dagli anni di Manchester. Una famiglia che l'ha sempre seguito, che l'ha sempre sostenuto. Una famiglia che per Ronaldo è tutto.

Madeira

L'isola della sua infanzia, l'isola perduta in cui ama tornare per rifugiarsi nella sua famiglia. Un'isola che ha sponsorizzato in tutto il mondo, l'isola dove ha portato Irina, la sua fidanzata. La terra a cui non può non inviare un messaggio di solidarietà, nel febbraio del 2010, dopo un fortissimo temporale che ha causato più di quarantadue vittime, decine di feriti e danni incalcolabili. «Voglio manifestare la mia disponibilità ad aiutare, nella misura in cui mi è possibile, gli organismi e gli enti ufficiali a ridimensionare e superare il prima possibile gli effetti di questa grande tragedia», dichiara Cristiano Ronaldo. Al Bernabéu, dopo aver segnato un gol contro il Villareal, si alza la maglia e ne mostra un'altra con su scritto: "Madeira".

Ossessioni

Gli amici e i compagni di squadra di solito lo chiamano Cris, ma nello spogliatoio del Real l'hanno soprannominato anche Ansia. Perché? Perché «i suoi compagni sanno che c'è una lunga lista di cose», scrive «El País», «a cui Cristiano si dedica in modo ossessivo. Gli addominali, le sopracciglia, i capelli, la lotta contro il fumo, i suoi titoli, i suoi gol e, soprattutto, la riconquista del Pallone d'Oro».

Le ossessioni di Ronaldo sono molte, a cominciare dalla sua forma fisica e dalla sua immagine. Il portoghese controlla la sua dieta fin nel minimo dettaglio, sta lontano dagli eccessi e si astiene dall'alcol. Se un giorno esagera, quello dopo rimane in palestra mezz'ora in più. Le sue sessioni di addominali sono famose, tanto da trasformarsi in una leggenda metropolitana. Sono molte le discussioni e le domande dei giornalisti sul numero di addominali quotidiani. Cristiano ci tiene a sfoggiare un fisico scultoreo, essere sempre al cento per cento e curare l'immagine che il mondo ha di lui, o meglio, che lui vuole dare al mondo. Partono da qui le crociate della sua agenzia contro i giornali scandalistici inglesi che hanno attaccato Cristiano e la sua famiglia. Più di una volta è andato in tribunale e ha vinto contro chi l'aveva accusato, per esempio, di aver speso 10.000 euro in bagordi. Cristiano non vuole nessuna intromissione nella vita privata sua e della famiglia: vuole che la sua immagine pubblica sia la più discreta possibile. Anche se poi è proprio lui a non controllare le proprie dichiarazioni. I particolari sono fondamentali per il portoghese, in tutti i sensi, e narra la leggenda che controlla persino l'altezza dell'erba nel suo giardino di Madrid. I giardinieri che lavorano nella sua villetta devono fare attenzione che l'erba venga sempre tagliata all'altezza perfetta. Una fissazione come per il numero 7 o per le sue iniziali, CR.

Ma l'ossessione vera è essere il migliore, il migliore di tutti e di Messi, suo rivale nella lotta per il primo gradino del calcio mondiale. Ossessione che può avere risvolti negativi: «A volte», spiega la psicologa Patricia Ramírez a «Marca», «siamo talmente ossessionati da quello che vogliamo ottenere che l'ossessione ci impedisce di realizzarlo. Prefiggerci degli obiettivi in modo ossessivo ci crea stress e tensione, che non sono i miglior stati d'animo per competere». Ansia, impazienza, eccesso di motivazione, eccitazione non consentono, secondo gli psicologi, di ottenere il massimo rendimento. In Argentina hanno già consigliato a Ronaldo di stendersi sul lettino di uno psicanalista per risolvere i problemi del suo super ego e ammettere il suo problema con Lionel Messi. Ma l'ossessione di Cristiano non è il gioco, né Messi, né i gol, né il Pallone d'Oro. La sua vera ossessione è la perfezione.

L'EXTRATERRESTRE

«Che ingiustizia!».

Due rigori gli hanno chiuso le porte del Paradiso.

Un gol, al Camp Nou, gli ha permesso di consegnare la Liga al Real Madrid. A discapito di Lionel Messi e del Barcellona.

Iniziamo dalla parte migliore. Iniziamo dalla rete più importante dal suo arrivo a Madrid. Un colpaccio che ha assicurato il titolo ai *Merengues*.

21 aprile 2012, Camp Nou, ore 20, Barcellona-Real Madrid. Per la prima volta dalla stagione 2008-2009, i *Merengues* arrivano a fine stagione in testa alla classifica, davanti ai *blaugrana*. Hanno quattro punti di vantaggio sul Pep team (85 a 81), sufficienti a chiudere il campionato sul campo del rivale e a mettere fine al ciclo di quella squadra incredibile, capace di vincere le ultime tre edizioni della Liga. Il Barça si gioca le ultime carte nella corsa al titolo. È il Clásico numero 184, il più equilibrato di sempre: 86 vittorie per il Barça, 86 per il Madrid, 12 i pareggi. Protagonisti assoluti, ovviamente, Cristiano Ronaldo e Leo Messi. Tanto che «Sport», nel suo editoriale, scrive: «La Liga non se la contendono due squadre, ma due giocatori». Il motivo è subito spiegato: Ronaldo e Messi sostengono le due grandi a suon di gol. Nelle trentadue partite della Liga ciascuno ha segnato quarantuno gol, entrambi hanno

eguagliato il record stabilito dal lusitano nella stagione 2010-11. L'argentino arriva all'appuntamento con cinque triplette, un poker e sei doppiette, il portoghese con sette triplette e cinque doppiette. «Non si era mai visto nulla di simile», conclude «Sport». «Mai nella Liga spagnola avevano militato due fenomeni di questa portata». Due fenomeni che, in una notte, si giocano la Liga, il titolo di capocannoniere del campionato, la Scarpa d'Oro e il Pallone d'Oro. C'è da dire che Cristiano Ronaldo, fatto salvo per la finale di Coppa del Re del 2011, ha sempre perso nel faccia a faccia con Messi. E ha perso anche l'ultimo Clásico, il 10 dicembre 2011, quando il Barça, al Bernabéu, è riuscito a superare lo shock del gol di Karim Benzema (ventidue secondi esatti dopo il fischio d'inzio) e ha chiuso la partita con un sonoro 1-3. Messi non ha segnato, ma ha partecipato alle azioni da gol; Ronaldo, invece, ha sbagliato due chiarissime occasioni.

Il 21 aprile 2012 la storia è completamente diversa. Cristiano Ronaldo è decisivo: segna il gol del 2-1 finale, una rete che dà al Real di Mourinho sette punti di vantaggio sul Barcellona. E che vale la Liga. Un gol che arriva al settantaduesimo, poco dopo il pareggio di Alexis. Fondamentale perché manda in frantumi la reazione dei *blaugrana*. Mesut Özil riceve palla da Di María a centrocampo e lancia in profondità Cristiano Ronaldo. Il numero 7 si lascia alle spalle Mascherano e si pianta davanti Víctor Valdés. Palla sulla destra e il portiere *blaugrana* fuori dai pali è battuto. Un gol che Cristiano festeggia come fece, a suo tempo, Raúl: «Calma, calma, che qui ci sono io», dice in campo, cosciente di quello che significa la rete. Poi, in zona mista, aggiunge: «È stato un gol importante, ma la cosa più bella è la vittoria della squadra». Cristiano ha segnato ancora al Camp Nou, è l'uomo-chiave. Mette fine a tre anni di digiuno del Real e, come scrivono i giornali di Madrid, ha detronizzato Messi. Sì, perché l'argentino questa volta è irriconoscibile: contro il Real non ha neppure tirato in porta. Cosa insolita per uno come lui. È stato Messi ha dare il la all'azione del gol di Alexis, ma non ha pesato sulla partita quanto tutti si aspettavano. La tattica di Mou l'ha neutralizzato.Con la Liga ormai in tasca, tre giorni dopo, il 25 aprile, Cristiano affronta la semifinale di ritorno di Champions League contro il Bayern

Monaco. Il penultimo passo per conquistare quella decima Coppa Campioni che tutti i madridisti sognano. Gli uomini dello Special One sanno già che nella finale dell'Allianz Arena di Monaco li aspetta il Chelsea. I Blues di Roberto Di Matteo, contro tutti i pronostici, hanno eliminato il Barcellona. Una partita incredibile: al quarantatreesimo i *blaugrana* sono qualificati. Vincono 2-0, hanno ribaltato il risultato dell'andata (1-0), e per giunta giocano in undici contro dieci per l'espulsione di John Terry. Il più è fatto, ma il passo tra il sogno e l'incubo è corto. Due minuti più tardi, Ramires con un pallonetto delizioso segna il 2-1 e al novantunesimo El Niño- Fernando Torres mette il punto finale all'incontro. Al Barcellona non serve l'81 per cento di possesso palla, né i quarantasette tiri in porta totalizzati tra andata e ritorno. Il Chelsea, con soli quattro tiri nello specchio della porta, ha segnato tre gol e con un catenaccio all'inglese vola a Monaco. E Messi? Al quarantasettesimo stampa sul palo il rigore che poteva essere decisivo. Per questo il giorno dopo «Marca» titola con un *Tu non sbagliare* a tutta prima pagina. C'è la faccia di un Messi distrutto e quella di un Cristiano Ronaldo che esulta per un gol. In rosso il messaggio: «Il Bernabéu oggi si affida al suo leader, CR7, per raggiungere la finale dopo l'incredibile eliminazione del Barça». Una prima pagina sfortunata. Sì, perché la storia si ripete. Cristiano sbaglia. Come Leo. Dagli undici metri. Fallisce dopo ventisette rigori consecutivi trasformati. Sbaglia il secondo della serie, il primo per i madridisti nella lotteria dei tiri dal dischetto. Calcia alla destra di Manuel Neuer. E il portiere tedesco intuisce e blocca. Sbagliano anche Kaká e Ramos. Segna solo Xabi Alonso. A nulla servono le due parate di Iker Casillas. La decima Champions dev'essere rinviata al prossimo anno. Cristiano commette un errore nel momento decisivo, ma, a differenza di Messi, nei centoventi minuti di gioco risponde alle aspettative. Suo il primo gol, guarda caso su rigore. Suo il secondo che dà al Real la momentanea qualificazione. Sul 2-0 a favore, il Real fa dieci passi indietro, si chiude nella sua metà campo aspettando l'errore dei bavaresi per partire in contropiede. Vuole tenersi stretto il risultato. Un'impostazione conservatrice, quella di Mourinho, che alla fine, nonostante San Iker il Salvatore, crolla sotto un calcio di rigore trasformato da Robben. È il pareggio dell'eliminatoria. I tempi supplementari non servono. Si va ai rigori. E per il Madrid è l'addio alla Champions. Rimane la Liga. C'è solo da chiuderla matematicamente. Non è difficile: l'Alirón arriva a San Mamés, mercoledì 2 maggio. I *blancos* sconfiggono l'Atletico Bilbao di Fernando Llorente e Marcelo Bielsa. Cristiano, di testa su un calcio d'angolo, firma il 3-0. Peccato che la prima cosa che fa dopo il fischio finale è il gesto dell'ombrello a Javi Martínez. Il calciatore dei Leoni, espulso per somma di ammonizioni, a fine partita si trova dalle parti del portoghese. Gli dice qualcosa e CR7 reagisce male. «Lasciamo stare gli eccessi», commenta Bielsa, il tecnico di Rosario. «Hanno vinto, sono i campioni. Hanno meritato di vincere e devono festeggiare». Festeggiano la Liga numero trentadue nella storia del club di Chamartín. Mourinho riesce nell'impresa di vincere un campionato in quattro Paesi diversi: Portogallo, Inghilterra, Italia e Spagna. Cristiano conquista la sua prima Liga. Il giorno dopo, alle 19, in plaza de Cibeles a Madrid, la squadra rende omaggio alla dea davanti a migliaia di tifosi. Cristiano, dal vivo della festa dei *blancos*, risponde alle domande di Real Madrid TV: «È la tua prima Liga. Come ti senti?». «È una sensazione fantastica, sono molto felice. I nostri tifosi se lo meritano. È stata una stagione spettacolare, la squadra è stata straordinaria, abbiamo giocato bene e ci siamo meritati questa Liga. Mancano ancora due giornate ma l'obiettivo è già stato raggiunto».

Le ultime due partite permettono a Cristiano di segnare altri due gol e raggiungere i quarantasei centri stagionali nella Liga (uno ogni settantacinque minuti), ai quali se ne aggiungono dieci in Champions League, tre in Coppa del Re e uno nella Supercoppa di Spagna. Un totale di sessanta gol con la maglia del Real nella stagione 2011-12. CR7 si supera. Demolisce il suo precedente record (cinquantatré gol). Dimostra la sua continua progressione in fatto di realizzazioni: da trentatré della sua prima stagione spagnola a sessanta. Il suo è stato un susseguirsi di cifre senza precedenti nella storia madridista. I numeri di Ronaldo superano quelli di miti come Puskás, Di Stéfano e Hugo Sánchez. Nelle sue tre stagioni al Real ha segnato 146 gol in 144 partite, con una media di 1,02 reti a partita. È il giocatore del Real Madrid ad aver raggiunto i cento gol nel minor numero di partite. È l'unico calciatore della Liga ad aver segnato contro tutte le diciannove squadre avversarie in una sola stagione. Non ha rivali nei centodieci anni di storia *merengue*. Ma se c'è una cosa che lo differenzia dai miti della "Casa Blanca" è la sua attività in area: 161 tiri, uno ogni tredici minuti, per segnare quarantasei gol. Eppure non sono sufficienti per diventare di nuovo il capocannoniere della Liga. Messi ha segnato più di lui: cinquanta gol in campionato, settantatré reti complessive. Una pietra miliare del calcio internazionale. Però, come dice Mourinho, pragmatico come sempre, quelli di Messi sono gol che non sono serviti per conquistare un titolo importante. Il lusitano, al contrario, ha portato a casa la Liga, ed è stato il maggior responsabile dei centoventuno gol che hanno consacrato il Real campione. Ha saputo farsi carico della squadra fin dalla prima giornata. Non si è tirato indietro nelle partite decisive. Ha segnato gol di tutti i tipi: di destro, di sinistro, di testa e uno, a Vallecas contro il Rayo, perfino di tacco. Una meraviglia. CR7, senza alcun dubbio, ha disputato la migliore stagione dal suo arrivo nella capitale spagnola, e ha contribuito ad abbattere un Barça che sembrava invincibile. José Mourinho, finalmente, ha smesso di avere incubi con Pep Guardiola, Ronaldo non sogna più Messi, e lo stesso vale per i tifosi del Madrid. Poco a poco il numero 7 ha conquistato il Bernabéu. Dai fischi si è passati agli applausi a scena aperta. Adesso a Cristiano tocca conquistare, una volta per tutte, il suo Paese.

L'8 giugno 2012 inizia, in Ucraina e Polonia, l'Europeo. La Seleção, nella sua lunga storia, non ha mai conquistato un titolo. Nonostante grandi giocatori, da Mário Coluna a Eusébio, da Fernando Chalana a Paulo Futre, da Luís Figo a Rui Costa, la nazionale lusitana è arrivata sempre e solo a un passo dalla gloria. Secondo posto, terzo posto, quarto posto, ma mai campioni. E anche questa volta le premesse non sono buone. Perché, come scrivono in patria, la squadra, nonostante il quinto scalino del ranking Fifa e nonostante Cristiano Ronaldo, è meno solida di quella guidata da Figo e Rui Costa e, successivamente, da Deco. In più, ai lusitani è toccato il Gruppo B, il gruppo della morte. Dovranno vedersela con l'Olanda, vicecampione del mondo; con la Germania, una delle grandi favorite del torneo; con la Danimarca, che riserva sempre sorprese. Cosa si aspettano i portoghesi da Ronaldo? Che sia quello del Real Madrid, che segni una valanga di gol. Cosa che con la maglia della nazionale non ha mai fatto. Il suo bilancio è di trentadue centri in novanta partite internazionali, una povera media di 0,36 gol a partita. E c'è da aggiungere che CR7 nei grandi appuntamenti internazionali ha segnato solo cinque gol: tre all'Europeo (2004 e 2008) e due in altrettanti mondiali (2006 e 2010). I portoghesi si aspettano che sia il leader anche della Seleção. Sognano un Cristiano come il Maradona dei Mondiali di Messico 1986, il capitano che prenda per mano la squadra e la conduca al titolo. Però, nelle prime due partite, CR7 non risponde alle aspettative della sua gente. Il 9 giugno contro la Germania, la corazzata allenata da Joachim Löw e diretta da Mesut Özil e Ronaldo è quasi un fantasma. Gioca a sinistra, sorvegliato da Jérôme Boateng. Non gli arrivano palloni, e ha poche occasioni di sfruttare la sua velocità e la sua potenza. Tutto il contrario di Mario Gómez, il gigante del Bayern Monaco. Ha un'occasione e non la spreca: il suo colpo di testa piega un Portogallo che, bloccato dalla paura, si fa vedere solo negli ultimi dieci minuti. A fine partita Cristiano Ronaldo commenta: «Abbiamo avuto sfortuna. Ma nulla è perduto, nel 2004 abbiamo iniziato con una sconfitta e siamo arrivati in finale». Secondo incontro il 13 giugno, all'Arena di Lviv contro la Danimarca. Davanti a 28.000 spettatori, Ronaldo vive una serata da incubo: non ne azzecca una. Sbaglia l'inimmaginabile. Sembra abbia perso tutto il suo feeling con il gol. Là davanti sembra un pensionato, dietro – vedi il primo gol della Danimarca – difende come un dilettante. Ha due occasioni chiare e le sbaglia entrambe. Un disastro, la sua peggior serata con la maglia della Seleção. Per fortuna Silvestre Varela, a tre minuti dalla fine, trasforma un pallone sbagliato del capitano in un gol che vale la vittoria. Il Portogallo può ancora sperare di passare alla fase successiva. Però per Cristiano le cose non vanno bene, delle sue tredici conclusioni nell'Europeo nessuna è finita in rete. Non segna da cinque partite, cosa mai successa in tutta la stagione con il Real Madrid. Un incubo per uno ossessionato dal gol come Cristiano Ronaldo. Se la prende con se stesso e con il pubblico che lo provoca cantando in coro il nome di Messi. E a fine partita dichiara: «Sapete cosa faceva Messi l'anno scorso in questo periodo? Veniva eliminato nei quarti della Coppa America». Non c'entra niente, ma è la dimostrazione, l'ennesima, di quanto sia pesante l'ombra del suo eterno rivale. E di quanto sia pesante la pressione. Dal Portogallo partono le prime critiche, non solo per il suo rendimento, ma anche per le sue dichiarazioni e il suo modo di essere in campo, comprese le strigliate ai compagni quando le cose non vanno bene. Lo accusano di essere egoista, dicono che pensi troppo a se stesso e al Pallone d'Oro, poco alla squadra. «Non è abbastanza maturo per fare il capitano, è stata una leggerezza di Scolari. Adesso nessuno riesce a domare il suo ego», commenta al «Diário de Noticias» António Simões, ex presidente della Federazione, «e questo è dannoso per il gruppo e per lo stesso Cristiano». I compagni di spogliatoio lo difendono a oltranza. Silvestre Varela dichiara: «Non c'è nessun problema con Cristiano. È il nostro capitano. Fa gruppo tutti i giorni, si sacrifica per il Portogallo». Pepe, suo compagno di squadra nel Real, giustifica la sua momentanea cecità davanti alla porta dicendo che «anche i migliori sbagliano». Tutto cambia il 17 giugno contro l'Olanda. Nella partita decisiva, Cristiano dà sfoggio della sua classe, distrugge la difesa orange e con i suoi due gol consegna alla Seleção il pass ai quarti. Questa volta il suo è spettacolo in 3D: conclude dodici volte (record nella storia degli Europei), percorre 10.139 metri, dribbla, colpisce di testa, cross, si propone, regala occasioni da gol ai compagni e segna. La prima rete al ventottesimo; si smarca per ricevere da João Pereira, controlla la palla con l'interno e incrocia col destro sull'uscita di Stekelenburg. Vale il pareggio. Il secondo gol arriva al settantaquattresimo, Cristiano ruba palla, cede a Moutinho, percorre il campo in otto secondi e, con tutta tranquillità, dopo uno sprint di cinquanta metri, riceve da Nani, scarta van der Wiel, il difensore avversario, e spinge il pallone in fondo alla rete senza che il portiere olandese possa farci nulla. E potrebbe arrivare anche il terzo, ma il palo glielo nega. Poco importa: il genio si è risvegliato. Ha fatto a pezzi l'Olanda e, quattro giorni dopo, liquida la Repubblica Ceca. Mancano undici minuti alla fine della gara e il risultato è bloccato sullo 0-0.

Cristiano ha già avvisato Cech due volte con due legnate che si stampano contro la base del palo. Finalmente, al settantanovesimo, arriva il gol. Cross di destro di Moutinho, Cristiano anticipa Gebre Selassie e con un colpo di testa dalla potenza inaudita piega le mani di Cech, il portiere dell'anno, quello che ha negato a Messi la finale e al Bayern Monaco la vittoria in Champions. Nessuno era riuscito a farlo, Cristiano sì. È una rete che regala al Portogallo il biglietto per la semifinale. «È stata la vittoria della squadra. Abbiamo vinto perché siamo stati uniti in campo. Abbiamo giocato una partita concreta, creando occasioni a non finire», dichiara Ronaldo a fine partita.

Il giorno dopo, la stampa portoghese, i media internazionali, gli avversari e i compagni rendono omaggio al talento di CR7. *È il migliore del mondo* titola in prima pagina «Record». *Imparabile!* grida la copertina di «A Bola». *Già vale oro*, scrive «O Jogo». *Sorpasso a Messi*, titola «La Gazzetta dello Sport». *Un Cristiano d'oro*, sottolinea «The Guardian».

«La capacità di concludere di Cristiano è sorprendente», commenta Michal Bílek, l'allenatore della Repubblica Ceca. «Non è facile fermarlo. Sul gol non ho potuto farci nulla», dice Cech. «Lo avete visto? È a un livello incredibile», assicura Fabio Coentrão. «Non ho dubbi che sia il migliore al mondo». E Pepe aggiunge: «Non è solo il migliore al mondo, è un extraterreste». Parole che anticipano ciò che dirà un mese dopo José Mourinho parlando del paragone Messi- Ronaldo: «Cristiano non è nato a Madeira, è nato su Marte, perciò, non è del pianeta Terra. Quindi, è il migliore dell'universo».

27 giugno, Donetsk: Portogallo-Spagna, semifinale dell'Europeo. «Non mi importa chi sarà il nostro avversario. Stiamo giocando sempre meglio e il nostro obiettivo è la finale», aveva detto Cristiano. Però probabilmente avrebbe preferito evitare il derby contro la Spagna. Perché con la Roja di Vicente del Bosque i precedenti non sono dei migliori, vedi l'eliminazione dal Mondiale sudafricano, perché in campo gli tocca vedersela con Arbeloa, Alonso, Ramos e Casillas, quattro compagni del Real che lo conoscono molto bene. Prima della partita Álvaro Arbeloa dichiara: «Cristiano richiede un grande impegno mentale e fisi-

co. E sai già che in novanta minuti qualche volta non potrai fermarlo». Vicente del Bosque ricorda il giorno a Città del Capo in cui la Spagna raggiunse i quarti a spese dei lusitani. «Allora», dice il commissario tecnico, «non vedemmo la migliore versione di Ronaldo». Ma non dimentica l'amichevole di Lisbona del 2010, quando il Portogallo vinse 4-0: «In quell'occasione», aggiunge, «furono decisamente superiori». Paulo Bento, il tecnico portoghese, proclama: «Terremo palla, avremo il coraggio di attaccarli e la pazienza di non destabilizzarci quando saranno loro a manovrare. Il nostro obiettivo non è certo quello di passare la partita a difenderci. Vogliamo creargli grossi problemi». Bento non parla invano: il Portogallo tiene testa ai campioni del mondo. Non concede neppure un centimetro, forte sul piano tattico e fisico, blocca il gioco di una Spagna stanca e senza idee, ma non riesce ad approfittare della sua carta migliore: Cristiano Ronaldo. Il capitano non si fa vedere un granché. Le sue incursioni sulla fascia sono scarse, è sempre ben coperto da Arbeloa e Sergio Ramos, che si guadagna un'ammonizione per fermarlo irregolarmente. CR7 potrebbe sfruttare tre calci di punizione ma la mira è sbagliata. L'occasione migliore arriva pochi minuti prima del novantesimo. Un fallo ai danni di Nani, e Cristiano con Meireles lancia un contropiede che sorprende la difesa della Roja. Tre contro tre. Meireles incrocia e lascia Cristiano solo al limite dell'area. Tutti, nello stadio e davanti alla Tv, trattengono il fiato: potrebbe essere il quarto gol di Ronaldo all'Europeo, quello che vale la finale. Ma Cristiano sbaglia. Alto. Sbaglia perché Piqué lo obbliga a forzare il tiro, o perché il contatto con la sfera non è buono. Chi lo sa? Sta di fatto che si finisce ai supplementari. È la Spagna che con Iniesta sfiora il gol, Cristiano non riceve palla. Scade il centoventesimo minuto. Tocca alla lotteria dei calci di rigore. Cristiano Ronaldo deve calciare il quinto della serie. Il rigore che non arriverà mai. Moutinho e Bruno Alves dagli undici metri hanno fallito e Cesc Fàbregas segna quello decisivo, il gol che qualifica la Spagna. «Che ingiustizia!», mormora il capitano davanti alle telecamere. Più tardi commenta: «La Spagna è stata più fortunata e mi congratulo. Sono triste perché questa è la seconda semifinale che perdo, quest'anno, entrambe ai rigori. E lì è solo questione di fortuna».

Alla domanda: «Chi ha deciso che sarebbe stato l'ultimo a tirare?», risponde: «La decisione è stata dell'allenatore, del gruppo, di tutti. Io ho fatto del mio meglio».

UN LEADER

«Quello che conta, per me, è il Real e la mia carriera».

«Forse sono un po' triste. Non festeggio per i gol perché non sono felice».

Perché sei triste?
«La gente sa il perché».

Sei deluso perché non hai vinto il premio come miglior giocatore d'Europa?
«No, non è per questo, quello è il meno. Ci sono cose più importanti».

È una questione personale o professionale?
«Professionale».

«Non dirò più una parola. La gente nel club sa il perché».

Domenica 2 settembre 2012, terza giornata di Liga, stadio Santiago Bernabéu: Cristiano Ronaldo segna due gol contro il Granada, e si arriva a centocinquanta come giocatore del Real Madrid. Poi finisce in panchina, per un problema alla gamba sinistra. Non aspetta la fine della partita e se ne va negli spogliatoi senza festeggiare la terza rete del Real Madrid. Più tardi, si presenta ai giornalisti in zona mista. E sgancia la bomba. Poche parole sulla tristezza, e il giorno dopo eccole sulle copertine di tutti i giornali, ad alimentare ore e ore di dibattiti radiofonici e televisivi, parole che lasciano perplessi il Madrid e i suoi tifosi. La domanda è: «Perché è triste?». E non manca chi si chiede se, con tutto quello che sta succedendo in Spagna, crisi economica, disoccupazione, sfratti, famiglie sul lastrico, un calciatore "bello, ricco e famoso" possa permettersi di annunciare al mondo la sua tristezza. E poi, a ben vedere, in questo inizio di stagione le cose, a Ronaldo, dal punto di vista sportivo, non sono andate di certo male. Anzi. Un esempio è la Supercoppa di Spagna, o il Clásico tra Real Madrid e Barcellona. Il 23 agosto l'andata al Camp Nou finisce con un 3-2 a favore dei *blaugrana*. Cristiano Ronaldo apre le marcature con un colpo di testa. Gli rispondono Pedro, Messi dal dischetto e Xabi. All'ottantacinquesimo, quando il 3-1 sembra ormai essere il risultato finale, un clamoroso errore di Víctor Valdés permette a Di María di segnare il 3-2 che riapre i giochi. Tutto si decide il 29 agosto, nel ritorno al Bernabéu. Al nono minuto il Real ha già segnato il primo gol. Un lancio di Pepe, Mascherano non ci arriva e Higuaín liquida Valdés. Il secondo è opera di Cristiano Ronaldo. Altro errore difensivo del Barça, in questo caso di Piqué, e Valdés si vede passare di nuovo il pallone tra le gambe. Messi appare prima dell'intervallo. Piazza un gol su punizione che, del tutto inaspettatamente, riapre la partita. Il Barça, con un uomo in meno per l'espulsione di Adriano, non è quello di sempre; sembra più fragile, dubita del suo gioco. Però crea occasioni. Il Madrid soffre, ma si salva grazie a Casillas. E alla fine Cristiano Ronaldo e i *blancos* conquistano il primo titolo della stagione. Il giorno dopo, il 30 agosto, CR7 partecipa al Galà della Uefa a Montecarlo. Si assegna il premio al miglior giocatore europeo per la stagione 2011-12. L'attaccante portoghese, grazie alla vittoria nella Liga e al buon Europeo, ha accumulato meriti più che sufficienti per essere tra i favoriti. Però il premio finisce nelle mani di Andrés Iniesta che, con diciannove voti, supera Leo Messi e Cristiano, entrambi a diciassette punti. La faccia del numero 7 del Madrid, quando viene annunciato il risultato, la dice lunga. Ma non è questa la ragione della tristezza. Che sia il fatto di aver iniziato la Liga col piede sbagliato? Il Madrid ha pareggiato la prima partita contro il Valencia e perso la seconda contro il Getafe. No, non è nemmeno questa la causa del suo malessere. L'unica cosa certa è che il club ne era già al corrente... Il sabato prima della partita con il Granada, Cristiano ha parlato con Florentino Pérez, il presidente, e gli ha detto di non essere felice, di volersene andare. I compagni lo vedono malinconico e chi gli sta vicino dice che è abbattuto e senza motivazioni. Perché? Il dibattito sulle cause della sua tristezza, tra battute e opinioni di specialisti, esula dal mondo sportivo. Ognuno ha la sua spiegazione. C'è chi sostiene che il calciatore vuole che il suo contratto venga rivisto, per adeguare il suo stipendio a quelli di Zatlan Ibrahimovic e Samuel Eto'o, che nel Paris Saint-Germain e nell'Anzhí Machachkala guadagnano più di lui. C'è chi dice che CR7 ha approfittato di una presunta offerta di club a capitale arabo per mettere pressione alla dirigenza del Real. Altri sono certi che il portoghese stia utilizzando la stessa tecnica del suo compatriota José Mourinho per chiedere al club più appoggio, più sostegno, più protezione. Ai suoi compagni un maggior riconoscimento del suo lavoro e della sua leadership. E ai tifosi, che lo acclamino all'unanimità. Alcuni, nonostante le dichiarazioni di Cristiano, sono convinti che la tristezza sia dovuta a problemi di tipo personale, che il portoghese non vuole svelare. E non manca, nel dibattito, chi cerca una spiegazione psicologica e lancia una teoria sull'ego ferito del campione. Cristiano si sentirebbe abbandonato, sottovalutato dal suo allenatore, dalla dirigenza, dai media e dal pubblico. In una parola, gli mancherebbero affetto e attenzioni. Sarebbe invidioso dei nuovi arrivati alla "Casa Blanca" che si accaparrano tutto il protagonismo. Sul tema intervengono anche compagni e avversari: «Tutti hanno diritto a essere tristi di tanto in tanto. Non possiamo essere felici tutti i giorni dell'anno, a tutte le ore. Cristiano è una persona come chiunque altro. È evidente che non ha i problemi di molti spagnoli, ma ha il diritto di non essere felice», dice Álvaro Arbeloa. E assicura che «se Cristiano ha bisogno dell'appoggio dei suoi compagni, lo avrà. Se ha bisogno del sostegno del club, anche. E se si tratta dell'affetto dei tifosi, sono certo che glielo daranno». Se il compagno di squadra si dilunga sul tema, l'avversario per antonomasia, Leo Messi, liquida la vicenda con una frase lapidaria: «Quando parla Cristiano non chiedete a me. Non ho nulla a che vedere con lui».

Il mistero della tristezza del campione si risolve, in parte, con un comunicato che lo stesso Ronaldo pubblica sul suo account Twitter e sulla pagina Facebook dal ritiro della nazionale portoghese a Óbidos: «Il fatto che io sia triste, e che lo abbia manifestato, ha scatenato una grande agitazione. Mi si accusa di volere più soldi, però un giorno la gente vedrà che non è questo il motivo». Insomma, non è un problema di denaro. Cristiano lo chiarisce e spiega che la sua «motivazione, dedizione, impegno e desiderio di conquistare tutti i trofei non ne risentiranno. Ho troppo rispetto», scrive, «per me stesso e per il Real Madrid per non dare sempre il massimo al club».

La crisi si chiude pochi giorni dopo. Al ritorno dal Portogallo una chiacchierata informale fra Mou e Cristiano sembra funzionare. E in più, al Real Madrid gli garantiscono tutto l'appoggio e l'affetto di cui ha bisogno. L'idea è voltare pagina e concentrarsi su Liga e Champions. Ma la domanda iniziale, il perché della sua tristezza rimane senza una risposta. A fine stagione arriva la versione di Florentino Pérez. Il presidente del Real, in un'intervista all'emittente radiofonica Cadena Ser, afferma: «Cristiano mi ha detto che era triste e io gli ho risposto che avremmo fatto tutto il possibile per renderlo felice, perché è il miglior giocatore al mondo. Non so se aveva ricevuto un'offerta dal Paris Saint-Germain. Ha avuto semplicemente un momento difficile, non è successo nulla. Per il resto si è sempre comportato in modo eccellente». Una dichiarazione indiscutibile. Perché la stagione di Cristiano non fa una grinza. Segna la bellezza di cinquantacinque gol in cinquantacinque partite (trentaquattro nella Liga in trentaquattro incontri disputati, sette nella Coppa de Re, due nella Supercoppa e dodici in Champions, uno per ogni incontro giocato). Un totale di 201 gol in 199 partite da quando milita nel Real Madrid. È il sesto goleador della storia *blanca*. In sole quattro stagioni ha superato grandi giocatori del calibro di Amancio Amaro, Emilio Butragueño, Pirri o Paco Gento. Con cinquantadue gol è diventato il portoghese che ha segnato più reti nelle competizioni europee, battendo il record della Pantera Nera Eusébio e di una leggenda del Real Madrid come Alfredo Di Séfano. Somma il 35,6 per cento delle reti del Real Madrid nella stagione 2012-13. Lascia a distanza siderale gli altri attaccanti madrileni: Karim Benzema a venti gol e Gonzalo Higuaín a diciassette. Numeri e percentuali impressionanti. E non solo: nell'ultimo anno Cristiano è stato il motore del Real Madrid, l'eroe di tanti match, l'uomo più determinante per grinta, entusiasmo e risultati. In una parola, un leader con autorità in campo e nello spogliatoio. Ogni volta che c'è stata una sfida da superare, una gara da vincere o da rimontare, Cristiano c'era.

7 ottobre 2012, dopo la Supercoppa, ecco un altro Clásico. Questa volta si tratta della Liga e si gioca al Camp Nou. Arriva presto, ma è già cruciale, perché il Barça, in questa settima giornata, guida la classifica con otto punti di vantaggio sul Real Madrid. Special One e i suoi devono obbligatoriamente vincere per accorciare le distanze. Una sconfitta sarebbe rovinosa. Cristiano arriva all'appuntamento con dodici gol all'attivo, otto dei quali nelle ultime quattro partite, con due triplette, contro l'Ajax in Champions e con il Deportivo La Coruña nella Liga. Leo Messi ha segnato dieci reti, ma negli ultimi tre incontri non ha visto porta. Questa volta entrambi sono protagonisti di una partita di grande calcio, appassionante, di massima intensità, che non delude un pubblico televisivo di quattrocento milioni di spettatori. E segnano per partita doppia. Il portoghese infila Valdés al ventiduesimo. L'argentino replica al ventinovesimo. E non perdona Casillas nemmeno nel secondo tempo. Fallo di Xabi Alonso sulla Pulce al limite dell'area. Leo sistema il pallone, che supera la barriera, e si insacca alla sinistra del portiere madridista. Passano cinque minuti e CR7 zittisce il Camp Nou. Passaggio di Özil, Cristiano si smarca e di fronte a Valdés non sbaglia.

Di un altro pianeta titola il giorno dopo «Marca» e aggiunge: «Messi e CR7 dimostrano con le loro doppiette perché sono i migliori al mondo». Un 2-2 che mantiene viva la Liga. Lo sarà per poco. Il 16 dicembre un Madrid senza brio pareggia con l'Espanyol, il Barça rimonta contro l'Atletico Madrid e i *blaugrana* lasciano i *Merengues* a tredici punti di distanza. José Mourinho dà per persa la Liga. Non si sbaglia, il campionato 2012-13 andrà al Barcellona. I *blancos* consegnano il titolo alla mezzanotte dell'11 maggio 2013. Nello stadio di Cornellà, il Real Madrid pareggia con l'Espanyol, i *blaugrana* festeggiano con quattro giornate di anticipo. E poco importa se il 2 marzo, per la prima volta dalla stagione 2007-2008, il Real Madrid ha vinto 2-1 contro il Barça al Bernabéu. Il vantaggio accumulato durante un girone di andata da record (diciotto vittorie e un solo pareggio; 55 dei 57 punti disponibili) consente agli uomini di Tito Vilanova di vivere di rendita e arrivare a fine campionato con 100 punti contro gli 85 del Real Madrid. No, la stagione 2012-13 per Cristiano è piuttosto avara di soddisfazioni. Non arrivano né titoli collettivi né individuali.

7 gennaio 2013, Zurigo, Galà della Fifa. Si assegna il Pallone d'Oro. Tre i candidati: Cristiano Ronaldo, Leo Messi e Andrés Iniesta. A novembre Cristiano, in una lunga intervista a «France Football», parla della sua stagione e del trofeo più prestigioso. E quando gli chiedono: *Lei merita il Pallone d'Oro?*, risponde: «Non lo so. Non dipende da me. C'è gente che vota, i commissari tecnici, i capitani. Io non ho nessun controllo. Vedremo i risultati delle votazioni». Però, quando il giornalista insiste e gli chiede: *Lei voterebbe per se stesso se avesse la possibilità?*, CR7 non ha dubbi: «Se potessi, certo che voterei per me stesso».

Il giorno della verità, Cristiano è l'ultimo ad atterrare nella città svizzera. Arriva con la delegazione del Madrid, accompagnato da Irina, la sua fidanzata. Davanti ai media, nella conferenza stampa congiunta con Leo e Andrés, CR7 si presenta con un cappellino da baseball degli Yankee, una giacca a vento blu e una maglietta grigia. È il più loquace dei tre. Assicura che il Pallone d'Oro «non è una questione di vita o di morte. La vita continua dopo la premiazione. Ho la coscienza tranquilla. Abbiamo vinto la Liga e la Supercoppa di Spagna». Su Leo dice: «Non si tratta di una sfida personale con lui, ognuno cerca di fare il proprio lavoro e di dare il massimo». Messi è d'accordo: «Ha ragione. Non è un duello tra noi due, è solo calcio. E cerchiamo di dare il meglio per far vincere le nostre squadre». L'unico momento polemico nasce quando chiedono al portoghese del suo voto. «Io non ho votato. Sono andato al ritiro della nazionale con una lesione e mi hanno rimandato a casa. Per chi avrei votato? È un segreto». Alla stessa domanda Messi risponde così: «Avrei potuto votare CR7? Certo che sì, perché è un grandissimo giocatore, però ho preferito votare i miei compagni: Agüero, Xabi e Iniesta».Il verdetto arriva quando mancano cinque minuti alle 20. Fabio Cannavaro, vincitore nel 2006, apre la busta. Le videocamere stringono sui tre finalisti: Ronaldo, Iniesta e Messi. Un momento di suspense e l'ex capitano degli Azzurri proclama: «Lion Messi». Andrés Iniesta si gira per salutare e applaudire il suo compagno mentre Cristiano Ronaldo, in smoking nero, fa la faccia arrabbiata. La Pulce diventa il primo giocatore nella storia a ricevere per la quarta volta il Pallone d'Oro, premio che lo riconosce come miglior giocatore al mondo. Supera leggende come Johan Cruijff, Marco van Basten e Michel Platini che lo hanno vinto tre volte. Il numero 10 del Barcellona, con il 41,6 per cento dei voti, sorpassa Cristiano Ronaldo (23,68 per cento) e Iniesta (10,91 per cento). I novantuno gol in un anno solare di Leo hanno pesato più della Liga e della Supercoppa di Cristiano, o dell'Europeo vinto da Andrés Iniesta con la Roja. Una nuova frustrazione per il portoghese.

30 aprile 2013. Semifinale di ritorno di Champions League al Santiago Bernabéu. Il Madrid fa appello all'epica, allo spirito di Juanito, alle rimonte storiche, alle grandi gesta dei *blancos* nelle gare eliminatorie europee. Perché nella partita di andata il Borussia Dortmund di Jürgen Klopp e Robert Lewandowski ha schiacciato il Real come un rullo compressore: 4-1 il risultato finale. L'unico gol del Madrid, quello che dà ai *blancos* un minimo di speranza, lo ha segnato Cristiano. Da solo, di fronte allo strapotere tedesco, è riuscito a frenare l'avanzata degli avversari per quaranta minuti e, poco prima dell'intervallo, grazie a una palla di Higuaín, e approfittando di un errore di Hummels, ha segnato il gol dell'1-1. Nel secondo tempo però, nonostante la sua abnegazione, non è riuscito a impedire la batosta del Real. Pensando a una rimonta quasi impossibile, tutti fanno affidamento su CR7 che, nonostante i problemi fisici, ha talento, classe, cuore e spirito di competizione. Lo ha dimostrato segnando dodici gol negli undici incontri del torneo. Lo ha dimostrato nei momenti più complicati, come negli ottavi di finale contro il Manchester United, la sua ex squadra, o a Istanbul, nel ritorno dei quarti

contro il Galatasaray. Il 13 febbraio, in casa, contro i Red Devils, Cristiano pareggia il risultato al trentesimo. Di María piazza un cross teso al secondo palo. Il pallone vola alto, Evra calcola male la traiettoria e Cristiano lo anticipa. Gli ruba tempo e spazio aereo con un salto prodigioso. Il colpo di testa, magnifico, entra a pochi centimetri dal palo sinistro della porta difesa da de Gea. Segna e chiede scusa ai tifosi inglesi. «Il Manchester è stata la mia casa per tanti anni», spiega CR7, «mi hanno accolto quando ero un bambino e voglio loro molto bene». Sir Alex Ferguson, che a fine partita è andato ad abbracciare il suo ex giocatore, in sala stampa dice: «Sono orgoglioso di Cristiano, non saprei come descrivere il suo gol. Dovrei prendermela con Evra però, se guardate le immagini, il ginocchio di Cristiano arriva all'altezza della testa di Evra. Ha segnato così anche nella finale di Champions a Mosca. È lo stesso tipo di salto. Solo Messi può fare una cosa del genere».

Due settimane dopo, all'Old Trafford, Cristiano è di nuovo protagonista. Anticipa Rafael e segna il secondo gol del Madrid, il gol del 2-1, quello che significa la vittoria. Nei quarti di finale contro il Galatasaray allenato da Fatih Terim, ex mister del Milan, Cristiano ne mette a segno tre fra andata e ritorno. E nello stadio Türk Telekom di Istanbul evita la discesa agli inferi dei *blancos* firmando il 3-2 definitivo che vanifica tutte le speranze di rimonta dei turchi.

Insomma, per tutto ciò che ha fatto durante la stagione, è normale pensare che il numero 7 possa fare il miracolo. E regalare al Madrid la finale di Champions League a Wembley. Peccato che il miracolo sia solo sfiorato. Partenza esplosiva, con tre occasioni da gol buttate al vento, e frenetico assalto finale quasi riescono a far capitolare il Borussia. Il risultato finale è 2-0 per il Real, ma sono i tedeschi a festeggiare. Cristiano chiede scusa ai tifosi per un altro anno (il terzo) senza finale di Champions, e si congratula con il Borussia per averla conquistata. «Il Real Madrid», dice, «avrà sicuramente l'opportunità di conquistare la decima [Champions League]. Non sarà quest'anno, ma spero sia il prossimo». E aggiunge: «Dall'inizio della stagione sto bene, sono tranquillo. E i tifosi, con me, si comportano sempre meravigliosamente». La tristezza, finalmente, se n'è andata.

17 maggio 2013, al Santiago Bernabéu il Real Madrid gioca contro l'Altetico Madrid la finale di Coppa del Re. L'ultimo titolo che i *blancos* possono vincere. Gli uomini di Mou sono arrivati fin qui lasciandosi dietro, in semifinale, il Barcellona. E ancora una volta è stato un maestoso Cristiano Ronaldo a decidere le sorti della contesa. Il 26 febbraio, gara di ritorno al Camp Nou (l'andata era finita 1-1), Cristiano, davanti a 95.000 spettatori, mette in ginocchio un Barcellona senza regia e senza gioco. Vince il suo duello personale con il numero 10 *blaugrana*, completamente assente dalla partita. È onnipresente. Va alla conclusione nove volte, cinque tiri fra i tre pali e due gol. Uno su rigore, e uno da area a area: passaggio preciso di Xabi Alonso, corsa di Di María e Cristiano arriva puntuale per battere Pinto. È il suo ottavo gol nelle ultime sei partite al Camp Nou, una frequenza da cardiopalma che supera persino quella di Alfredo Di Stéfano. Erano anni dorati del Real Madrid. Cristiano ormai è un incubo per i tifosi *blaugrana*. Liquidato l'avversario più pericoloso, tocca all'Atletico Madrid. Sono quattordici anni che i *colchoneros* non vincono un derby contro i rivali. Nelle due partite di campionato non c'era stata storia (2-0 all'andata e 2-1 al ritorno con il pensiero rivolto già al Borussia Dortmund). E anche se la squadra del Cholo Simeone ha dalla sua un buon ruolino di marcia nelle finali europee, il Real Madrid è il favorito. Un titolo che per i *Merengues* può essere premio di consolazione per una stagione negativa. L'Atletico spera solo di porre fine alla maledizione. È il tredicesimo minuto quando Cristiano Ronaldo zittisce la moltitudine rojiblanca. Corner di Luka Modric, il pallone vola dalle parti degli undici metri, il numero 7 del Madrid si eleva sopra Godin e, di testa, spedisce la palla al secondo palo, dove Courtois non può arrivare. CR7 segna il suo nono gol in nove incontri con l'Atletico. È l'unico tiro in porta del Madrid nei primi quarantacinque minuti. Poi, come in molte altre occasioni, con il punteggio a favore, i *blancos* battono in ritirata, chiudono gli spazi aspettando un'occasione per chiudere la partita con un contropiede. Però la rete letale non arriva. E l'Atletico pareggia con Diego Costa, grazie a una giocata di fino di Radamel Falcao. Nella seconda parte la squadra di Mourinho decide che è il momento di cercare la vittoria. Per

tre volte il palo respinge i tiri dei *blancos*. Cristiano in seguito si lamenta che la sua punizione si è stampata contro il palo. La partita si complica. José Mourinho viene espulso dall'arbitro Clos Gómez, è il settantacinquesimo: Cristiano rimane a lottare nel finale di partita e durante i supplementari. Si lamenta della marcatura dei giocatori dell'Atletico e termina la partita nervoso e disperato. Dà un calcio a Juanfran e a Gabi, protesta e viene ammonito. Colpisce il naso di Gabi, capitano rojiblanco, e viene espulso. Abbandona il campo a testa bassa. Iker Casillas lo consola. È il minuto centotredici. L'Atletico vince 2-1 grazie a un gol di testa di Miranda e si porta a casa la Coppa del Re. Cristiano non si presenta a ritirare dalle mani del re Juan Carlos la medaglia degli sconfitti. Sparisce nelle viscere del Bernabéu.

I centotredici minuti della finale sono gli ultimi della stagione 2012-13 per Cristiano Ronaldo. Il numero 7, per problemi alla spalla, non giocherà più. Riappare sull'erba del Bernabéu l'1 giugno, nella trentottesima e ultima giornata della Liga. Prima della partita contro l'Osasuna, CR7, camicia bianca e jeans, riceve il premio come giocatore più in forma del Real Madrid. È il giorno in cui José Mourinho saluta il Real tra fischi e applausi. Dopo tre anni sulla panchina *merengue*, Special One se ne va. Lo aspettano il Chelsea e la Premier League. E si chiude una stagione che è stata – come ammette l'allenatore portoghese – la peggiore della sua carriera. Un anno pieno di polemiche con il club, con gli arbitri e con i suoi giocatori. A partire dal capitano Iker Casillas, continuando con Pepe e concludendo con Cristiano. Mou, senza nominarlo, gli rimprovera una tristezza che ha compromesso il successo nella Liga. E Ronaldo si allontana a larghi passi da colui che considerava suo maestro e amico. Al punto che Cristiano, dopo la sconfitta nella semifinale di Champions, arriva a dire che non gli interessa sapere se Mourinho continuerà o meno a essere l'allenatore del Real. «Non parlo degli altri. A me importa solo il Madrid e la mia carriera». Mourinho se ne va. Cristiano resta. Ha ancora due anni di contratto e Florentino Pérez garantisce: «Non lo venderei nemmeno per mille milioni». Non lo vende e, dopo un lungo tira e molla con il Paris Saint-Germain, porta alla "Casa Blanca" il mister che sognava da tempo: Carlo Ancelotti. Il

26 giugno 2013, giorno della sua presentazione sul palco del Berbabéu, il mister di Reggiolo non ha esitazioni nell'affermare che «il club piu prestigioso del mondo deve vincere giocando un football spettacolare». Un' idea che a Cristiano Ronaldo non dovrebbe dispiacere.

CINQUE LUNGHI ANNI

«Buonasera, non ci sono parole per descrivere questo momento...». Cristiano Ronaldo fa una pausa, sopraffatto dall'emozione. Lacrime agli occhi, un groppo in gola, non riesce a parlare. Il pubblico irrompe in un applauso, dandogli l'occasione di ricomporsi e di asciugarsi gli occhi prima di riprendere. «Grazie a tutti i miei compagni, sia del club e sia della nazionale, e alla mia famiglia che è qui stasera...». Si interrompe, di nuovo vinto dall'emozione. «È un onore incredibile. Chiunque mi conosca sa quanto è stato difficile per me vincere questo trofeo. Voglio ringraziare il mio agente e il mio presidente, e tutti coloro che stasera sono qui. E voglio anche rendere omaggio a Eusébio e a Nelson Mandela, che sono stati molto importanti per me. Stasera qui c'è la mia compagna, insieme a mia madre e a mio figlio. È la prima volta che mio figlio vede il padre vincere un Pallone d'Oro... e... scusatemi, questo momento è molto emozionante. Per me è difficile parlare. Grazie a tutti». Troppe lacrime, e la cerimonia termina con la musica e un altro applauso. È il 13 gennaio 2014. La location è il Palazzo dei Congressi di Zurigo. Alle otto meno dieci, i conduttori del gala del Pallone d'Oro della Fifa invitano sul palco il presidente del quotidiano «L'Equipe» François Morinière, il presidente della Uefa Michel Platini e Pelé. A O Rei tocca il compito di aprire la busta per proclamare il vincitore. Le telecamere zoomano sui tre finalisti: Cristiano, Lionel Messi e Franck Ribéry. Il francese indossa un abito nero con papillon, l'argentino sfoggia una vistosa giacca cremisi di Dolce & Gabbana, mentre CR7 è in completo nero lucido. Tutti e tre hanno gli occhi puntati sul palco. Pelé li tiene sulle spine, sorridendo e sventolando il cartoncino prima di annunciare, finalmente: «Il vincitore è Cristiano Ronaldo».

Il numero 7 del Real e del Portogallo china il capo per un istante, poi si gira per baciare Irina prima di incamminarsi verso il palco. Stringe la mano al presidente della FIFA Joseph Blatter, abbraccia Pelé e saluta Platini e il presidente de «L'Equipe». Cristiano Ronaldo Junior si alza dal suo posto in platea e lo raggiunge sul palco. Pelé lo intrattiene mentre suo padre riceve il Pallone d'Oro dalle mani di Blatter. Quando è il momento di Cristiano di parlare, ha il batticuore. «Erano lacrime vere, sincere» dirà più tardi. «Quando mio figlio è salito sul palco sono stato preso dall'emozione, e ancora di più quando ho visto la mia famiglia piangere. Io non volevo piangere, ma non sono fatto di pietra».

Dopo cinque lunghi anni Ronaldo si è ripreso il Pallone d'Oro, che lo ha incoronato il migliore del mondo. Quando lo vinse per la prima volta, nel 2008, aveva solo 24 anni e sembrava che non avesse rivali. Ma l'inarrestabile ascesa di Messi nei mesi e negli anni seguenti mise in evidenza i suoi limiti. Quattro stagioni, quattro Palloni d'Oro consecutivi per Messi e una lunga e difficile attesa per Cristiano. Anni di duro lavoro e di gol – 403 tra club e nazionale, incluso uno score senza precedenti di 69 reti nel 2013 – e un mucchio di record gli hanno permesso di strappare il trofeo al suo eterno rivale in una delle sfide più combattute nella storia del premio. 1365 punti per Cristiano (27,9 per cento dei voti totali) contro i 1205 di Messi (24,7 per cento) e i 1127 di Ribéry (23,3 per cento). Allenatori, capitani e giornalisti di 209 paesi hanno riconosciuto la perseveranza, la dedizione, la forza di volontà e le capacità realizzative del portoghese, e i suoi successi personali hanno colmato l'assenza di successi a livello di squadra. Non è lui il primo calciatore ad aver acciuffato il pallone d'oro senza aver vinto alcun titolo nel corso dell'anno; gli altri prima di lui erano stati Stanley Matthews nel 1956, Dennis Law nel 1964, Gerd Müller nel 1970, Kevin Keegan nel 1978 e Luis Figo nel 2000. Compagni e avversari non risparmiano elogi per Ronaldo e per il suo talento. «Cristiano ha fatto una grande annata e merita il premio» dice Messi dopo la presentazione. «Congratulazioni a Cristiano per il suo secondo Pallone d'Oro e a Messi e Ribéry per un fantastico 2013» twitta Gerard Piqué. Il presidente del Real Madrid Florentino Pérez dichiara: «Se lo merita. Per il talento, la voglia di vincere e di migliorare giorno dopo giorno, e per lo spirito di sacrificio, è giusto che abbia vinto Cristiano. La squadra e io siamo orgogliosi del fatto che abbiano voluto dare questo riconoscimento a un leader del campo che si batte costantemente per essere il migliore. È un esempio per tutti, e in particolare per i giovani». «È stato emozionante. Ci siamo sentiti tutti sollevati quando è stato annunciato il nome di Cristiano» rivela Sergio Ramos. E il cittì della nazionale portoghese Paulo Bento dice: «È il giusto premio per un'annata incredibile per un giocatore incredibile. Cristiano è un calciatore di talento e un professionista impeccabile». Il Primo Ministro portoghese Pedro Passos Coelho dichiara: «Ronald ha reso grandi la nostra squadra e il nostro paese». E il presidente Aníbal Cavaco Silva si congratula con Cristiano a nome del paese intero: «Tu sei il primo portoghese a ricevere un tale onore. Il trofeo è il segno tangibile delle tue eccezionali capacità sportive, della tua determinazione e dei tuoi successi calcistici».

In realtà, CR7 è il primo portoghese ad aver vinto il Pallone d'Oro per due volte, e soltanto il terzo ad averlo vinto in assoluto, dopo Eusébio nel 1965 e Figo nel 2000. E come ha ammesso egli stesso, non è stata un'impresa facile. Non era il favorito dei bookmakers all'inizio della nuova stagione; in quella fase Ribéry guidava il plotone. Il francese, numero 7 del Bayern Monaco, aveva sbaragliato la concorrenza vincendo la Bundesliga, la Coppa di Germania, la Champions League e la Supercoppa europea. Alla fine dell'anno aveva messo nel paniere anche la Coppa del Mondo per club. Alla luce di tutto questo, era stato eletto miglior giocatore della Uefa per la stagione 2012-2013. Messi, da parte sua, aveva vinto la Liga con il Barcellona, segnando 42 gol in 45 partite. Era stato il capocannoniere del campionato spagnolo e si era aggiudicato la Scarpa d'Oro europea. Cristiano, al confronto, non aveva vinto titoli, né individuali né con il Real, tagliato fuori nell'ultima fase del regno di Mourinho. Ma anche se la stagione era terminata, c'era ancora tempo per rifarsi prima della fine dell'anno solare. Durante gli ultimi quattro mesi del 2013, Ronaldo decide di fare le cose in grande. Approfitta dell'assenza di Messi per infortunio e avanza nella corsa al trofeo, e con una serie di colpi di scena rimette in discussione tutte le voci che davano Ribéry per sicuro vincitore.

Tutto inizia il 15 settembre 2013, nel palco d'onore del Bernabéu, dove Cristiano firma un contratto che lo lega al Real fino al 2018 e diventa così il calciatore più pagato al mondo, con uno stipendio di 21 milioni di euro a stagione, secondo varie fonti. In vista del rinnovo del contratto, Ronaldo si era trovato davanti a un bivio, e sulla sua prossima mossa si era fatto molto gossip. Erano emerse alcune incredibili offerte da altri club, con in particolare l'interessamento del Manchester United. Cristiano non era contento di vivere nell'incertezza, così come non era rimasto particolarmente entusiasta quando il gallese Gareth Bale era stato acquistato per 91 milioni (secondo il Real) o 100 milioni di euro (secondo gli Spurs), con un annuale da 11 milioni. Il contratto di Cristiano ristabilisce l'ordine gerarchico nel monte salari del Real, riconosce il suo valore e il suo contributo dato alla squadra, determina il suo futuro e mette fine a ogni voce sull'insoddisfazione del portoghese, da lui stesso rivelata al mondo nel settembre del 2012. Forse il nuovo contratto è l'attestazione che lui è il migliore. O forse è il segno della sua accresciuta maturità umana e professionale. In ogni caso, da settembre in poi Cristiano va alla grande. Il 17 settembre, due giorni dopo la firma del contratto, segna una tripletta al Galatasaray che schianta i turchi in una spettacolare vittoria per 6 a 1. Dieci giorni prima, il 6 settembre, aveva polverizzato l'Irlanda del Nord con tre magiche reti in quindici minuti, portando il Portogallo a un passo dalla Coppa del Mondo in Brasile. È la sua centesima presenza, e la tripletta porta a 43 il conto dei suoi gol in nazionale, scavalcando così Eusébio nell'elenco dei migliori cannonieri portoghesi di tutti i tempi, a soli quattro gol dal leader della classifica, Pauleta.

Il 25 ottobre, Blatter azzarda un paragone tra Messi e Ronaldo in un discorso alla Oxford Union Society. «Leo è un bravo ragazzo. Ogni padre e ogni madre vorrebbe averlo a casa con sé. È bravissimo, è velocissimo. Gioca bene, come se danzasse. L'altro [Ronaldo] è come un comandante sul campo di gioco». Blatter si mette sull'attenti, mimando il gesto di un soldato, e il pubblico ride. «Uno passa più tempo dal parrucchiere rispetto all'altro, ma non saprei dire quale dei due è il migliore. La *shortlist* del Pallone d'Oro sarà resa pubblica martedì prossimo, e poi si deciderà tutto» continua. «Mi piacciono entrambi. Ma preferisco Messi».

La battuta diventa virale e Ronaldo non la prende bene. ma anziché rilasciare dichiarazioni, risponde in campo con una tripletta contro il Siviglia e festeggia il primo gol con un saluto militare, per la gioia di tutti colo a cui non importava nulla del parere del presidente della FIFA.

Nel frattempo continua la sua incredibile rincorsa. Tra il primo settembre e il 19 novembre mette a segno 34 gol, con cinque triplette, in tutte le varie competizioni. E l'ultima data di questo periodo coincide con la sua spettacolare performance con il Portogallo contro la Svezia a Solna nella gara di ritorno delle qualificazioni per i Mondiali. All'andata, a Lisbona, Cristiano non era in gran forma, anche se aveva siglato con un colpo di testa l'1-0 finale. Ma la sua performance in Svezia è particolarmente memorabile. Manda avanti il Portogallo, affossa le speranze degli scandinavi di approdare alla fase finale dei Mondiali e stravince il duello personale con Zlatan Ibrahimovic, tutto in un colpo solo.

Ma Cristiano dimostra di essere ben più di un prolifico bomber. È un calciatore maturo e versatile, e uno scaltro interprete del gioco. Tre scatti di trenta metri, tre sprint verso la porta difesa da Isaksson, tre tiri potenti – due di sinistro, uno di destro – culminanti in tre gol fondamentali per sconfiggere gli avversari. Già il primo gol obbligava gli svedesi a farne tre per passare il turno. I due gol di Ibra ridestano l'euforia dei tifosi, convinti che possa tirare fuori dal cilindro l'impossibile. Ma il secondo di Ronaldo li mette a tacere, e al terzo gli svedesi sono ormai spacciati. E se fra i tifosi del Portogallo c'era qualcuno che lo accusava di non dare il massimo, la prestazione di Cristiano basta a convincerli che mette tutto l'impegno per il suo paese al pari di come fa a Madrid. La sua tripletta lo avvicina al record di Pauleta, rendendolo il nuovo eroe nazionale del Portogallo. E non è ancora finita. Il 10 dicembre al Parken Stadium, nell'ultimo incontro del gruppo B di Champions League contro il Copenaghen, CR7 stabilisce un nuovo record: è il primo giocatore a realizzare nove reti nella fase a gironi. E per pochissimo non riesce a farne dieci, perché Wiland gli para un rigore. Alla fine dell'anno avrà messo a segno 69 gol in 59 incontri, una media di 1,16 gol a partita, nuovo record personale. Ne ha segnati 38 nella Liga, 15 in Champions League, 6 in Copa del Rey e 10 con la nazione del Portogallo. In questo modo ha sicuramente alzato la posta nel dibattito sul "migliore del mondo".

Le sue azioni sono in crescita e sta diventando rapidamente il favorito per l'assegnazione del Pallone d'Oro. La FIFA ha posticipato il termine per le votazioni al 29 novembre, perciò le sue imprese con il Portogallo potrebbero avere influenzato i votanti, e il suo nome compare in cima ai sondaggi di tutte le pagine sportive d'Europa. Sembra davvero che possa scalzare Messi dal gradino più alto e superare finalmente la delusione dei quattro anni passati. L'anno prima, dopo che il Real era stato buttato fuori dall'Europa in semifinale, l'allenatore José Mourinho aveva detto: «Cristiano è talmente focalizzato sul Pallone d'Oro che ha perduto la concentrazione». Ma questa volta è a portata di mano.

Pochi giorni prima del gala di Zurigo, il Portogallo subisce una grave perdita. Alle 3 di notte del 5 gennaio 2014, la leggenda del calcio portoghese Eusébio da Silva Ferreira muore d'infarto a Lisbona, all'età di 71 anni. Il governo proclama tre giorni di lutto nazionale per la "Pantera Nera", che conobbe la gloria con il Benfica e la nazionale negli anni Sessanta. «Per sempre eterno #Eusébio, riposa in pace» twitta Cristiano, insieme a una fotografia che lo ritrae con il leggendario calciatore. Eusébio ha avuto un'influenza fondamentale su CR7, gli ha dato consigli importanti per tutta la vita, sul passaggio allo United, sulla morte di suo padre, sul giorno della presentazione al Bernabéu.

La Pantera Nera è stato senz'altro una figura di riferimento per Cristiano, che ha dedicato al suo eroe i due gol segnati nella Liga al Celta Vigo il 6 gennaio. «Dedico questi due gol a te, Eusébio, sei stato tu a segnarli. Sarai sempre nel mio cuore» twitta. E ringrazia il mondo calcistico spagnolo per l'affetto dimostrato nei confronti del suo connazionale con il minuto di silenzio tenutosi al Bernabéu prima del match.

«Questo è un giorno speciale e voglio ringraziare tutti, specialmente voi spagnoli per il modo in cui avete onorato la memoria di Eusébio. Per i portoghesi è importante ricevere la solidarietà degli spagnoli. Eusébio è stato molto importante per il mio paese, e mi ha aiutato moltissimo quando sono arrivato in nazionale. È un esempio luminoso per tutti i giocatori».

CR7 rende un altro omaggio alla leggenda del calcio il 13 gennaio. In una serata bagnata dalle lacrime, il gala del Pallone d'Ora segna una svolta nell'immagine pubblica di Cristiano. La sua esternazione di sentimenti lo trasforma da superstar spesso descritta dalla stampa come arrogante, egocentrica, orgogliosa o presuntuosa, in un comune mortale. Quella sera tutti vedono il vero Cristiano, il ragazzino di Madeira che piangeva quasi tutti i giorni durante i primi anni alle giovanili dello Sporting. L'uomo che ha più volte ammesso che continua a piangere «di gioia e di dolore. Piangere fa bene. Piangere fa parte della vita». E come può non piangere quando suo figlio sale sul palco? O quando scorge sua madre in un fiume di lacrime tra il pubblico? Non c'è dubbio che sia completamente trascinato dagli eventi a Zurigo, come Eusébio ai suoi tempi. Ha messo in mostra un nuovo grado di maturità, ha aperto il suo cuore, e nel farlo ha conquistato il cuore del Portogallo e anche oltre. E l'amore di una nazione è di gran lunga più importante di un pallone d'oro. Tutti, nel suo paese, sono stati testimoni della sua trasformazione, dai fan che suonavano i clacson dopo l'annuncio agli opinionisti e ai giornalisti che hanno confessato la loro ammirazione. «Cristiano Ronaldo è un grande esempio per la società portoghese, un uomo ambizioso che non molla mai. È sempre convinto di potercela fare» dichiara il quotidiano «Diario de Noticias».

Un'ulteriore dimostrazione del ritrovato amore del suo paese arriva una settimana dopo, il 20 gennaio, alla Sala das Bicas del Belém National Palace di Lisbona, dove il presidente Cavaco Silva nomina Cristiano Grande Ufficiale dell'Ordine del Principe Henry (ordine nazionale di cavalieri del Portogallo), "per il suo contributo alla dimensione internazionale del Portogallo". La presentazione era stata programmata per il 7 gennaio, ma era stata posticipata per la scomparsa di Eusébio.

L'evento calamita l'attenzione dei media nazionale più di quanto aveva fatto la visita di Obama nel 2010: diretta televisiva, diretta streaming online, 220 giornalisti accreditati. Cristiano è accompagnato da Fernando Gomes, presidente della federazione calcistica portoghese, dal ct della nazionale Bento, da Florentino Pérez ed Emilio Butragueño del Real Madrid, da Aurélio Pereira, uno dei suoi primi allenatori, e dal suo agente Jorge Mendes. La famiglia non è presente per via di precedenti impegni. Ronaldo porta con sé il Pallone d'Oro e simbolicamente lo dedica al popolo del Portogallo. «Il premio è un grande motivo d'orgoglio e un incentivo a continuare a lavorare duro per rappresentare il Portogallo nel mondo. Mi spinge a essere ancora più determinato» dice all'emittente Rtp. «Spero di raggiungere altri successi sia individualmente sia con le mie squadre. Giocare a calcio è la cosa che amo di più, e voglio continuare a divertirmi e magari nel frattempo scrivere un'altra bella pagina nel libro della storia. Senza nulla togliere ai trofei che ho vinto finora, il mio sogno è di essere incoronato campione del mondo con il Portogallo. È una grande sfida, una di quelle che qualsiasi nazionale sogna di vincere. Io spero che quel sogno diventi realtà».

LA DÉCIMA

Ed eccolo a gambe divaricate sul campo dell'Estádio da Luz di Lisbon. Torso nudo, mani sui fianchi, un ruggito come quello dell'Incredibile Hulk dei fumetti Marvel, bicipiti scolpiti, pettorali e addominali tesi al massimo. Cristiano Ronaldo ha appena segnato su rigore l'ultimo gol della finale della Champions League 2014. Povero Thibaut Courtois, numero 1 dell'Atletico Madrid. Portiere a sinistra, pallone a destra. Il gol non era stato decisivo per il risultato finale, essendo arrivato al 120esimo minuto quando si era già sul 3 -1 per il Real Madrid. Eppure CR7 ha festeggiato il gol in questo modo, ossia togliendosi la maglietta e mettendosi in posa per le telecamere, i fotografi, gli spettatori e i fan di tutto il mondo. Ha festeggiato il gol come se fosse il più importante della sua carriera, come fosse quello decisivo di Alcides Ghiggia contro il Brasile al Maracanazo nel 1950. Un po' eccessivo, considerato che l'altra squadra era già stata domata e sconfitta, e che la prestazione di CR7 non era stata delle migliori per via di un fastidio al ginocchio sinistro. Oltretutto, l'eroe della finale non era Ronaldo ma Sergio Ramos che al novantatreesimo minuto, quando i *colchoneros* ritenevano di aver già fatto propria la coppa, aveva effettuato un colpo di testa su cross di Modric, realizzando così una rete che mandava la partita ai supplementari e rimetteva tutto in gioco. Ma a giochi fatti, un rigore non meritava forse i festeggiamenti messi in scena da Ronaldo, con i muscoli e tutto il resto. Il motivo di questa esibizione? L'iconica immagine era stata pre-pianificata. Ne aveva bisogno per il suo film: *Cristiano Ronaldo: The Movie*. Un lungometraggio della Paramount. Allora perché non sfruttare l'occasione di combinare utilità e divertimento? Più divertente, più genuina, più spontanea e, perché no?, più infantile era stata l'esultanza che il ragazzo di Madeira aveva fatto all'Allianz Arena di Monaco. Dopo aver messo a segno il terzo gol contro il Bayern, come un bambino delle elementari che ha appena imparato a contare usando le dita delle mani, aveva gettato le braccia in aria: prima tutte e due le mani, poi solo la destra: quindici dita per i suoi quindici gola nella Champions League 2013-14. Aveva appena battuto il record condiviso da Lionel Messi e José Altafini, l'ex attaccante del Milan degli anni Sessanta. Era felice come un bambino che trova il regalo che voleva sotto l'albero di Natale.

Esultanze a pare, i due incontri di Lisbona e Monaco offrono un'istantanea della stagione 2013-14 di Cristiano Ronaldo. Ecco il calciatore che, oltre a mettere in mostra il suo *six pack*, piangeva per aver vinto la decima coppa europea (*La Décima*) che i tifosi del Real Madrid aspettavano di vincere da vent'anni. L'ultima volta era stata il 15 maggio 2002, quando il Real sconfisse il Bayern Leverkusen all'Hampden Park di Glasgow grazie a una magica volée di Zinedine Zidane. Quanto a Ronaldo, ecco il campione che poteva sollevare la coppa per la seconda volta, sei anni dopo averlo fatto allo stadio Luzhniki di Mosca, il 21 maggio 2008, indossando la casacca rossa del Manchester United. Adesso lo faceva di nuovo con la maglietta bianca del Real Madrid. Ecco il giocatore portoghese che vinceva a Lisbona, la città che lo aveva visto diventare maggiorenne. Lo fece nello stadio dove dieci anni prima aveva pianto di rabbia e di tristezza quando nella finale degli Europei del 2004 perse con il Portogallo contro la Grecia. Ed ecco l'insaziabile cannoniere che aveva segnato diciassette gol in una sola stagione di Champions League, record per la competizione, pur avendo disputato solo undici incontri sui tredici totali. La somma delle sue reti nel torneo era salita così a 68, cifra che lo avvicinava ai 71 gol di Raúl González, altro giocatore del Real Madrid e detentore del record di reti segnate nella competizione.

La voracità di Cristiano Ronaldo fu una delle chiavi del successo del Real nel torneo. Un autentico dominio: undici vittorie, un pareggio contro la Juventus e una sola sconfitta contro il Borussia Dortumund al Westfalen. 41 gol segnati, quasi il doppio della seconda nella speciale classifica, l'Atletico Madrid, che ne aveva realizzati 26. Il Real aveva fatto fuori le compagini della Bundesliga, battendo lo Schalke agli ottavi con il risultato tennistico di 6-1 (lo stesso punteggio con cui aveva sconfitto il Galatasaray nel gruppo B), poi il Borussia Dortmund ai quarti e il Bayern Monaco in semifinale; Borussia e Bayern erano state le finaliste nella Champions League del 2013. E adesso a Lisbona il Real aveva battuto l'Atletico, campione della Liga 2013-2014. Un risultato perfetto, sul quale c'è poco da aggiungere. L'incontro migliore e il risultato meno atteso della stagione era stato Bayern Monaco-Real Madrid del 29 aprile 2014. I *blancos* erano arrivati a Monaco forti dell'1-0 ottenuto all'andata al Santiago Bernabéu. Tutti si attendevano che Pep Guardiola e la sua squadra, che aveva vinto il campionato tedesco, sarebbero stati inesorabili e avrebbero sopraffatto le *merengues*. Questa previsione era assolutamente ragionevole, dato che il Real non aveva mai lasciato l'Allianz Arena da vincitore. Nessuno al Real aveva dimenticato che due anni prima i tedeschi li avevano sconfitti ai rigori negandogli così l'accesso alla finale. Sergio Ramos, l'uomo che aveva sbagliato il rigore decisivo, di certo non se l'era scordato. Il giocatore andaluso ricordava chiaramente cosa avesse significato quel momento. A volte il calcio sa rendere una sorta di giustizia poetica a quei giocatori travolti dai saliscendi delle partite. Ramos, un difensore, aveva il fato dalla sua parte quando riuscì a battere Manuel Neuer con due gol nell'arco di quattro minuti (quindicesimo e diciannovesimo), due colpi di testa da un corner di Modric e da un calcio di punizione di Di María.

Il Bayern era in ginocchio, una squadra che non sembrava presente nel match o impegnata in una competizione; una squadra che non dava l'idea di costituire una minaccia per i suoi avversari: fu una sorpresa sotto tutti i punti di vista. Il Bayern fu completamente travolto. I *blancos* si dimostrarono solidi in difesa e letali in attacco. Il Real dominò. Il contropiede della BBC (Bale, Benzema, Cristiano) rese il divario irraggiungibile in soli trentatré minuti. Da Benzema a Bale, che tagliò il campo trascinandosi dietro il suo marcatore. In area: passaggio al centro che Ronaldo trasforma in gol, spedendo la palla fra le gambe di Neuer. 3-0. Le mani di CR7 si alzano al cielo per indicare che è il suo quindicesimo gol nella Champions League. All'ottantanovesimo arriva il gol numero sedici grazie a una punizione in stile Ronaldinho. I giocatori in barriera saltano aspettandosi una parabola alta; invece il pallone viene calciato a pelo d'erba e coglie tutti di sorpresa, incluso il portiere tedesco. Cristiano aveva adesso segnato 250 gol con la maglia bianca indosso. Troppi per poterli contare con sole dieci dita... Per Guardiola, il filosofo, e i bavaresi fu un'umiliazione totale; per gli spagnoli, euforia assoluta. «El Pais» scrisse chiaro e tondo quello che pensava: "Un Madrid imperiale". Un Real che avrebbe aggiunto un altro trofeo alla sua collezione il 24 maggio a Lisbona, dopo la finale di Coppa spagnola che si era aggiudicato il 16 aprile al Mestalla di Valencia, in un 3-0 contro il Barcellona.

Carlo Ancelotti, quando era stato ingaggiato come allenatore del Real, aveva dichiarato al Bernabéu che la Champions League era l'obiettivo principale, e adesso l'aveva vinta. Era la sua quinta coppa, dopo le due come centrocampista del Milan (1989 e 1990) e le due come allenatore sempre del Milan (2003 e 2007). Tuttavia, Carletto aveva fallito nella Liga. Il Real aveva ammainato le vele quando era ancora tutto in gioco e il campionato si sarebbe deciso all'ultima giornata, il 17 maggio 2014, tra Barcellona e Atlético Madrid. Al Nou Camp, un colpo di testa dell'uruguaiano Diego Godin fissò il punteggio sull'1-1, proprio quello che serviva agli uomini del *Cholo* (Diego Simeone). Il risultato consegnò il titolo nazionale ai *colchoneros*, diciotto anni dopo l'ultima volta. Cristiano Ronaldo terminò la stagione da *Pichichi* (capocannoniere) per la seconda volta, con 31 gol in 30 partite di campionato (51 in 47 incontri totali). Era sua anche la Scarpa d'Oro europea, in condivisione con Luis Suárez, il numero 7 del Liverpool, oggi numero 9 del Barcellona. CR7 avrebbe potuto sorpassare l'attaccante uruguaiano nel 38esimo e ultimo match della stagione ma contro l'Espanyol non giocò. Durante il riscaldamento si sentì tirare un muscolo e decise di non rischiare. Dall'inizio di aprile, il suo corpo aveva iniziato a lanciargli dei segnali di avvertimento. Il medico che lo visitò gli aveva diagnosticato una tendinite al ginocchio sinistro e una seria infiammazione muscolare. Gli fu raccomandato completo riposo per evitare che il problema peggiorasse. Si temeva che potesse saltare gli importanti incontri di fine stagione. Dissero che il suo corpo era giunto al limite. Ronaldo osservò solo alcuni dei consigli. Rimase fermo per tre incontri della Liga (contro Real Sociedad, Almeria e Celta Vigo). Dovette rinunciare, a malincuore, alla finale della Coppa di Spagna, dove avrebbe potuto consolare Leo Messi dopo la partita. Cercò di recuperare per il match contro il Dortmund ma non ci riuscì, e andò in panchina. Si tenne il dolore disputando gli incontri con il Valencia e l'Osasuna e la semifinale e la finale di Champions League con l'infiammazione che lo tormentava. Non poteva andare a pieni giri. Per la prima volta in carriera, la sua scocca apparentemente indistruttibile lo aveva tradito. Il suo corpo lo aveva abbandonato. Non se lo aspettava, ed ebbe la sgradevole sensazione che tutto potesse andare a rotoli da un momento all'altro. Aveva spinto il motore al margine, e anche oltre; aveva agito contro i consigli dei medici e dei fisioterapisti. Cristiano aveva sempre fame di battersi, di vincere; voleva segnare sempre. Il Campionato del Mondo si avvicinava e lui non voleva perderselo.

L'ULTIMO GOL

Il sogno del Campionato del Mondo rimase tale. Finì poco dopo essere iniziato. Per Cristiano Ronaldo un solo gol in Brasile, e fu il triste finale di una grande stagione. Alcuni lo attribuirono alla maledizione del Pallone d'Oro: tanti campioni che avevano ricevuto l'ambito premio ideato da «France Football» non sono riusciti a vincere, a disputare o a qualificarsi per il Campionato del Mondo. A cominciare da Alfredo Di Stefano nel 1958; la sua Spagna non approdò alla fase finale in Svezia. Nel 1962, in Cile, Omar Sivori, l'argentino che aveva scelto la nazionale italiana, dovette tornarsene a casa dopo aver perso la "Battaglia di Santiago". Nel 1966, Eusébio, la Pantera Nera, arrivò al Campionato del Mondo in Inghilterra con il Portogallo, dato tra i favoriti. Il suo torneo fu eccellente: segnò nove gol e fu il capocannoniere, ma il Portogallo giunse terzo. Nel 1970, Gianni Rivera aveva vinto il Pallone d'Oro davanti a Gigi Riva ma nella finale allo stadio Azteca di Città del Messico fu il Brasile che, contro l'Italia, si aggiudicò la Coppa Rimet, il trofeo alzato da Pelé, Carlos Alberto e Jairzinho. Nel 1974, Johan Cruyff aveva vinto il Pallone d'Oro per due volte di fila e il calcio olandese "totale" sembrava invincibile, ma nel Campionato del Mondo nella Germania Ovest fece fiasco proprio contro i padroni di casa, guidati dal "Kaiser" Franz Beckenbauer.

L'elenco della maledizione del Pallone d'Oro comprende anche Karl-Heinz Rummenigge, che nel 1982 perse la finale con la Germania

Ovest contro l'Italia di Paolo Rossi. Michel Platini a Messico '86; Marco Van Basten a Italia '90. Roberto Baggio, il *divin codino*, a USA '94 meritò il titolo di miglior giocatore del mondiale ma sbagliò il calcio di rigore decisivo contro il Brasile di Romario e Bebeto. Ronaldo, il Fenomeno, nel 1998 a Parigi ebbe un malore, consentendo alla Francia di Zinedine Zidane di vincere. C'è stato anche Michael Owen in Giappone-Corea del Sud nel 2002, e poi in Sudafrica Lionel Messi, il quale, sotto la tutela di Diego Maradona, disputò cinque incontri senza segnare gol e fu costretto a fare i bagagli dopo i quarti di finale contro la Germania (4-0). Gli esempi della maledizione del Pallone d'Oro sono tanti, ma si tratta di una leggenda. La verità è che nel caso del numero 7 del Portogallo e del Real Madrid gli elementi decisivi furono il ginocchio sinistro e i muscoli infiammati, il calendario fitto e la stanchezza accumulata dopo una lunga stagione. Alla vigilia del Campionato del Mondo, la partecipazione di CR7 era ancora incerta. Era stato Paulo Bento, il cittì portoghese, a dichiarare: «Non abbiamo una data precisa per il rientro di Cristiano. La prima cosa è la salute del giocatore. Dobbiamo lasciarlo riposare». Questo accadeva a non più di due settimane dalla prima partita contro la Germania. CR7 era nelle mani di Antonio Gaspar, il mago fisioterapista del Portogallo, responsabile del suo rientro sul campo. I problemi muscolari di Cristiano tenevano sulle spine i suoi compagni di squadra, lo staff, i tifosi e un paese intero. La nazionale non poteva presentarsi a Salvador de Bahia senza il suo capitano, emblema e massimo goleador, che aveva segnato 49 reti in 110 partite. Il Campionato del Mondo brasiliano aveva bisogno di lui. Insieme a Lionel Messi e Neymar Junior, lui era uno degli speciali. Il 15 giugno, Cristiano Ronaldo tenne una conferenza stampa prima del match contro gli uomini di Joachim Lowe per fugare ogni dubbio. Avrebbe voluto essere al 110 per cento, invece era solo al 100 per cento, ma poteva essere abbastanza per aiutare la sua squadra. Quando gli chiesero come aveva reagito alle voci secondo cui non avrebbe recuperato per i Mondiali, rispose bruscamente: «Sono abituato a queste infelici uscite della gente. Se non sto bene, io sono il primo a dire all'allenatore che non posso giocare. Se sento che c'è qualcosa che non va, cosa non vera adesso, non metto a rischio la mia carriera. Prima io, poi il calcio. Sto bene. Mi sarebbe piaciuto giocare senza dolori ma non è possibile. Da quando ho cominciato a giocare a calcio non ricordo una partita senza dolori. Fa parte di questo lavoro».

Era convinto di trovarsi nel momento migliore della sua carriera. Era motivato e voleva fare le cose per bene, anche se non doveva dimostrare più niente a nessuno al Campionato del Mondo. Voleva solo mettere la ciliegina sulla torta di una fantastica annata. Questo non era del tutto vero, perché se Cristiano voleva mettersi alla pari della Pantera Nera, Eusébio, doveva dare tutto; doveva portare la sua squadra sulla cima del mondo. Pensava che fosse possibile. Pensava che fosse l'anno del Portogallo. Pensava che in campo ci fossero buone vibrazioni e avrebbe fatto di tutto per non disperderle. Quanto ai suoi avversari tedeschi, dichiarò che sicuramente erano tra i favoriti alla vittoria finale ma era fiducioso che la cattiva sorte che aveva segnato la storia del Portogallo contro la Germania – che non riusciva a battere da quattordici anni – sarebbe terminata il 16 giugno 2014. Il recente esempio della Champions League dava conforto alla sua affermazione. Il Real Madrid non batteva il Bayern Monaco da tanti anni, ma adesso lo aveva fatto. E lui sperava che questo fosse un buon segno per il futuro. Un destino.

Ma il destino non era dalla sua parte. Alla fine dei novanta minuti regolamentari, a ridere fu la Cancelliera della Germania, Angela Merkel, che indossava una giacca rossa. Fece visita agli spogliatoi per salutare *Der Mannschaft* e per farsi una foto con i giocatori. Era felice di aver preso un volo per il Brasile per assistere al primo e decisamente convincente incontro della sua nazionale. L'umore nello spogliatoio portoghese era invece nero. Il Portogallo era stato strapazzato dalla Germania con quattro gol: una tripletta di Müller più una rete di Hummels. Dopo 45 minuti i portoghesi erano sotto di tre gol, un punteggio che consentiva ai tedeschi di controllare il secondo tempo senza patemi, di sostituire i giocatori migliori per farli riposare e di mandare il centravanti ancora in gol per la prima tripletta del Campionato del Mondo.

I primi minuti della partita non avevano fatto pensare agli spettatori che questo fosse il destino che si sarebbe abbattuto su Cristiano & Co.

L'incontro sembrava equilibrato, con il Portogallo abile a pressare e a creare occasioni grazie a Veloso, Meireles, Moutinho e Ronaldo. Un errore di Lahm e la palla finì sui piedi di CR7; calciò di sinistro, nello specchio. Neuer, il portiere, bloccò il tirò e allontanò il pallone dalla porta. Era la prima occasione dal gol per i portoghesi. Sembrava ispirato. Ma poi Özil, sulla destra, combinò con Müller e Götze e il primo gol tedesco comparve sul tabellino della partita. Götze entrò in area e João Pereira non poté fare altro che buttarlo giù. Rigore per la Germania. Müller mandò il pallone in rete dal dischetto. Impeccabile. 1 a 0.

La barca portoghese cominciò a mostrare qualche falla. Dopo mezz'ora, uno splendido colpo di testa di Hummels su traversone di Kroos: gol. 2 a 0. Pepe, già nervoso per gli errori della sua difesa, contese un pallone a Müller; una mano alzata e il tedesco finì a terra. Il difensore del Real Madrid era convinto che Müller stesse simulando. Seguì un testa-contro-testa e l'arbitro sventolò il cartellino rosso in direzione del giocatore portoghese. Il Portogallo dovette proseguire in dieci. La Germania fece il terzo gol prima della fine del tempo.

Nella seconda frazione si giocò a una porta sola. I tifosi tedeschi pregustavano la vittoria e cominciarono a festeggiare e a pensare all'incontro successivo. I portoghesi erano costretti a difendere. L'espulsione di Pepe fu aggravata dagli infortuni di Hugo Almeida e Coentrão. Paulo Bento avrebbe dichiarato che CR7 era in grado di giocare, ma tutti potevano vedere come la tendinite gli impedisse di dare il meglio di sé. Sentiva dolore. Joachim Lowe, al settimo cielo dopo il match, sottolineò che la chiave della vittoria era stata la loro capacità di approfittare degli spazi lasciati dalle due ali portoghesi. Cristiano e Nani attaccavano ma non tornavano e non difendevano.

Quella con gli Stati Uniti, che nel primo incontro avevano liquidato il Ghana con un 2-1, era già una finale. Il match era in programma il 22 giugno a Manaus. C'era un caldo afoso, al punto che l'arbitro argentino Nestor Pitana concesse un time-out alla mezz'ora per consentire ai giocatori di rinfrescarsi. Ronaldo sfoggiava un nuovo taglio di capelli. La Zeta di Zorro sul lato della testa: un grido di battaglia per un una partita cruciale, e un look che attirò l'attenzione del mondo dei social. Gli yankee di Klinsmann non ne furono intimiditi, e neppure i tifosi americani, che fischiarono Ronaldo per tutto l'incontro. Cristiano non era nella forma migliore e le sue condizioni erano chiaramente visibili a tutti. Nemmeno un tiro in porta. Ma all'ultimo minuto scattò sulla fascia e trovò finalmente il modo di mettere la palla in mezzo, consentendo a Varala, il giocatore del Porto, di portare il risultato sul 2-2. Il Portogallo era stato salvato dalla campana al novantacinquesimo minuto. Un solo punto non era quanto sperato, e il Portogallo si ritrovava con un piede dentro e uno fuori dal Mondiale. Nell'ultimo incontro, la squadra di CR7 si giocava tutto contro il Ghana. Tuttavia, un pareggio tra USA e Germania avrebbe reso vani gli sforzi dei portoghesi. Nei giorni precedenti l'ultimo match del gruppo G, il risultato dell'incontro fra Germania e Stati Uniti, se fosse ormai deciso di comune accordo, era nell'aria. La partita fu accesa ma alla fine i tedeschi la spuntarono e regolarono gli americani per 1-0. La sera prima dell'incontro del Portogallo contro le Stelle Nere, evento di grande interesse alla luce della vittoria della Germania sugli Stati Uniti, fu a dir poco caotica. I giocatori ghanesi avevano minacciato di entrare in sciopero se non avessero ricevuto i bonus promessi per gli incontri dei Mondiali. I giocatori ebbero soddisfazione. Un furgone blindato si presentò al quartier generale del Ghana e ogni giocatore ricevette 225mila dollari in contanti. I problemi degli africani non finivano lì. Sulley Muntari e Kevin Prince Boateng furono invitati ad abbandonare il Mondiale. Il giocatore del Milan, secondo quanto riferito, aveva preso a pugni un membro dello staff del Ghana e il giocatore dello Schalke 04 aveva insultato James Kwesi Appiah, l'allenatore. Ciò nonostante, il 26 giugno all'Estadio Nacional di Brasilia, il Ghana aveva un vantaggio. Non aveva bisogno di risollevare la differenza reti, a differenza del Portogallo. A dieci minuti dal termine dell'incontro il risultato era fermo sull'1-1. Il Ghana era a un passo dai quarti di finale. Ronaldo aveva ancora tempo per imprimere il suo marchio, per la fortuna del Portogallo e, come si sarebbe capito, anche degli Stati Uniti. CR7 ci era andato vicino tre volte: un tiro-cross dalla destra che aveva pizzicato la traversa; un colpo di testa centrale che Dauda era riuscito a deviare e un missile su punizione.

Aveva reclamato un rigore per una trattenuta in area di Boye ma l'arbitro non aveva voluto saperne. Dopo ottanta minuti, il suo tabellino era vuoto. Dauda respinse una palla alta sui piedi di Ronaldo, che da pochi metri insaccò nella rete: 2-1. Il capitano aveva segnato, ma non esultò. Guardò l'orologio. C'era ancora il tempo di recuperare lo svantaggio nella differenza reti inflitta al Portogallo dalla Germania? Le occasioni vennero, e si presentarono a Ronaldo: tre, a essere precisi. Normalmente non le avrebbe mancate, ma questa volta il pallone non voleva proprio entrare. Finì 2-1 per il Portogallo. Sia il Ghana sia il Portogallo erano eliminati. Germania e Stati Uniti passavano al turno successivo. Beto, il portiere portoghese, era in lacrime tanto per il dolore fisico quanto per l'eliminazione. CR7 era "Man of the Match" ma non contava niente, perché la sua squadra era fuori dal Campionato del Mondo. Più tardi, nella conferenza stampa dopo-partita, Ronaldo rilasciò questo commento: «Siamo usciti a testa alta. Abbiamo dato il massimo, ma il calcio è così». Non accettò di rispondere alle domande. I compagni di CR7 non lo criticarono come fece la stampa dopo la partita. Nani, assumendosi la responsabilità a nome di tutti, disse: «Non è stata colpa di Cristiano ma di tutto il gruppo. Abbiamo perso una grande occasione».

La notte del 26 giugno il Portogallo fece ritorno a Lisbona. Per la prima volta dal 2002, la squadra non aveva superato la fase a gironi. Ronaldo, per la terza volta, non aveva potuto realizzare il suo sogno. Aveva partecipato a tre Mondiali: Germania (2006), Sudafrica (2010) e Brasile (2014). Aveva giocato 1202 minuti, tredici incontri, e aveva segnato tre gol. Non molto, per una star della sua grandezza. Ai Mondiali successivi avrebbe avuto 33 anni. Chissà…

INARRESTABILE

Sììììììììììììììììììììììììììììììììììììììì!! Cristiano Ronaldo urla di gioia. Ha appena messo le mani sul suo terzo Pallone d'Oro a Zurigo ed esulta come se avesse realizzato il gol decisivo per la vittoria di un campionato. L'urlo è diretto ai suo compagni di squadra; è il suo grido di battaglia. Lo ha già fatto prima, in allenamento e in partita, ma stasera è forte come non mai, e provoca la reazione dei social media.

È il 12 gennaio 2015 e nulla può rovinare la serata di Cristiano, nemmeno sapere che non era lui il favorito di Sepp Blatter, né di Michel Platini. E neppure di Thierry Henry, il presentatore che legge il suo nome con un tono alquanto freddo. I presidenti di FIFA e Uefa preferivano il portiere del Bayern Monaco Manuel Neuer, che aveva dato un grosso contributo all'affermazione della Germania ai Mondiali del 2014, mentre il prediletto di Henry era il suo compagno del Barcellona, Messi. Ma anche senza il loro sostegno, Ronaldo ha ottenuto il 37,66 per cento dei voti, più della somma dei suoi due rivali. Messi ha appena il 15,76 per cento e Neuer il 15,72.

A differenza dell'anno precedente, Cristiano riesce a soffocare le lacrime. Ma è ancora tanto emozionato, e fa un lungo respiro prima di iniziare a parlare: «Dedico questo premio a mio figlio, alla mia famiglia, a mia madre». Prosegue ringraziando la squadra e lo staff del Real Madrid, con una particolare menzione per Carlo Ancelotti, il suo allenatore. «È stata un'esperienza fantastica lavorare con il mister» dice con entusiasmo. «Ha vinto tutto. Cosa posso dire di lui? È su un altro livello. È un uomo straordinario. Si merita qualsiasi cosa». Più tardi aggiunge: «Non voglio accontentarmi, voglio fare come Messi. Lui non ha fermato i miei sogni, anzi mi ha ispirato». Leo è un punto di riferimento, lo specchio attraverso cui guarda le proprie conquiste. Anche il figlioletto di quattro anni e mezzo è un ammiratore del più grande rivale del padre. «Guarda le tue partite e parla sempre di te» dice Cristiano alla stella del Barcellona quando i due si incontrano prima della cerimonia; un incontro che lascia Cristiano Junior senza parole.

Junior e sua nonna hanno accompagnato Cristiano a Zurigo, mentre la compagna Irina è assente. Stanno insieme da cinque anni e lei gli è sempre vicina in questo genere di eventi. La stampa fa allusioni su una possibile rottura, ma la coppia non rilascia commenti.

Questa sera Ronaldo non ha bisogna di nascondere la sua ambizione, o quella che i suoi critici definiscono immodestia. Non intende giustificarsi per quello che è, ammettendo senza vergogna che vuole essere immortalato nei libri di storia. Ha già vinto tre Palloni d'Oro, tanti quanti Johan Cruyff, Michel Platini e Marco Van Basten. Ma come minimo mira a eguagliare il record di Messi di quattro. Il suo agente rivela che ne vuole altri due. «Cristiano è la macchina perfetta» dichiara Jorge Mendes al termine della cerimonia.

Al momento le statistiche giocano a suo favore. Il Real Madrid ha vinto quattro trofei nel 2014 (Champions League, Copa del Rey, Supercoppa europea e Coppa del Mondo per club) e lui ha segnato 61 gol in 60 partite (38 in 28 nella Liga, 13 in 12 nella Champions League, 5 in 9 incontri internazionali). Ma le cifre nascondono un'altra realtà: il portoghese ha spinto per tanti anni al limite il suo fisico. Sta per superare i trenta e ogni giorno deve lottare per mantenersi al top della forma.

Difatti, l'avvio della stagione 2014-15 ha visto CR7 tormentato dagli infortuni. Un'infiammazione al tendine rotuleo destro gli aveva impedito di dare il meglio nell'ultima fase della passata stagione e durante i Mondiali brasiliani, e adesso era obbligato a seguire un regime severo per tornare in forma in vista della nuova stagione. Il Real aveva in messo in conto la sua assenza per la Supercoppa contro il Siviglia il 12 agosto al Cardiff City Stadium, ma Cristiano non aveva alcuna intenzione di perdersi l'incontro. E non solo aveva fatto a modo suo, ma aveva segnato anche due gol che avevano portato alla sua squadra il primo titolo della stagione, e la seconda Supercoppa europea.

Poi c'era stata la Supercoppa spagnola contro l'Atlético Madrid al Santiago Bernabéu, il 19 agosto. Erano passati quasi due mesi da quando le due formazioni si erano sfidate nella finale di Champions League, e gli uomini di Diego Simeone avevano in programma di prendersi la rivincita. Il Real passò in vantaggio all'ottantunesimo minuto con un gol di Jaime Rodríguez, ma Raúl García riportò il risultato in pareggio nei minuti finali. Gli ospiti avevano fatto un'ottima impressione. I *blancos*, di contro, erano sembrati incerti. Tutto si sarebbe deciso al Calderón, ma Cristiano avrebbe giocato? Il portoghese aveva un risentimento muscolare alla gamba sinistra, e non aveva potuto disputare il secondo tempo della gara casalinga. Sembrava di essere tornati al 2013-14.

Il 22 agosto non compariva fra i titolari mentre gli avversari si preparavano a dare battaglia per il titolo. Il gol dell'Atlético lo colse di sorpresa mentre ancora si sistemava per assistere all'incontro dalla panchina. Erano trascorsi appena due minuti dal calcio d'inizio e quello sarebbe rimasto l'unico gol della partita. Ancelotti lo buttò dentro nel secondo tempo al posto di Toni Kroos, ma non poté fare niente, e l'*Atleti* uscì vittorioso.

Erano tutti d'accordo: il Real Madrid era stato fiacco. Era parso evidente come né la squadra né la sua star fossero al 100 per cento della forma. Ma quello non fermò Cristiano dall'accumulare altri trofei nelle settimane successive. Il 28 agosto Platini gli consegnò il premio della Uefa come miglior giocatore dell'anno per la stagione 2013-14. I giornalisti europei si erano fatti convincere dalle sue abilità realizzative e gli avevano assegnato 24 punti, cinque in più di Manuel Neuer e quindici in più dell'olandese Arjen Robben. Il portoghese era stato finalista al premio fin dalla sua istituzione nel 2011, ma non lo aveva mai vinto. Adesso era nel club dei vincitori insieme a Messi, Andrés Iniesta e Franck Ribéry. «Ringrazio infintamente i miei compagni di squadra» disse alla cerimonia di premiazione. «Senza di loro non avrei mai vinto questo trofeo, che per me rappresenta un importante successo personale. Non l'avevo mai vinto e adesso sono molto felice».

Era stato un anno d'oro per Cristiano, almeno in termini di riconoscimenti. Consolidò il suo ruolo nella squadra grazie a un cambio di atteggiamento e a un record di segnature. Aveva mitigato il suo stile individualistico e aveva assunto un ruolo da leader, pur non essendo il capitano effettivo. Ma non era ancora completamente a posto fisicamente, e questo lo tenne fuori dal campo per diverse settimane. Prima mancò l'appuntamento delle qualificazioni a Euro 2016 con il Portogallo contro l'Albania, incontro terminato 1-0 per gli albanesi, e poi lo scontro con la Real Sociedad all'Anoeta, che il Real Madrid perse 4-2 nonostante fosse passato in vantaggio di due gol nei primi quindici minuti. Questa sconfitta, combinata con il trasferimento di Xabi Alonso al Bayern e di Ángel Di María al Manchester United, pose i *blancos* nell'occhio del ciclone. E Cristiano non poté tirarsi fuori dal dibattito. «Ho le idee molto chiare, ma non sempre posso dire tutto quello che penso perché andrebbe a finire domani sulle prime pagine dei giornali e questo non lo voglio» disse il primo settembre del 2014. «Se fossi io quello che prende le decisioni, farei le cose in modo diverso, ma ognuno ha le sue opinioni e ognuno è libero di dire quello che vuole. Se il presidente pensava che fosse meglio prendere dei giocatori e lasciarne andare via degli altri, dobbiamo rispettare le sue decisioni».

Le sue dichiarazioni furono rilasciate nel corso di un incontro pubblico all'autodromo di Jarama insieme a Jenson Button. Dopo aver fatto un giro con il campione di Formula Uno del 2009, Ronaldo ammise di essersi "cacato sotto" durante le manovre ad alta velocità.

Tornando al calcio: CR7 fu particolarmente colpito dalla partenza del suo amico Di María. I media riferirono che aveva cercato fino all'ultimo minuto di convincerlo a restare, ma non aveva funzionato. L'argentino avrebbe in seguito affermato che Ronaldo per lui «c'era sempre».

I commenti di Cristiano sulla squadra provocarono un pandemonio, che lui cercò di acquietare nei giorni seguenti attraverso il suo account Twitter. «Le mie considerazioni sono state fraintese. Ieri ho sentito cosa ha detto il mio presidente e sono con lui al 100 per cento». E nel caso fossero rimasti ancora dei dubbi, postò un altro tweet tessendo le lodi dei nuovi acquisti dei *blancos*, tra cui il colombiano James Rodríguez e il tedesco Toni Kroos: «I nostri nuovi compagni sono fantastici! Abbiamo una squadra pazzesca! Andiamo! Forza Real!». Questo spense i toni del dibattito... per il momento. Ma CR7 fece un'altra rivelazione interessante che non aveva nulla a che fare con il calcio. Per anni aveva taciuto sull'identità della madre di Cristiano Junior. Adesso offriva un dettaglio inatteso: è portoghese, non americana come diceva qualcuno. Non disse nient'altro, anche se oggi si sa che fu sua madre Dolores ad assistere il nipote neonato in una clinica della Florida nel 2010 mentre Ronaldo stava disputando i Mondiali in Sudafrica. A quanto pare la matriarca della famiglia Aveiro seppe della nascita quando Cristiano la chiamò e le disse: «Sto per avere un figlio e voglio che tu lo vada a prendere e che ti prenda cura di lui, come hai sempre fatto con me e con i miei fratelli. Nessuno saprà mai chi è la madre». Nessuna novità su quel fronte... per ora.

Finalmente, il 13 settembre, quasi un mese dopo la Supercoppa europea, Ronaldo tornò in campo; per coincidenza, in un altro derby con l'Atlético Madrid. Segnò, ma i *blancos* persero 1-2. I tifosi non nascosero la loro rabbia, e i fischi si udirono per tutto il Bernabéu. Ma nel calcio la memoria è corta, e in pochi giorni il Real ripartì a razzo verso la stratosfera con tre trionfi consecutivi. Il primo fu nell'incontro inaugurale di Champions League contro il Basilea, quando Bale, Ronaldo, James, Benzema e un autogol di Suchy fissarono il risultato sul 5-1. Il secondo fu il 20 settembre contro il Deportivo La Coruña in uno storico incontro della Liga. Cristiano fu il primo a segnare, superando il portiere avversario con un colpo di testa da oltre dieci metri. Rimase seduto sul prato mentre i suoi compagni, uno dopo l'altro, correvano ad abbracciarlo. Era il suo primo gol in assoluto al Riazor e nulla poteva togliergli il sorriso dalla faccia. e proseguì con altri due gol mentre il Real dilagava, una tripletta che confermava ciò che lo staff medico aveva già dato per certo: i suoi problemi fisici erano ormai alle spalle. Il punteggio al fischio finale fu un roboante 2-8; il risultato più ampio mai ottenuto dai *blancos* nella storia della Liga.

Pochi giorni dopo Ronaldo fece nuovamente fuoco e fiamme, questa volta di fronte al pubblico di casa. Ne fece quattro contro l'Elche (5-1 il punteggio finale) e si riprese il titolo provvisorio di capocannoniere della Liga. Non fu biasimato per aver provocato il rigore che permise agli ospiti di passare in vantaggio. Bale siglò la rete del pareggio, e da quel momento in poi Cristiano prese il comando del match. Il suo primo gol fu un tiro da undici metri, il secondo di testa, il terzo dal dischetto e il quarto da un rapido contropiede. Non erano forse i suoi gol più belli – né particolarmente eleganti né tecnicamente pregiati – ma non c'era dubbio che adesso il re della Liga era lui. Nessuno gli si avvicinava.

«Provare a fermare Cristiano è come quando i giocatori dell'NBA si esercitano per cercare di stoppare Michael Jordan e poi lui fa comunque 30 punti a partita», disse l'allenatore dell'Elche, Fran Escribà, dopo il match. E Ancelotti non fece nulla per nascondere il proprio orgoglio: «Ha un senso del movimento unico, è sempre nella posizione perfetta». E questo, come sottolineava l'allenatore del Real, nonostante contro l'Elche avesse giocato da centravanti puro. «A lui non piace, perché ha le spalle alla porta» spiegò Ancelotti. «Preferisce giocare sulla fascia così può guardare la rete».

Il portoghese aveva messo a segno otto gol in tre partite. Per la verità, erano venuti contro formazioni modeste, ma le prestazioni seguenti dimostrarono che non si era trattato di un colpo di fortuna. Il 27 settembre il Real Madrid affrontò il Villarreal. Vinse 2-0 grazie alle reti di Modric e Cristiano, anche se il momento più memorabile si verificò non in campo ma in cielo. Un gruppo di tifosi del Manchester United noto come "United Reel" aveva noleggiato un piccolo velivolo per far passare sopra lo stadio uno striscione con su scritto "Torna a casa Cristiano". In certi ambienti si insinuò che l'iniziativa fosse stata orchestrata dall'agente di Ronaldo, Jorge Mendes, allo scopo di spingere il Real a rivenderlo al club inglese dove aveva giocato dal 2003 al 2009, ma questa voce non fu mai confermata. Tutto svanì dopo pochi giorni, ma le dicerie ripresero e la storia sarebbe senz'altro ricomparsa in futuro.

Per il momento non c'erano segnali che Cristiano desiderasse lasciare il Real Madrid, ed era chiaro che il club fosse ancora meno ansioso di vederlo andar via. Non c'era conferenza stampa in cui l'allenatore non ripetesse quanto era contento di averlo in squadra. «È il miglior calciatore con cui abbia lavorato nella mia carriera» insisteva Ancelotti. Se all'inizio si concentravano tutti sul suo ego, adesso il motivo era cambiato. CR7 era totalmente dedito ai suoi compagni e allo staff del club. La stampa parlò anche dei regali che ogni anno faceva allo staff, come alla fine della tournée estiva in America, quando sorprese i fisioterapisti e lo staff tecnico regalando a tutti un iPhone 5S. L'anno prima era stato un iPad, e prima ancora un laptop. E quando il Real vinse la sua decima Champions League comprò una macchina ciascuno ai tre fisioterapisti che lo avevano aiutato a tornare in forma in modo da poter disputare la finale. Ma il regalo più grande lo tenne in serbo per una persona esterna al club. Nel marzo del 2014 Cristiano era rimasto così toccato dalla storia di Erik, un bambino di dieci mesi affetto da un'anomalia al cervello che gli provocava trenta crisi epilettiche al giorno, da voler pagare di tasca sua 60mila sterline per l'operazione chirurgica del piccolo tifoso del Real.

In effetti, l'immagine pubblica di CR7 era talmente cambiata che si concesse perfino un balletto "Ras Tas Tas" dopo aver segnato il primo gol contro l'Athletic Bilbao al Bernabéu il 5 ottobre. La sua interpretazione dell'orecchiabile salsa colombiana, resa celebre da James Rodríguez ai Mondiali, durò solo qualche secondo, ma in altri tempi Ronaldo avrebbe causato una tempesta in una tazza da tè con la sua esultanza; chiedete alla stella del Barça, Neymar, cosa gli era piovuto addosso quando aveva accennato qualche passo di danza in un match contro il Rayo, quella stessa settimana. Polemiche a parte, la cosa più importante restava il risultato: 5-0 per il Real Madrid. E Cristiano rientrò negli spogliatoi con un'altra tripletta in tasca.

Adesso per lui era il momento di concentrarsi sulla nazionale. In un'amichevole contro la Francia aveva tenuto tutti col fiato sospeso quando fu sostituito nel secondo tempo e poi fu inquadrato dalle telecamere con il ghiaccio sul ginocchio sinistro. Ma era un falso allarme. Pochi giorni dopo, il capitano del Portogallo segnò di testa il gol vincente contro la Danimarca, incamerando così tre punti cruciali in vista degli Europei del 2016. E il conto dei suoi gol continuava a crescere. Il 18 ottobre il Real Madrid ricominciò a sbriciolare i suoi avversari. Questa volta fu un 5-0 contro il Levante. Ronaldo ne fece due e Ancelotti iniziò a essere a corto di aggettivi per descrivere il suo gioiello. «È impossibile chiedere di più a Cristiano» disse in conferenza stampa. E il numero 7 si ripeté qualche giorno dopo in Champions League, siglando la prima rete dei *blancos* nella vittoria per 3-0 sul Liverpool. Un nuovo *Clásico* contro il Barça, fissato per il 25 ottobre, era ormai imminente. Ma prima…

Un meteorite a forma di pallone da calcio si è appena abbattuto sulla Terra. Cristiano riceve una chiamata: «Le scarpe sono arrivate». Ci salta dentro e si trasforma. È un supereroe dalla velocità galattica. Può andare da un palazzo all'altro come l'Uomo Ragno. La città è ai suoi piedi. Dopo alcuni giri attorno al globo atterra sul prato del Bernabéu. E tutto questo grazie alla Nike. Il gigante dello sport non ha badato a spese nel cavalcare l'onda dei media con il suo ultimo spot nell'imminenza di una delle partite più pubblicizzate del mondo del calcio. Ronaldo e Messi stanno per affrontarsi nel primo duello della stagione. Le scarpe nuove del portoghese gli porteranno fortuna?

A giudicare dal risultato, sì, nonostante Neymar avesse portato gli ospiti in vantaggio dopo soli quattro minuti. Ma i blaugrana mantennero il vantaggio solo per mezz'ora. Cristiano rimise in pareggio il risultato con un rigore, assegnato per un fallo di mani di Gerard Piqué. Dopo la pausa i *blancos* tornarono in campo con le batterie ricaricate e siglarono altre due reti, superando così di un punto gli eterni rivali nella classifica della Liga. Tre giorni dopo fu il momento dei premi spagnoli della Liga de Fútbol Profesional per il 2013-14. Cristiano ne portò a casa tre: Miglior Giocatore, Miglior Gol e Miglior Attaccante. E all'inizio di novembre la European Sports Media gli consegnò il suo terzo titolo di Scarpa d'Oro come riconoscimento per i suoi 31 gol nella stagione 2013-14 (gli stessi di Luis Suárez, al tempo nel Liverpool, anche se l'uruguaiano aveva giocato tre partite in più per raggiungere quella cifra). E nel caso qualcuno avesse avuto ancora dei dubbi, Ronaldo mise le cose in chiaro alla cerimonia di premiazione, affermando che si trovava esattamente doveva voleva essere: «Dobbiamo parlare con Florentino Pérez per rinnovare il contratto di qualche anno. La verità è che sono estremamente felice, anche con la mia famiglia e nella mia vita personale… Tutto quello che voglio è vincere, e spero di concludere il mio contratto con il Real Madrid quando avrò 33 anni, e poi si vedrà se il presidente mi vorrà ancora qui».

Pérez si dichiarò altrettanto felice della loro unione: «Abbiamo una squadra straordinaria con un magnifico allenatore. E abbiamo il degno erede di Alfredo Di Stéfano: Cristiano Ronaldo, attuale detentore del Pallone d'Oro, che ha già vinto la sua terza Scarpa d'Oro e che è già una leggenda del Real Madrid».

Una settimana dopo Cristiano aggiunse altri due premi alla sua bacheca dei trofei: il Pichichi, come capocannoniere della Liga, e quello di Miglior Giocatore, entrambi assegnati dal quotidiano sportivo «Marca». Ma i riconoscimenti andarono al di là dei successi ottenuti sul campo. Secondo Forbes, era diventato il secondo sportivo più pagato al mondo. In un solo anno era salito dal nono al secondo posto grazie a ingaggio e sponsorizzazioni per un valore totale di 80 milioni di dollari. Gli stava davanti soltanto Floyd Mayweather, che aveva guadagnato 105 milioni di dollari. Leo Messi era a due posizioni e 13 milioni di dollari da Cristiano. I due rivali si ritrovarono ancora una volta faccia a faccia il 18 novembre nell'amichevole all'Old Trafford tra le nazionali di Portogallo e Argentina. Cristiano era recentemente diventato il più prolifico cannoniere nella storia dei Campionati Europei con un totale di 23 gol, fra turni di qualificazione e fasi finali del torneo. Il suo colpo di testa che aveva dato la vittoria per 1-0 del Portogallo sull'Armenia, il 14 novembre, gli aveva permesso di superare il danese Jon Dahl Tomasson, il precedente detentore del record. Già miglior realizzatore di sempre del Portogallo, Ronaldo aveva portato le sue reti in nazionale alla cifra di 52 in 117 partite. Ma né CR7 né Messi vissero una serata memorabile a Manchester. Giocarono entrambi solo il primo tempo. Ma ai tifosi di Cristiano non sembrava importare: tributarono continui applausi a colui che avevano visto giocare per sei anni all'Old Trafford. E per fugare ogni dubbio, rivolsero i fischi unicamente all'Argentina. Alla fine il Portogallo vinse la gara per 1-0 grazie a un gol di Raphaël Guerreiro.

Tornato a Madrid, Cristiano si fece trovare pronto per una nuova serie di partite, e i gol continuarono ad arrivare copiosi: due contro l'Eibar, uno contro il Basilea, tre contro il Celta Vigo, uno contro il Ludogorets e due all'Almería. I *blancos*, a questo punto, avevano vinto tutte la gare a partire dal 16 settembre, dalla prima contro il Basilea, infilando 20 vittorie consecutive: dodici nella Liga, sei in Champions League e due in Copa del Rey. Avevano realizzato 74 reti – una media di quasi quattro a partita – incassandone soltanto dieci. Venticinque di questi gol erano stati segnati da Cristiano. Con queste basi, il Real Madrid approdò in Marocco per la Coppa del Mondo per club. Disputò direttamente la semifinale contro i messicani del Cruz Azul, il 16 dicembre. Fu un match abbastanza semplice, che gli spagnoli regolarono con un convincente 4-0, anche se Ronald non lasciò il suo nome sul tabellino dei marcatori. Quattro giorni dopo affrontarono in finale gli argentini del San Lorenzo. Fu una partita brutta ma facile da gestire per i *blancos*, malgrado la tattica ostinatamente difensivista degli avversari, che collezionarono quattro cartellini gialli e un totale di 24 falli fatti. Le due reti del Real furono siglate da Sergio Ramos e Gareth Bale, proprio come nella finale di Champions League a Lisbona. La vittoria per 2-0 consegnò al Real il quarto trofeo del 2014, e la sua prima Coppa del Mondo per club. Ma per il secondo match di fila Cristiano non aveva lasciato il segno. Le fitta linea difensiva del San Lorenzo non gli aveva concesso spazi per attuare il suo solito gioco.

In definitiva, il suo miglior momento a favore di telecamera si verificò dopo l'incontro, mentre si preparava ad alzare la coppa. In fila per stringere la mano dei giocatori c'erano Sepp Blatter, Florentino Pérez, il principe del Marocco Moulay Hassan… e il presidente della Uefa Michel Platini, che qualche settimana prima aveva dichiarato che il Pallone d'Oro del 2015 sarebbe dovuto andare a un "campione del mondo"; in altre parole, se fosse dipeso da lui, lo avrebbe attribuito al tedesco Manuel Neuer. Le sue affermazioni avevano agitato le acque nell'ambiente di Madrid, e di Ronaldo in particolare. E così adesso, mentre Ancelotti si fermava a scambiare una battuta con Platini, il portoghese ne approfittò per superarlo e andare a stringere la mano alle altre autorità. Il grande capo del calcio europeo se ne accorse e fece un'espressione alquanto sconcertata, ma CR7 andò avanti come se nulla fosse, ignorandolo completamente. Quella per la Coppa del Mondo per club fu l'ultima partita prima della pausa per le festività, e per le vacanze Ronaldo tornò a Madeira per l'inaugurazione di una statua che era stata eretta in suo onore. Alta più di tre metri, e scolpita in più di 800 chili di bronzo, non somigliava tanto al calciatore, ma non era quella la sua caratteristica principale. Ciò che fece scalpore fra i commentatori fu lo sproporzionato "asset" di cui lo scultore aveva dotato il suo soggetto. L'uomo ritratto, comunque, si dimostrò immune al trambusto mediatico, e commentò che «la statua è più bella di come sono io. È molto riuscita. Mi piace».

Da Madeira si spostò poi a Dubai in compagnia di Cristiano Junior e di Irina, postando continuamente foto della loro lussuosa vacanza. Ma l'assenza della madre e dei fratelli del giocatore si fece notare. Considerato quanto fosse unita la famiglia, cominciarono a girare delle voci. Cosa stava succedendo nel clan degli Aveiro? Era sorto forse un conflitto tra la modella e la madre? Troppo presto per dirlo. Dubai, per Cristiano, non fu solo una vacanza. Ci andò per ricevere altri premi ai Globe Soccer Awards: Miglior Giocatore dell'anno e il trofeo di «Marca» come Giocatore Preferito dei Tifosi. In effetti, il gala fu quasi interamente un tributo al Real Madrid. I giocatori fecero incetta di premi e la squadra fu nominata Miglior Club dell'anno. L'evento richiamò tutte le grandi personalità del calcio, quindi era inevitabile che CR7 si imbattesse in Platini. Furono visti scambiarsi qualche parole sul palco, anche se non a portata di udito di qualche testimone. Avevano forse sotterrato l'ascia di guerra? Nei momenti successivi, la tv del Real Madrid seguì Ronaldo nel backstage. Raggiante, celebrò gli ultimi trofei a suo modo: con un ruggito di trionfo. «Sarebbe un sogno se il 2015 fosse come il 2014, o anche meglio» avrebbe detto più tardi. Ma il giorno dopo, a Dubai, il Real Madrid perse il primo match in tre mesi, contro il Milan. Ronaldo segnò, ma l'incontro finì 4-2 per i rossoneri. Era solo un'amichevole, ma si sarebbe rivelato un cattivo presagio per i *blancos*.

ALTI E BASSI

Il sogno è infranto. In cinque giorni, tutto quello che poteva andare male, è andato male. Domenica 17 maggio alle 20.45 Cristiano Ronaldo entra nel tunnel degli spogliatoi con l'orgoglio ferito. La sua squadra ha demolito l'Espanyol per 4-1 a Barcellona, grazie alla sua tripletta. Ma è una vittoria inutile. I *blancos* avevano bisogno di vincere ma serviva anche che il Barça venisse bloccato dall'Atlético per tenere aperta la corsa al titolo. Il Real ci aveva messo del suo... e sfortunatamente lo aveva fatto anche Messi. L'argentino aveva segnato un gol incredibile al Calderón e così aveva incoronato la sua squadra campione con una giornata di anticipo sulla fine della stagione. Le due partite terminarono nello stesso momento, e mentre i blaugrana davano il via ai festeggiamenti, i *blancos* si leccavano le ferite.

È la seconda delusione in meno di una settimana. La prima era venuta il mercoledì precedente, quando erano stati eliminati dalla Champions League in semifinale dalla Juventus. All'andata a Torino, il 5 maggio, il Real aveva subito la pressione ed era uscito sconfitto per 2-1. Cristiano aveva segnato di testa su cross di Dani Carvajal l'unico gol del Real. E i *blancos* avevano fallito l'appuntamento con la storia: avevano vinto soltanto una volta in casa della Juventus, ed era successo 53 anni prima. Otto giorni dopo, il 13 maggio, gli uomini di Ancelotti cercarono di reagire contro gli italiani. E per 57 minuti la finale fu alla loro portata. Avevano dominato nel possesso palla, e al ventitreesimo minuto Cristiano li aveva portati in vantaggio, realizzando un calcio di rigore assegnato per un fallo su James Rodríguez. Il Bernabéu esplose. La BBC del Real (Bale, Benzema e Cristiano) si procurò più occasioni in pochi minuti che in tutta la gara di andata. Ma quella che poteva sembrare una passeggiata si trasformò gradualmente in una salita sempre più ripida. Subito dopo l'inizio della ripresa, l'ex attaccante del Real Madrid Alvaro Morata trafisse Casillas portando il risultato sull'1-1, mettendo fine alle speranze e ai sogni della sua vecchia squadra. E malgrado i continui tentativi dei *blancos*, il punteggio non sarebbe più cambiato. Il Real Madrid era fuori dall'Europa. Tanto per girare il coltello nella piaga, in finale approdò anche il Barça, che il 6 giugno a Berlino avrebbe vinto la sua quinta coppa europea. Con qualche prestazione migliore, avrebbe potuto essere l'undicesima del Real Madrid.

Né titolo della Liga, né Champions League, né Copa del Rey. Per Ronaldo è stata una stagione dolceamara. I suoi trionfi personali, come il Pallone d'Oro, non compensavano la delusione per l'assenza di titoli di squadra. Al Real Madrid restavano solo la Supercoppa europea e la Coppa del Mondo per club, entrambe vinte nei primi cinque mesi della stagione.

Era stato a gennaio che la rotta aveva cominciato a invertire. Fu un periodo difficile, dentro e fuori dal campo. Nelle prime settimane del 2015 tutti parlavano della vita privata del calciatore in seguito alla rottura con Irina Shayk. Era stato amore a prima vista, quando si erano incontrati durante un servizio fotografico per Armani, anche se le voci su una presunta rottura erano circolate per tutta la loro relazione. Adesso si capiva perché lei non fosse presente alla serata del Pallone d'Oro, e perché lui non l'avesse nominata nel discorso di ringraziamento. La separazione dopo cinque anni finì su tutte le prime pagine, e non solo dei tabloid. I giornali sportivi rivelarono ogni dettaglio di ciò che accadde a una delle coppie più venerate – e vendibili – del mondo.

Il quotidiano portoghese «Correio de Manha» riportò che era stato CR7 a voler chiudere perché si vedevano pochissimo, mentre lui a quanto pare "vuole una donna che sia sempre al suo fianco". Fu tirato nuovamente in ballo il cattivo rapporto tra Shayk e la madre e le sorelle del calciatore. Si sosteneva persino che la rottura fosse dovuta alla riluttanza di Shayk a partecipare al sessantesimo compleanno della suocera. «Dolores Aveiro è convinta che Irina non sia la compagna giusta per suo figlio» scrisse il «Correio». «Lei preferirebbe una donna che in futuro volesse assumere il ruolo di madre del piccolo Cristiano, ma quella non è certo la priorità di Irina». E poi, ovviamente, tutti volevano scavare morbosamente nelle presunte infedeltà di Cristiano. Lui scelse di mantenere il totale silenzio al riguardo, rilasciando una sola dichiarazione ufficiale il 20 gennaio via Associated Press per confermare la separazione: «Dopo cinque anni, la mia relazione con Irina Shayk è giunta al termine. Abbiamo pensato che fosse meglio per entrambi compiere ora questo passo. Auguro a Irina ogni bene». Non sarebbe più tornato sull'argomento, e non avrebbe neppure commentato nessuno dei presunti nuovi flirt che gli furono attribuiti dai media. Dapprima, la sua ex adottò lo stesso atteggiamento, comunicando solo tramite il suo agente: «Tutte le dicerie negative riguardanti Irina e la famiglia di Ronaldo sono completamente false e non hanno nulla a che vedere con la loro separazione». Ma l'11 febbraio Irina stessa lasciò intendere che la separazione non fosse stata così amichevole come si pensava. «Sono in cerca di un uomo che sia sincero e fedele» disse a «E! News». Non era chiaro se fosse un'allusione a CR7. Poche settimane dopo fu ancora più esplicita in un'intervista esclusiva alla rivista «¡Hola!», in cui diceva di essersi sentita «brutta e insicura» mentre stava con Cristiano. Enfatizzò di nuovo l'importanza della fedeltà e concluse rivelando che aveva creduto di aver «trovato l'uomo ideale… invece no».

Il «Sun» affermò di aver individuato il senso nascosto nelle dichiarazioni di Irina. Insinuò che il portoghese aveva tradito Irina con almeno dodici donne diverse. Affermò che lei aveva scoperto vari messaggi da lui inviati a ragazze di nazionalità diverse, cosa che lui aveva negato, e che lei aveva deciso di lasciarlo. Senza conferme, in ogni caso, la discussione si sarebbe chiusa lì, se non fosse per il fatto che il Miglior Giocatore Portoghese di Tutti i Tempi – come fu eletto a gennaio dalla federazione calcistica del suo paese – da quel momento in poi non fu più lo stesso sul campo di gioco. Improvvisamente, senza alcun preavviso, dopo una favolosa prima metà di stagione, il livello delle prestazioni di Ronaldo calò drasticamente, e lo stesso valse per la sua squadra. Nelle prime settimane dell'anno si registrò una sfilza di sconfitte e delusioni per il Real Madrid. Prima perse 2-1 a Valencia nella Liga, poi fu battuto ai quarti della Copa del Rey, ancora per mano dell'Atlético, come nell'ultima Supercoppa spagnola. Nella gara di andata al Calderón, Cristiano rimase in panchina per un problema muscolare. Finì 2-0.

Pochi minuti prima del calcio d'inizio della gara di ritorno, quando i *blancos* speravano di ribaltare il risultato, Ronaldo mostrò il suo terzo Pallone d'Oro al pubblico del Bernabéu, suscitando un'ovazione assordante. Fu raggiunto da James Rodríguez con il suo FIFA Puskás Award per il gol più bello del 2014, e da Sergio Ramos e Toni Kroos che erano stati inseriti nella FIFA FIFPro World XI.

Ma l'incontro si chiuse sul 2-2, e dopo l'eliminazione del Real l'espressione sul volto di Cristiano non avrebbe potuto essere diversa. «Grazie a tutti i tifosi; mi scuso con tutti loro a nome della squadra» disse nel dopogara. Ma cercò di minimizzare il significato della sconfitta. «Siamo stati sfortunati. La Copa del Rey era comunque la competizione meno importante. la Liga e la Champions League quest'anno sono più importanti. Certe volte è meglio fare un passo indietro per farne due in avanti» spiegò, convinto che si fosse trattato di un semplice incidente di percorso. Proseguì parlando della sua forma fisica, che non era ancora al meglio, nonostante avesse segnato il secondo gol contro l'Atlético: «La vita non è fatta solo di gol. Essere sempre al 100 per cento è impossibile. Non sono un supereroe».

CR7 potrà anche essere umano come tutti noi, ma combatte ogni giorno per dimostrare il contrario. «Se riesco a giocare sessanta partite a stagione, anno dopo anno, è perché mi prendo cura di me stesso. Dormo bene, mangio bene. Anche in quello, aspiro alla perfezione. Altrimenti non ce la fai a reggere il passo» dichiarò a «France Football». «Al momento sto cercando di migliorare il sinistro, le accelerazioni e le punizioni. Sono le cose in cui ho avuto meno successo. So che posso recuperare. Devo solo avere l'umiltà di ammettere che le cose non funzionano senza fare tanto esercizio. Voglio lavorare duro». L'intervista, pubblicata il 21 gennaio, svelava un lato più intimo e personale del giocatore. Ribadì che il termine "leader" non rispecchiava la sua vera natura. «Io penso che ogni giocatore in campo sia leader a modo suo, ognuno ha un ruolo diverso» disse.

E ovviamente, come era prevedibile, ricomparve il nome di Messi. Ronaldo riconobbe che per lui l'argentino era una motivazione, «come tutti quegli altri giocatori che ti spingono a migliorare, perché dai il massimo per superarli. Tutta la concorrenza rappresenta una motivazione». E si disse certo che anche per la Pulce la competitività fosse un incentivo. «Fa bene a lui, fa bene a me e fa bene a tutti i giocatori che vogliono crescere. Messi ha quattro Palloni d'Oro, io ne ho tre. Tutto ciò fa bene al mondo del calcio». Disse anche che al momento si sentiva tranquillo, non era concentrato su quello che sarebbe successo "il prossimo anno". E naturalmente confermò di trovarsi bene al Real Madrid adesso che era nel "migliore spogliatoio" in cui si fosse mai trovato in tutta la carriera.

Nel caso ci fosse ancora dubbi circa la sua fedeltà al club, qualche giorno dopo il suo agente confermò che avrebbe «quasi certamente chiuso la carriera con il Real Madrid». E mancava ancora tanto, perché Jorge Mendes è convinto che Cristiano possa giocare fino a 38 o 39 anni. Ma non tutti furono persuasi dall'ottimismo dell'agente. Qualcuno chiedeva se si fosse dato una calmata dopo la separazione da Irina, e se questa avesse in qualche modo influenzato il suo gioco. Dolores lo negò assolutamente. «Mio figlio è felice» insisté. Ma pochi giorno dopo fu chiaro che qualcosa stava succedendo a CR7. Il Real era impegnato a Cordoba per la ventesima giornata di campionato. Dopo aver sofferto per gran parte del match, riuscì a battere i padroni di caso per 2-1, anche se la prestazione restava fiacca. La cosa peggiore era che Cristiano non aveva lasciato il segno. Non gli riuscì niente. E all'ottantatreesimo minuto implose. Dopo essersi mangiato un gol su passaggio di Toni Kroos, scaricò la sua frustrazione nel peggior modo possibile, prendendo a calci e schiaffi il brasiliano Edimar. In precedenza aveva già colpito José Angel Crespo mentre si contendevano la palla da un corner. E adesso, dopo l'aggressione a Edimar, colpì nuovamente Crespo e Deivid Rodríguez quando si fecero sotto per condannare il suo gesto.

L'arbitro non ebbe esitazioni: cartellino rosso. Ronaldo non si prese neanche la briga di protestare; s'infilò dritto nel tunnel. Mentre lasciava il campo, fu coperto dai fischi del pubblico. Sembrò rispondere toccandosi lo stemma della squadra sulla maglia, un gesto da alcuni interpretato come un segno di sfida. Ma pochi minuti dopo si scusò sui social. «Chiedo scusa a tutti, in particolare a Edimar, per le mie azioni sconsiderate». Cordoba aveva visto il peggio di Ronaldo. Non sono cose che accadono spesso, ma questo lato del giocatore è emerso in altre occasioni. Alla sua prima stagione con il Real Madrid si vide sventolare un cartellino rosso per una gomitata a Patrick Mtiliga del Malaga, che era dovuto uscire per una frattura la naso. Nella finale di Copa del Rey del 2013 scalciò in viso Gabi Fernandez dell'Atlético, e nel corso del campionato 2013-14 si prese il cartellino rosso dopo uno scontro con Ander Iturraspe dell'Athletic Bilbao.

I falli commessi a Cordoba lo tennero fuori dal campo per due giornate. All'inizio tra la stampa girava voce che la squalifica sarebbe stata addirittura di dodici giornate, ma il portoghese aveva due punti a favore: non era recidivo, e si era prontamente scusato dopo l'incidente. «Nel momento stesso in cui fu espulso a Cordoba, si mostrò pentito del suo comportamento. Non è facile per Cristiano» disse il suo compagno Iker Casillas. «È sotto i riflettori e tutti sono sempre concentrati su di lui. Fare ammenda è la cosa migliore, e noi gli siamo vicini. Non possiamo tollerare questo tipo di comportamenti, noi siamo un modello per milioni di spettatori, quindi concentriamoci sul lato positivo di Cristiano, sul giocatore ambizioso che è». Rimase fuori squadra per le partite contro la Real Sociedad del 31 gennaio e il Siviglia del 4 febbraio, entrambe vinte dai *blancos*. Il 5 febbraio, il giorno dopo la revoca della squalifica, era il suo trentesimo compleanno. Trascorse una giornata tranquilla con suo figlio, evitando grandi festeggiamenti, concentrandosi solo sul ritorno in campo. Le feste di compleanno avrebbero dovuto aspettare che si fosse tenuto uno degli incontri più attesi della Liga, il derby con l'Atlético Madrid.

Nel frattempo la stampa diede risalto al suo compleanno con articoli e passaggi radiofonici dedicati ai suoi successi, e alle sfide future. Fu analizzata la sua trasformazione in bomber, ormai più numero 9 che numero 7. Furono spesi elogi per le sue statistiche, ogni anno più impressionanti, e per la sua fame di gol. Furono anche rimarcati i problemi fisici che lo avevano rallentato, aggravati dall'usura degli ultimi anni, nonostante la tendenza a minimizzare del club.

Finalmente, il 7 febbraio, tornò in campo al Vicente Calderón, dove il Real fu mandato al tappeto dall'*Atleti*. Cristiano riuscì a tirare una sola volta in porta per tutto il match. E per novanta minuti dovette sopportare gli insulti dagli spalti, con i tifosi dell'Atlético che mimavano il suo grido di gioia all'assegnazione del Pallone d'Oro. La frustrazione di Cristiano montò, ed ebbe anche un alterco con un raccattapalle che non gli restituiva il pallone. Il risultato finale diceva tutto: 4-0. Per i *blancos* si trattava della peggiore sconfitta dal 5-0 che il Barça di Guardiola gli aveva inflitto ai tempi di Mourinho a novembre 2010. In più, era la sesta sconfitta consecutiva contro l'Atlético. «È stata la partita peggiore da quando sono arrivato qui» ammise l'allenatore Ancelotti. CR7 non fece nulla per mascherare la sua delusione: «È stata una brutta giornata, ma dobbiamo pensare positivo perché siamo ancora i numeri uno». Cosa pensava che fosse mancato? «Tutto. Non avevamo grinta, non avevamo determinazione. Non eravamo al meglio, sia mentalmente sia fisicamente. Abbiamo giocato veramente male, in ogni reparto, dall'attacco alla difesa. Dobbiamo dimenticarla il prima possibile, perché il Real non può perdere 4-0 con nessuna squadra al mondo. È capitato, ma adesso dobbiamo tirarci su e ricominciare, ci sono ancora un sacco di partite da fare nella Liga». Riconobbe che alcuni giocatori erano stremati dopo le ultime partite, ma non pensava che fosse una giustificazione. «Secondo me siamo più forti dell'Atlético, ma dobbiamo dimostrarlo sul campo. Vinceremo comunque la Liga» concluse fiducioso.

L'umiliazione del Calderón lasciò sgomenti molti tifosi dei *blancos*, e fu dura scrollarsi di dosso il più grosso scivolone di Cristiano da quando era approdato al club. Poche ore dopo la sconfitta, Ronaldo andò alla festa per il suo trentesimo compleanno in uno dei ristoranti più esclusivi della città. Il party era già stato organizzato e così decise di non annullarlo. Sfortunatamente qualcuno pensò di far trapelare alcune foto di lui e dei suoi compagni di squadra mentre facevano karaoke e se la spassavano; un po' troppo, se la spassavano, secondo i tifosi. La persona indiscreta responsabile della fuga di immagini era il musicista colombiano Kevin Roldan – amico di James Rodríguez – i cui post non fecero che gettare benzina sul fuoco: «Grazie per avermi ingaggiato come performer per il tuo trentesimo compleanno. È un onore sapere che apprezzi la mia musica. Sarà una serata speciale, spero che ti godrai lo show. Stasera ci daremo dentro a Madrid» scrisse la star del reggaeton subito prima del party. E dopo la serata caricò un video e delle foto che mostravano il calciatore con in testa un enorme cappello da carnevale.

Twitter esplose con commenti al vetriolo e con l'hashtag #LaFiestaDeLaDeshonra (La festa della vergogna), che divenne il topic di maggior tendenza di tutta la giornata seguente. Il club non sapeva spiegare come mai Cristiano – solitamente così riservato – non avesse fatto qualcosa per nascondere i dettagli del suo inopportuno party. Anche Casillas, Sergio Ramos e Ancelotti si erano tenuti a distanza, forse consapevoli di come sarebbe stato considerato tutto lo spettacolo. Jorge Mendes cercò immediatamente di recuperare la situazione in un'intervista radiofonica, dicendo che il calciatore era «distrutto per la sconfitta» e che tutti i presenti al party avevano cercato di tirarlo su. Ribadì inoltre che la festa era stata organizzata con un mese di anticipo, che non poteva essere cancellata e che la star non poteva «essere maleducata nei confronti dei convenuti». Alla fine dichiarò che CR7 stava valutando se denunciare Kevin Roland, l'unica persona che aveva beneficiato dello scandalo. «Non c'è niente di meglio della cattiva pubblicità» affermò il musicista. «La disputa ha regalato nuovi follower, download e visite al mio sito. Tutto questo è una benedizione divina».

Nello spogliatoio del Real Madrid la tensione si poteva tagliare con il coltello. Secondo la stampa, Cristiano era seccato con Casillas e Ramos, perché pensava che avessero rinfocolato le polemiche esprimendo in privato la propria disapprovazione ai giornalisti. Si diceva che non riuscisse a capire la posizione dei due compagni, dal momento che anche loro erano usciti dopo la sconfitta, e il portiere aveva festeggiato il compleanno della fidanzata quella stessa sera, pur se in circostanze assai più discrete. Ma la cosa che preoccupava di più il club era l'amicizia che si era creata fra Ronaldo e Alberto Garrido, l'organizzatore della sua grande serata. Il guru PR era diventato molto presente da quando il giocatore si era separato da Irina. CR7 usciva più di frequente, e Garrido era ritenuto responsabile di averlo portato nei migliori club della città senza informare nessuno. I due, oltre a James Rodríguez, erano diventati inseparabili. Ed era la prima volta che si metteva in discussione l'immagine salutista del calciatore.

Mentre la stampa premeva l'acceleratore, Florentino Pérez decise di intervenire. Il presidente del Real Madrid interruppe la prima seduta di allenamento della squadra dopo la sconfitta con l'Atlético e spese due ore per ricordare ai calciatori cosa rappresentavano e cosa ci aspettava da loro. Ma parlò per motivarli più che per criticarli, e invocò lo spiritò di unione e il lavoro duro. Stando alla prestazione del 14 febbraio al Bernabéu, le sue parole colsero nel segno, visto che il Real batté il Deportivo La Coruña per 2-0. Non fu una performance stellare, ma fu abbastanza convincente. Per Cristiano si trattò di una prova del fuoco. Passò gran parte dell'incontro ai margini dell'azione; il massimo del suo coinvolgimento si materializzò in un assist per il secondo gol, ma era la prima volta che giocava davanti al suo pubblico dopo il famigerato party e fu un sollievo constatare che l'accoglienza fu buona come sempre, e che in gran parte i tifosi si dimostrarono fedeli al loro beniamino.

Quattro giorni dopo Ronaldo siglò una delle due reti nella vittoria del Real contro lo Schalke 04 nei quarti di finale della Champions League. «Cristiano è tornato» dichiarò l'allenatore, aggiungendo: «Non è mai stato un problema che non abbia segnato per due partite. Sta crescendo, come tutta la squadra». Il test seguente fu in campionato contro l'Elche il 22 febbraio; il Real mise a segno due gol, uno dei quali con Cristiano. Era in cima alla classifica con quattro punti sul Barça, ma il vantaggio sarebbe evaporato rapidamente. Il primo marzo contro il Villarreal non andò oltre l'1-1 (gol di Ronaldo) e poi perse contro l'Athletic Bilbao, scivolando dietro al Barça. Erano tutti d'accordo: né il Real Madrid né Ronaldo si stavano esprimendo al massimo delle loro potenzialità.

Quantomeno, superarono il turno di Champions League battendo lo Schalke 04 il 10 marzo, anche se patendo più del necessario (4-3 per i tedeschi; 5-4 per gli spagnoli il punteggio complessivo, il che faceva del Real la prima squadra nella storia della Champions League a passare un turno dopo aver subito quattro reti in casa). Ma Cristiano perse le staffe per via delle proteste piovute dagli spalti per la mediocre prestazione dei *blancos*. Reagì stizzito a ogni minimo fischio. Questa volta non offrì le sue scuse, anzi decise di non concedersi più alla stampa fino alla fine della stagione.

In questo clima teso il Real Madrid si presentò all'ultimo *Clásico* del campionato, al Nou Camp il 22 marzo. Come sempre, l'atmosfera si era surriscaldata per diversi giorni, con commenti da entrambe le parti. L'ex stella del Barça Hristo Stoichkov si era espresso senza mezzi termini in favore di Messi e contro Ronaldo: «Non puoi mettere a confronto una leggenda con un giocatore a fine carriera». E poi aveva previsto che «se il Barcellona vince, la Liga è sua». Su questo non si sarebbe sbagliato.

Nel primo tempo gli ospiti dominarono nel possesso palla, ma fu il Barcellona il primo ad andare in gol, con Mathieu al diciannovesimo minuto. Poi CR7 ebbe diverse occasioni, ma riuscì a trasformarne soltanto una. Fu comunque un gran gol, un favoloso passaggio di Benzema spinto in rete da Cristiano. I *blancos* tennero alta la pressione al rientro dall'intervallo, ma senza riuscire a segnare, mentre il Barça li mise più volte in difficoltà. Alla fine Luis Suárez approfittò di un passaggio di Dani Alves per siglare il 2-1. Questa volta il Real aveva perso con onore, anche se Cristiano fu visto compiere un altro gesto volgare in campo, afferrandosi il pacco mentre l'arbitro gli sventolava davanti un cartellino giallo. A onor del vero, aveva dovuto sopportare un'altra ondata di slogan che facevano il verso al suo ruggito. E l'ultima trovata dei tifosi era "Cristiano non beve acqua", che rimpiazzava il precedente "Cristiano è un ubriacone" (giudicato diffamatorio e bandito dal consiglio di amministrazione della Liga), intonato da tutti in riferimento al suo party.

Quel che restava del campionato fu una rincorsa per riprendere il Barcellona, e dal punto di vista di Ronaldo per superare Messi nella classifica dei marcatori. Il 5 aprile fu chiaro che almeno il trofeo individuale era ormai alla sua portata. Il Real Madrid distrusse il Granada per 9-1, e il portoghese segnò cinque gol, i primi tre dei quali a otto minuti l'uno dall'altro. Esultò con rinnovata energia, e al fischio finale c'era un sorriso per tutti. Era la prima volta che ne segnava cinque in una sola partita; la stampa sottolineò la prodezza definendolo "il cannibale". Si portò a casa il pallone, firmato da tutti i compagni di squadra, consapevole che questa impresa era il meglio del meglio che potesse mai raggiungere. Soltanto sei giocatori nella storia del Real Madrid ci erano riusciti prima di lui: Alday, Alsúa, Muñoz, Pepillo, Puskás e Morientes. E adesso era l'ottavo miglior marcatore nella storia della Liga, con 214 reti all'attivo. Tre giorni dopo segnò il suo trecentesimo gol con la maglia del Real nel 2-0 rifilato al Rayo Vallecano. Un risultato incredibile, ma per Ronaldo solo un incentivo a fare di più.

Il 23 maggio, mentre la rivista francese «So Foot» rivelava che il giocatore aveva donato sette milioni di euro alle vittime del terremoto in Nepal, Cristiano fu incoronato Pichichi della Liga con 48 gol, ancora una volta miglior marcatore di tutta l'Europa. Ma due titoli individuali non erano abbastanza. La stagione seguente avrebbe portato nuove sfide e un nuovo allenatore, Rafa Benítez. L'ex coach di Liverpool e Napoli era stato confermato come successore di Carlo Ancelotti, l'uomo che aveva sempre sostenuto Ronaldo in questa intensa annata di alti e bassi.

SÌÌÌÌÌÌÌÌÌÌÌÌÌ!!!

«Ho avuto una visione. Sapevo che avrei segnato il gol vincente e ho detto a Zizou: "Lasciami per ultimo ai rigori, perché il rigore decisivo lo segno io". Ed è andata esattamente così».

Un classico per Cristiano: mai stato timido. È euforico, sorridente da un orecchio all'altro. Poco conta che la sua prestazione nel match, fino a quel momento, compresi i supplementari, non era stata proprio memorabile. CR7 ha agguantato il suo terzo successo nella Champions League, l'undicesimo per il Real Madrid. Era stata una partita lunga e straziante per i *blancos* a San Siro, e alla fine si giocavano tutto alla roulette russa dal dischetto del rigore. Ma la fortuna era dalla loro parte. La vittima: Atlético Madrid, una replica del 2014. Un derby che si è concluso con Ronaldo che si toglieva la maglietta per mettere in mostra i muscoli – i bookmakers avevano previsto che l'avrebbe fatto, per il disappunto degli sponsor della squadra – e correva per festeggiare con i tifosi e si tuffava sul prato e veniva sommerso dai compagni. Cristiano era al centro dell'esultanza, era l'eroe del momento, anche se era stata una vera e propria lotteria: aveva realizzato l'ultimo rigore del Real dopo che Juanfran dell'Atlético aveva sbagliato il suo, mettendo il sigillo al match del 28 maggio 2016 e incoronando così la sua squadra vittoriosa. L'allenatore dell'Atlético, Diego Simeone, commenta: «Nessuno si ricorderà dei secondi classificati». Ed ecco perché il gol di Cristiano sarà il momento della partita più visto e rivisto. Il Real ha vinto. Lo ha fatto vincere Ronaldo. Come e perché, questo non ha molta importanza.

È difficile credere che poco prima dei calci di rigore, mentre stavano decidendo la sequenza dei tiratori, il portoghese fosse impegnato a spiegare ai suoi compagni quanto si sentisse stanco dopo due ore di partita. «Sono stremato. Le gambe non mi reggono più. Non mi sento bene» disse, secondo quanto riportato dai giornali. In effetti, si diceva che avesse giocato con un infortunio. «Cristiano Ronaldo non era in piena forma, accusava un infortunio e prima del match aveva fatto degli esercizi di riscaldamento mirati. Adesso arriva la conferma che ha giocato infortunato, e dalla sua prestazione era già evidente. La federazione calcistica portoghese era preoccupata che potesse subire ulteriori danni in vista di Euro 2016, ma alla fine è andato tutto bene» ha dichiarato Joseba Larrañaga del programma radiofonico *El Partido de las 12 – The Midnight Match*. Infortunato o no, non è stata chiaramente la migliore partita del numero 7. Ma nessuno ci fa caso più di tanto, men che meno il suo allenatore. «Sei il migliore» gli avrebbe detto Zinedine Zidane durante i festeggiamenti sul prato di San Siro. E lo è davvero, almeno in termini di gol segnati nel torneo. È in cima alla classifica con sedici reti, quasi il doppio del secondo, Robert Lewandowski del Bayern Monaco, che ne ha segnate nove. Luis Suárez del Barça ha strappato dalle mani di Cristiano i titoli di capocannoniere della Liga e di Scarpa d'Oro per quest'anno, ma quando si tratta di Champions League non ce n'è per nessuno. E per quanto riguarda lui, è l'unica competizione che conta. «La doppietta del Barça in Liga e Copa del Rey non mi crea problemi, perché per me vincere la Champions League vale molto di più di qualsiasi altra doppietta» aveva detto qualche giorno prima della finale. «Ci sono dei grandi giocatori che non l'hanno mai vinta. Vincere questa coppa è la realizzazione di un sogno, lo dico dal profondo del cuore».

Il trionfo di Milano ha salvato una delle stagioni più turbolente del Real nella recente storia del club, e questo giustifica il fermento che c'è alla festa del Santiago Bernabéu il giorno dopo. I giocatori sembrano più uniti che mai, e Cristiano ha tutta l'aria dell'autentico leader. Evita di mettersi in mostra davanti a tutti quando posano per una foto con il trofeo. Ma una volta che prende in mano il microfono, nessuno può fermarlo. «Volevo parlare… grazie per aver creduto in noi. Senza il vostro supporto non avremmo potuto vincere questo bellissimo trofeo. Sono immensamente fiero di indossare questa maglia bianca… che mi sta benissimo» dice alle migliaia di tifosi presenti allo stadio, che invocano incessantemente il suo nome. Va a ruota libera, a un certo punto canta persino, e naturalmente lascia andare il suo grido: «Sììììììììììììì!!!!!!», l'urlo di battaglia che è ormai una tradizione del club e che spesso viene usato dai rivali per sfotterlo, come aveva fatto il difensore del Barça Gerard Piqué il 18 maggio durante i festeggiamenti della sua squadra dopo aver vinto la Liga. Ma il portoghese ribadisce che la cosa non gli procura alcun fastidio: «Quando gli altri festeggiano, tirano sempre in ballo Cristiano Ronaldo. Io sono dappertutto. È una bella cosa, perché bene o male si parla sempre di Cristiano. Non avrei problemi a giocare ancora con Piqué». Poi aggiunge: «La mia esultanza ha avuto successo. È il grido di battaglia del nostro spogliatoio. E mi piace da morire quando lo urlano gli altri ragazzi». Il portoghese sa benissimo che non tutti gradiscono le sue osservazioni e il suo modo di fare anticonformista, ma non ha alcuna intenzione di cambiare. «C'è chi mi ama e chi mi odia, chi dice che sono arrogante, vanitoso, eccetera eccetera. Fa parte del successo. Sono nato per essere il migliore. Se sono così, se tutto quello che ho ottenuto con il calcio è dovuto a come sono fatto, allora non posso cambiare. Se qualcuno mi chiede di essere ancora migliore, quello lo accetto. Ma cambiare completamente, quello è diverso» dice in un'intervista a «Papel». «Ognuno la pensa come vuole. Vado sempre a letto con la coscienza pulita e dormo bene. Non possiamo vivere con l'ossessione di ciò che gli altri pensano di noi. Se lo facessimo, non vivremmo la nostra vita». E malgrado tutte le critiche che riceve per questo suo atteggiamento e per la sua apparente immodestia, viene eletto dalla ESPN sportivo più famoso del mondo per il 2016. Ha battuto altri grandi nomi quali la star del basket LeBron James (secondo posto) e Leo Messi (terzo). Il riconoscimento giunge nel corso di una delle stagioni più difficili della sua carriera, che segna anche la conclusione dell'era Mourinho.

La stagione prende il via con Rafa Benítez che prende lo scettro di Carlo Ancelotti. Il nuovo allenatore è un vero "Madridista", avendo vissuto gli inizi della carriera sia da calciatore sia da allenatore con le giovanili del Real. Adesso è tornato, dopo aver vinto due volte la Liga con il Valencia, la Champions League, la FA Cup e la Community Shield con il Liverpool, l'Europa League con il Chelsea, la Supercoppa italiana e la Coppa del Mondo per club con l'Inter e la Coppa Italia con il Napoli. Le sue credenziali parlano da sole. Ma è subito chiaro che c'è qualcosa che non va. Benítez e i suoi giocatori non si parlano. Girano voci che li tenga stretti al guinzaglio, aumentando il livello della disciplina per assicurarsi di avere il controllo totale. Ma è una missione impossibile quando si ha che fare con un gruppo composto da tante star con stipendi esorbitanti, abituate a fare più o meno quello che vogliono. Volano scintille quasi subito, in particolare per quanto riguarda CR7.

Leggendo fra le righe di un'intervista con il portoghese dopo la fine del campionato – e dopo la partenza di Benítez dal Newcastle United – uno dei più forti motivi di tensione tra i due pare essere stata l'insistenza con cui l'allenatore pretendeva di insegnare a CR7 come si battono i calci di punizione. Ad alta voce, benché per certi versi costretto, e sorridendo, Cristiano dichiara: «Ci sono delle cose che non puoi discutere con qualcuno che la pensa in modo totalmente diverso da te. Devi solo ringraziare e andare oltre. C'è qualcosa da imparare da ogni allenatore, ma ci sono anche delle cose che non si possono insegnare: o ce l'hai o non ce l'hai. Mi ha fatto lavorare sulle punizioni, ma anche su come si colpisce la palla e come si dribbla». Consigli che, a quanto pare, non risultano molto graditi a Ronaldo. I primi incontri della stagione nascondono la tempesta perfetta che si profila all'orizzonte. Il

Real dà varie mani di bianco, una dopo l'altra: 5-0 al Betis, 4-0 allo Shakhtar Donetsk e 6-0 all'Espanyol. CR7 ne fa cinque per la seconda volta in carriera, contro l'Espanyol, impiegando solo diciannove minuti per segnare i primi tre gol: la sua ventesima tripletta. È già il miglior marcatore del Real in Liga con 231 reti, ed è quarto nella classifica assoluta dietro a Hugo Sánchez (234), Telmo Zarra (251) e Leo Messi (286). Ma Benítez non è tipo da spendere lodi in favore di Cristiano. Da quando è arrivato sulla panchina del Real gli era stato chiesto più volte cosa pensasse del portoghese e aveva sempre tergiversato. La prima volta era successo durante la *pre-season* in Australia: «Ho avuto la sfortuna di incontrarlo in Inghilterra quando ero al Liverpool; era sempre determinante. Adesso è più maturo, completo ed esperto. Penso che basti dire che è uno dei migliori giocatori del mondo». qualche settimana dopo, alla stessa domanda, l'allenatore è appena più espansivo, ma sempre controllato: «Penso che sia un giocatore eccellente, uno dei migliori che abbia mai avuto. Non saprei dire se è il migliore perché io per fortuna ho lavorato con molti ottimi giocatori. Ma in questo momento è un nostro giocatore ed è il migliore al mondo». «Perché non riesce ad ammettere che Cristiano è il migliore?» gli chiede un giornalista il 16 settembre dopo il match con lo Shakhtar. «Mi fa specie che siate sempre interessati a quello che una persona pensa di un'altra piuttosto che a quello che succede in campo» risponde Benítez, senza nascondere la voglia di porre fine a quel genere di domande. «Cristiano è il più forte al mondo, sono consapevole delle sue capacità, le dimostra in ogni partita e in ogni seduta di allenamento. È il migliore al mondo. D'ora in poi risponderò sì quando mi chiederete se lo è, così potremo tornare a parlare di quello che fa in campo». Ha appena offerto ai giornali i loro titoli di prima pagina su un piatto d'argento. Ma il Real sta per entrare in un periodo di crisi, perché anche se ha ottenuto dei risultati, le prestazioni sono state in generale poco convincenti.

Intanto, il 30 settembre, in un incontro con gli svedesi del Malmö, Ronaldo segna due reti, il che fa di lui il miglior marcatore della storia del Real Madrid considerando tutte le competizioni: 324 gol in 308 partite, 1,05 gol a partita. Un gol in più e 433 partite in meno di Raúl, il precedente detentore del record, che gli invia subito un sms di congratulazioni. Il compagno di squadra Álvaro Arbeloa spende belle parole nei suoi riguardi: «Siamo felicissimi per Cristiano. Ormai fa parte del mito e della leggenda del Real. Non conosce limiti». E CR7 risponde: «Sono molto contento. Lo dico perché volevo veramente battere il record, e voglio continuare a battere i record con il Real Madrid». «Si mette continuamente alla prova per ottenere l'impossibile. Questo è Cristiano Ronaldo» riconosce il presidente del club Florentino Pérez. E anche David Beckham, che era stato un centrocampista dei *blancos*, tesse le lodi delle conquiste di CR7 durante una visita a Madrid: «È eccitante vedere Cristiano in azione, vedere come gioca, vedere la passione che mette nel suo lavoro giorno dopo giorno. È stato impressionante il modo in cui ha superato così velocemente Raúl, perché Raúl per me è come un dio».

Meno di due settimane dopo, Cristiano riceve la Scarpa d'Oro per il maggior numero di gol segnati in una competizione europea nella stagione precedente. È la quarta volta che la vince, questa volta con 48 reti. E le buone notizie non finiscono qui, perché il Portogallo si è assicurato un posto a Euro 2016, il che gli consentirà di tentare di vincere un titolo da tanto tempo atteso con la sua nazionale. Ma si verificano altri episodi spiacevoli in mezzo a questi occasionali momenti di felicità; in particolare, la sua vita privata finirà sotto i riflettori nelle settimane seguenti. Da quando si è lasciato con Irina, dodici mesi prima, Cristiano ha condotto uno stile di vita relativamente tranquillo. Ma adesso i suoi capricci da single ritornano in prima pagina. La stampa si avventa sui suoi frequenti viaggi a Marrakesh, soprattutto dopo che lui posta delle fotografie che lo ritraggono in compagnia del kickboxer e artista marziale marocchino Badr Hari. I media analizzano ogni dettaglio; i due uomini a braccetto… in una foto Hari tiene in braccio il calciatore sopra la scherzosa didascalia "Oggi sposi"… in un'altra sono circondati da un gruppo di amici, tutti maschi, in piscina, mentre fanno il bagno, a cena, e poi in un jet privato di seconda mano che il calciatore ha comprato per 19 milioni di euro proprio per questi brevi spostamenti. E coloro che non sono interessati alle allusioni sessuali si concentrano sul fatto che Hari potrebbe avere una cattiva influenza su una persona dallo stile di vita sempre immacolato. Il trentunenne marocchino – la cui ex fidanzata è la nipote della leggenda del calcio ed ex allenatore del Barcellona Johan Cruyff – è ben noto per le violente sfuriate che gli sono costate l'appellativo di "Badr Boy". Nato ad Amsterdam, la sua fedina penale include un'accusa di tentato omicidio, aggressioni varie e una condanna di due anni di carcere nel 2012 per violenza aggravata nei confronti del milionario olandese Koen Everink a una festa. Ma a parte la fedina di Hari, i due uomini condividono alcune cose: sono tra gli sportivi più richiesti al mondo, amano le automobili e gli abiti costosi, hanno amici in comune, come Karim Benzema, e su entrambi sono stati realizzati dei documentari. Come se non bastasse questa amicizia a preoccupare il management del Real, spuntano delle ambigue dichiarazioni di Cristiano sul suo futuro rilasciate alla rivista tedesca «Kicker». «Lasciare Madrid? Perché no?» dice. Questo non va giù al presidente Pérez, che gli chiede spiegazioni senza accorgersi che il microfono è acceso. «Dobbiamo parlare» lo si sente dire a Cristiano. «Di cosa? Che ho detto?» risponde CR7, aggiungendo in tono irritato: «Non ho detto quello, ho detto una cosa diversa». L'incomprensione si supererebbe in fretta se non fosse per il fatto che il Paris St Germain sta facendo una corte spietata al giocatore, e che per la prima volta da quando il portoghese è arrivato a Madrid si comincia a mormorare sempre più insistentemente della possibilità che venga venduto a quello o a un altro club, è solo una questione di prezzo. Dal canto suo Cristiano insiste che «resto qui e rispetto il mio contratto».

C'è una ragione chiara dietro tutti questi accadimenti: i risultati e le prestazioni dei *blancos* hanno lasciato parecchio a desiderare, ultimamente. Cristiano non è più lui, e lo stesso vale per la squadra. La prova del nove, il primo *Clásico* della stagione contro il Barcellona al Bernabéu, è fissato per il 21 novembre. I blaugrana schiantano i *blancos* per 4-0; il Real non subiva un'umiliazione simile dal maggio del 2009, quando il punteggio fu di 2-6. Ma, più importante dell'ego ferito o della perdita dei tre punti, è il montante sospetto che i giocatori si stiano tirando indietro per boicottare il nuovo allenatore. Nondimeno, CR7 offre sostegno al suo capo: «Rafael Benítez sta facendo un ottimo lavoro. Dobbiamo dargli tempo. Questo è uno di quei club in cui se le cose non vanno subito bene si comincia a criticare. Ci siamo abituati».

Dani Alves della Juventus, che al tempo giocava con il Barcellona, spiega come mai siano tutti fissati con tutto quello che fa CR7. «Cristiano è un giocatore di prima qualità, e forse è quello il problema quando sei una star, sei sempre al centro dell'attenzione. È doppiamente impegnativo: quando vinci parlano di te, ti mettono su un piedistallo, ma quando perdi devi sopportare le conseguenze». Il brasiliano sa di cosa parla, avendo fatto discutere i tifosi del Barcellona più di qualunque altro giocatore nella storia recente del club.

Le partite seguenti non fanno nulla per calmare le acque, anche se si susseguono alcuni buoni risultati contro alcune formazioni minori: 4-1 al Getafe (un gol di Cristiano); 8-0 al Malmö grazie ai fantastici gol di Cristiano e Benzema, per la vittoria più larga ottenuta in Champions League dal 1990; 10-2 al Rayo Vallecano con due reti di Ronaldo, terzo miglior risultato in assoluto nella Liga; e poi il 3-1 alla Real Sociedad in cui CR7 mette a segno due reti e sbaglia un rigore, il suo sesto rigore sbagliato nella Liga. Il Real viene anche sconfitto dal Villarreal per 1-0. «Non siamo soprannaturali. A tutti capita una giornata storta, non solo ai calciatori» dice Ronaldo riflettendo su quella sconfitta. «Ho cominciato la stagione al minimo, perché avevo dei problemi. Non erano questioni personali, erano questioni fisiche, ma non cerco scuse. Non voglio scendere nei dettagli, ormai è acqua passata» dice enigmaticamente, per poi aggiungere: «Abbiamo tutti degli alti e bassi, ma ciò che voglio più di ogni altra cosa è migliorare partita dopo partita e finire bene la stagione per aiutare il Real a vincere qualcosa». E per quanto riguarda le incessanti critiche che riceve, non sembra prenderla troppo male. «Ho trent'anni, sono tanti anni che gioco a calcio, ci sono abituato, non mi toccano più. Quello che mi tocca sono i problemi fisici o personali. Faccio del mio meglio per lasciarli fuori dal campo, ma non sempre è facile perché siamo esseri umani» dice in un'intervista a *Sports Center* di ESPN.

I ritmi aumentano dopo la pausa natalizia. Il 3 gennaio il Real non va oltre il 2-2 contro il Valencia, e tre giorni dopo Benítez è rimpiazzato da Zinedine Zidane. Forse conscio del compito che aspetta il francese, l'ex allenatore dei *blancos* Carlo Ancelotti si prende la briga di dedicare un'intera colonna sul sito cinese Sina Sports per dare consigli a Zidane su come gestire la star portoghese. «Cristiano Ronaldo è uno dei migliori giocatori al mondo, ed è il migliore attaccante della storia di questo sport. Non ho mai allenato nessuno più forte di lui» scrive l'italiano, che è uno degli allenatori che hanno potuto godere di un ottimo rapporto con CR7. «C'è una posizione che con lui non funziona: la posizione da numero 9 al centro dell'attacco. Non gli piace avere le spalle alla porta, preferisce trovarsi gli spazi sulla fascia, puntare la rete. Sarà sempre in grado di crearsi gli spazi perché ha un'incredibile capacità di muoversi in campo. Deve potersi sentire libero di spostarsi ovunque in ogni momento. Questa libertà di movimento è un vantaggio per Cristiano, perché è così che diventa imprevedibile».

Da parte sua, Cristiano riconosce che quando aveva conosciuto Ancelotti lo aveva trovato «duro, arrogante... e invece era l'esatto opposto. È come un orsacchiotto, è un uomo splendido, molto sensibile. L'altro giorno abbiamo chattato un po', non solo io e lui, tutta la squadra. Siamo andati molto d'accordo. È una persona incredibile». Alquanto diversa la sua opinione su Benítez, e non può nascondere la soddisfazione quando l'esonero viene reso pubblico. «Con lui abbiamo perso un sacco di tempo» riferisce al quotidiano digitale «El Confidencial».

Intanto, non perde l'occasione di godersi il gala del Pallone d'Oro l'11 gennaio 2016 a Zurigo, dove appare sorridente e rilassato, malgrado non sia il favorito per l'assegnazione del premio. Dopo averlo vinto due anni di fila, sembra rassegnato al fatto che quest'anno Messi prenderà più voti di tutti. «Non sono sorpreso di trovarmi qui, ma Leo è avvantaggiato perché il suo club ha vinto tutto» rivela in conferenza stampa prima della cerimonia. Da quando si sono visti l'ultima volta, al gala di un anno prima, tra i due c'è più armonia. Le vecchie tensioni sono sparite. E quando gli viene chiesto cosa invidia all'argentino, CR7 risponde con una battuta: «Il suo piede sinistro non è male. Mi sa che è un po' meglio del mio». Ridono entrambi. E tanto per fugare ogni dubbio, la stella del Barça dice: «Abbiamo sempre avuto un ottimo rapporto. Siamo amici sul piano professionale, non abbiamo contatti quotidiani solo perché giochiamo in club diversi. Ma c'è sempre stato rispetto e ammirazione reciproca». Sono seduti uno di fianco all'altro durante la cerimonia, e nessuno si sorprende quando Leo viene annunciato vincitore, ma non ci sono neppure reazioni negative. L'argentino ha preso il 41 per cento dei voti, Cristiano il 27 e Neymar il 7.

Ronaldo torna a Madrid a mani vuote ma pronto a tuffarsi in una nuova fase con la sua squadra. È evidente che tutti si sentano più a proprio agio con Zidane al timone, sia dentro sia fuori dal campo. Fra gennaio e marzo le prestazioni dei *blancos* migliorano sensibilmente; inanellano diverse buone vittorie e restano in partita. «Penso che con Zidane ci sentiamo più apprezzati, sentiamo la sua vicinanza» dichiara Cristiano. «Sappiamo che si sta ancora ambientando ma le cose stanno prendendo un'ottima piega e sono felice per lui. L'ho sempre ammirato come giocatore e adesso ammiro i suoi metodi da allenatore, il suo modo di rapportarsi e di lavorare con i giocatori. Spero che resti a lungo nel Real Madrid».

Nonostante questa serie di eventi positivi, tutti hanno più o meno rinunciato all'idea di vincere la Liga, soprattutto dopo la sconfitta per 1-0 contro l'Atlético Madrid del 27 marzo. I *blancos* dominano nel primo tempo, ma non riescono a segnare. Ronaldo spreca due chiare occasioni da gol e alla fine l'*Atleti* passa in vantaggio. Dopo il match Ronaldo si lancia in una delle due invettive più controverse: «Senza criticare i nostri giocatori, per vincere una competizione lunga e importante come la Liga devi avere sempre il meglio del meglio. Ci sono mancati Karim, Pepe, Marcelo, Bale… è difficile. Non sto dicendo che i giocatori scesi in campo oggi non hanno dato il massimo, ma quando a una squadra mancano i suoi top player si sente». E se non è ancora abbastanza, aggiunge: «Io sono quello che si prende le critiche; lo dicono perché la mia prestazione è stata negativa, come quella della squadra. Ma se tutti giocassero al mio livello, saremmo in testa al campionato! La stampa spagnola è eccessivamente severe con me. È sempre stato così. Mettono in discussione le mie qualità, come fossi una merda. Ma la verità è che le cifre non mentono. Guardate le cifre!». Poche ore dopo, una volta calmatosi un po', corre a chiarire le sue dichiarazioni, ribadendo: «Non penso di essere migliore degli altri. Mi riferivo al fatto che alcuni giocatori non sono in forma o sono fuori per infortunio. Non intendevo muovere una critica nei confronti dei miei compagni di squadra». Aveva lanciato un avvertimento a tutti in un'intervista a «EFE» in novembre, quando aveva detto: «Io non so perdere. Vado sempre all'attacco. Strillo e strepito quelle cose assurde di cui poi mi pento». È una sua debolezza, ed è quello che lo fa passare per essere arrogante, anche se quel caso in particolare non sembra turbarlo più di tanto. «Nella mia testa mi sento il migliore. E penso che tutti dovrebbero fare la stessa cosa se vogliono ottenere grandi risultati».

Sabato 2 aprile, sei settimane dopo la sconfitta contro l'Atlético, il Real si sposta a Barcellona per il secondo *Clásico* della stagione. I padroni di casa passano in vantaggio al cinquantacinquesimo minuto, ma i blancos rientrano in corsa grazie al gol di Karim Benzema al sessantaduesimo, prima che Cristiano fissi il risultato sull'1-2 con un gran tiro all'ottantacinquesimo minuto. Riceve palla da Gareth Bale, la controlla di petto al limite dell'area piccola e colpisce, facendo passare il pallone sotto le gambe del portiere Claudio Bravo. L'entusiasmo dei *blancos* è alle stelle, il loro onore è salvo, e sono anche tornati in corsa per la Liga. Il resto della stagione è un periodo intenso tanto per Cristiano quanto per la squadra. Poche settimane prima era preoccupato per le sue cattive condizioni fisiche dovute alla quantità di colpi ricevuti in campo, e il 20 aprile le sue paure si materializzano quando si infortuna durante il match con il Villarreal. Non sarebbe rientrato prima del 4 maggio per la semifinale di ritorno della Champions League contro il Manchester

City al Bernabéu. È una striminzita vittoria per 1-0 ma è quanto basta per mandare il Real in finale contro il Milan. «La Champions League ha qualcosa in più, una vibrazione speciale. Mi sento sempre come se ogni partita di Champions fosse la prima» dice Ronaldo. «Ovviamente la nostra priorità è di vincere la coppa».

Ventiquattro giorni dopo realizzeranno quel sogno, e nel frattempo fanno tutto il possibile fino all'ultimo respiro della Liga per strappare il titolo dalle mani degli eterni rivali. Alla fine il ritardo sarà di un solo punto. Ma la stagione non è ancora finita.

L'estate regala a Cristiano il titolo che sognava da quando aveva diciannove anni, cioè da quando era scoppiato in lacrime all'Estadio Da Luz di Lisbona il 4 luglio 2004 dopo che il Portogallo aveva perso la finale degli Europei contro la Grecia. Ma nel 2016 la sua nazionale festeggia il primo trionfo internazionale, e Cristiano piange di rabbia e di gioia.

Il 10 luglio, l'avversario allo Stade de France di Saint-Denise è proprio la Francia. Il Portogallo ha raggiunto la finale senza fanfare. Nella fase a gironi ha collezionato soltanto tre pareggi (1-1 con l'Islanda, 0-0 con l'Austria, 3-3 con l'Ungheria) e poi ha battuto la Croazia agli ottavi con un gol al 117esimo minuto. I quarti contro la Polonia si sono decisi ai rigori. Solo in semifinale, contro il sorprendente Galles, hanno ottenuto una vittoria entro i 90 minuti: 2-0. Nella fase a gironi Cristiano sbaglia un rigore contro l'Austria, poi segna due reti contro l'Ungheria e contribuisce al passaggio di turno del Portogallo, giunto terzo nel girone F. Il primo dei due gol è particolarmente memorabile: un guizzo di tacco che fulmina Gábor Király.

Prima della finale di Parigi ne fa solo un altro, contro il Galles in semifinale, ma è decisivo e spettacolare. Si libera della marcatura di James Chester e colpisce la palla di testa con un'elevazione degna di Michael Jordan. È un tiro potente e il portiere del Galles Wayne Hennessey non ha scampo. È il suo nono gol nelle fasi finali delle competizioni europee, e raggiunge Michel Platini nella classifica dei capocannonieri del torneo. Cristiano detiene anche il record di reti agli Europei considerando le gare di qualificazione: 29 gol in 47 partite, quattro in più del secondo, Ibrahimovic. Per di più, è il primo calciatore a segnare in quattro Campionati d'Europa. Ma nonostante questi successi personali, non ha ancora vinto la competizione con la sua nazionale.

Alla vigilia della finale, ammette: «È il mio sogno di vincere questa coppa con il Portogallo. Ci siamo vicini e penso che la vinceremo. Questa volta voglio piangere lacrime di gioia».

La Francia non è un avversario facile, avendo buttato fuori in semifinale i campioni del mondo tedeschi, dati per favoriti. I *bleus* hanno dimostrato superiorità tecnica, tattica e fisica. L'allenatore Didier Deschamps sembra aver trovato poco a poco la formula magica con Payet, Giroud, Pogba e Antoine Griezmann. Quest'ultimo, astro nascente dell'Atlético Madrid, ha messo a segno sei gol in sei partite ed è il capocannoniere del torneo. Ha diviso le prime pagine dei giornali sportivi con Cristiano, e «L'Équipe» sostiene che è su loro due che si dovranno tenere gli occhi puntati nella finale. Ma le cose non vanno sempre secondo le previsioni...

Settimo minuto. Dimitri Payet ci va giù pesante, entra duro in tackle sulla gamba di Ronaldo. CR7 va giù e i tifosi francesi iniziano a fischiare. Si alza ma sembra dolorante. Qualcosa chiaramente non va, perché si accascia di nuovo al sedicesimo minuto, sul punto di piangere. Una falena si posa sulla sua palpebra e lui non fa nulla per scacciarla. Si alza e si porta sul lato sinistro del campo, ma dice all'allenatore Fernando Santos: «Voglio, voglio giocare».

Rientra con un bendaggio al ginocchio, ma sei minuti dopo è costretto a cedere, allungando la fascia di capitano a Nani prima di lasciare il campo. Mentre abbandona la partita che aveva sempre sognato di giocare, riceve l'applauso generoso del pubblico francese, mentre i tifosi del Portogallo sono ammutoliti.

Doo 90 minuti, sul punteggio di 0-0 e con i supplementari pronti a iniziare, Ronaldo ricompare in panchina con le scarpe da ginnastica e un tutore al ginocchio. Ma non riesce a stare fermo; cammina a bordo campo e urla istruzioni e se la prende con gli avversari, con i compagni e con l'arbitro. Quando Éder segna il gol dell'1-0 al minute 108, agguantando la vittoria per il Portogallo, Ronaldo non può nemmeno saltare. Abbraccia tutti al fischio finale, piange di gioia. Fa i gradini zoppicando per alzare la coppa, la bacia, prima di urlare «Sììììììììììììì!!! Andiamo!!!».

Le lacrime passate sono un ricordo lontano.

IL MIGLIORE

«Contro di me si sono fatte molte campagne negative, sia dentro sia fuori il mondo del calcio. Mi attaccano da ogni lato, ma in fine dei conti il premio "Il Migliore" è stato creato per il miglior giocatore, e quello sono io». Il 9 gennaio 2017 a Zurigo, un euforico Cristiano Ronaldo fa il suo discorso dopo aver ricevuto il nuovo premio della FIFA come "Migior Calciatore", consegnatogli da Gianni Infantino, appena un mese dopo l'annuncio di «France Football» che aveva vinto per la quarta volta il Pallone d'Oro. I due riconoscimenti lo confermano miglior giocatore del 2016, un anno in cui era difficile fare di più.

«Penso che sarà impossibile fare più di quest'anno. Sto vivendo il punto più alto della mia carriera e sono felice» dichiara. I mesi precedenti avevano visto Ronaldo proseguire la sua incredibile cosa dentro e fuori il campo. Il 7 novembre 2016 aveva rinnovato il suo contratto nel palco d'onore del Santiago Bernabéu alla presenza del presidente Florenitno Pérez, di sua madre Dolores e del suo agente Jorge Mendes. Avevano posato per una foto con la maglia "Ronaldo 2021": il contratto lo lega al club fino al 2021 per la bellezza di 18 milioni di euro a stagione, con bonus addizionali in caso di premi individuali tipo il Pallone d'Oro. Alla conferenza stampa indetta per la firma, vestito in camicia bianca, giacca scura e jeans, il portoghese ribadisce che anche se avrà 36 anni alla fine di questo accordo, «non sarà il mio ultimo contratto.

Voglio giocare fino a 41 anni. Voglio fare la stessa cosa per altri cinque anni e poi per altrettanti».

Se "la stessa cosa" significa vincere titoli, di sicuro non spreca tempo. Il 18 dicembre il Real Madrid chiude l'anno aggiudicandosi la Coppa del Mondo per club in Giappone. Cristiano fu il capocannoniere e il miglior giocatore del torneo, soprattutto grazie alla tripletta siglata in finale contro i giapponesi del Kashima Antlers. Ma il percorso per la vittoria non era stato affatto facile. La semifinale contro i messicani del Club América era stata più dura di quanto ci si aspettasse, e si era conclusa 2-0 solo grazie ai massimi talenti del Real (Benzema e Ronaldo), prima che il Kashima Antlers, che in semifinale aveva battuto i colombiani dell'Atlético Nacional, aveva sorpreso tutti costringendo a disputare i supplementari in finale.

Benzema va a segno subito dopo il calcio d'inizio quando il portiere Sogahata respinge un tiro di Modric direttamente sui piedi del francese. Forte del vantaggio, il Real Madrid sembra spegnersi fino al sessantesimo minuto, quando si ritrova sotto per 1-2. Ronaldo li rimette in pista con un calcio di rigore, ma nonostante la pressione sul finale i *blancos* non riescono a chiudere la partita in proprio favore. Nei supplementari, altri due gol dell'attaccante portoghese assicurano il ritorno a casa con il trofeo. È il secondo della stagione, dopo la Supercoppa europea vinta ad agosto contro il Siviglia. Ma è il primo per Ronaldo, che era stato assente in quel match per via dell'infortunio al ginocchio rimediato alla finale di Euro 2016.

Tornata a Madrid, la fila di successi della squadra prosegue. Quaranta partite consecutive, 284 giorni senza sconfitte, ma la serie s'interrompe il 15 gennaio 2017, alla diciottesima giornata di campionato, contro il Siviglia. Gli uomini di Jorge Sampaoli riescono a rimontare lo 0-1 subito dopo un rigore di Ronaldo al sessantasettesimo minuto. Un autogol di Sergio Ramos all'ottantacinquesimo e un altro di Jovetic al novantaduesimo danno uno scossone alla Liga a metà campionato.

Non è l'unica battuta d'arresto invernale per i *blancos*. La settimana seguente perdono il quarto di finale di Copa del Rey contro il Celta Vigo, che fa sembrare Cristiano e compagni dei dilettanti. È il 18 gennaio, una serata gelida, -2° a Madrid, e i poco meno di sessantamila tifosi accorsi non sono affatto entusiasti. E nel primo tempo la squadra non fa nulla per riscaldare l'atmosfera, non tirando praticamente mai in porta. Dopo l'intervallo è il Celta Vigo a fare la prima mossa, quando una cattiva respinta di Marcelo offre l'occasione perfetta a Iago Aspas, e Kiki Casilla – portiere titolare del Real nel torneo – non può farci niente. Il gol sembra risvegliare il Real Madrid. Marcelo effettua un'imparabile volée dall'angolo dell'area piccola, riscattando l'errore precedente e portando il risultato in pareggio al sessantanovesimo minuto. Ma l'esultanza dura poco. Un veloce contropiede del Celta libera Jonny, che appena 50 secondi dopo infila la palla sotto a Casilla. Il Bernabéu, che si era ripreso dopo la gioia del pareggio, rimpiomba nel gelo e vi resta fino al fischio finale. Gennaio ha portato due sconfitte di fila, per la prima volta da quando Zidane siede sulla panchina.

«Ognuno in ogni parte del mondo ha qualcuno che lo odia, non solo io» dice Cristiano al giornale cinese «Dongqiudi» pochi giorni dopo. Durante il match contro il Celta, Ronaldo era stato ricoperto di fischi tutte le volte che toccava palla, e fra i tifosi si era creata una sorta di polemica. «Non mi preoccupo di chi mi critica, sono qui per dare soddisfazione ai miei tifosi, che mi mostrano rispetto» conclude, prima di ringraziare i fan cinesi per averlo votato attraverso «Dongqiudi» come Miglior Giocatore del 2016.

Eppure, il dubbio si è insinuato nei ranghi del Real, e una settimana dopo devono impegnarsi per rimontare lo svantaggio nella gara di ritorno al Balaídos. Al ventiseiesimo minuto Cristiano colpisce inspiegabilmente il palo a porta vuota. Poi il Celta passa in vantaggio, e il Real rientra nello spogliatoio sapendo che deve fare almeno tre gol in 45 minuti per evitare l'eliminazione.

Il miracolo non si compie. Cristiano pareggia il conto al sessantaduesimo minuto con uno straordinario gol su punizione, e a quel punto i *blancos* sperano di raggiungere almeno i tempi supplementari. Ma sono lenti, e il Celta ripassa in vantaggio. Gli ultimi assalti degli uomini di Zidane rimettono in pari il risultato, con Lucas Vázquez all'ottantanovesimo, ma gli sforzi restano vani. Il primo mese dell'anno non è ancora finito e il Real è già fuori da una delle tre competizioni del calendario. La Copa del Rey dovrà aspettare. I tifosi possono consolarsi con il fatto che la squadra è ancora in corsa per la Liga e la Champions League, anche se non dà segni di ripresa, soprattutto in Liga. Le prestazioni in Champions League non sono stellari, ma almeno portano risultati. All'ondata degli ottavi, il 15 febbraio, gli uomini di Zidane rimontano lo 0-1 contro il Napoli con reti di Benzema, Kroos e Casemiro. Al ritorno al San Paolo, il 7 marzo, il Real parte nuovamente con il piede sbagliato e consente a Dries Mertens di segnare al ventiquattresimo, ma due colpi di testa di Ramos rimettono le cose in ordine e, dopo la rete conclusiva di Morata al novantunesimo, passa ai quarti di finale.

Intanto, nella Liga si registrano alti e bassi. Il 22 febbraio al Mestalla, uno splendido colpo di testa di Cristiano alla metà del tempo fa rivivere bei ricordi al Real. Il pallone scende dal cielo, CR7 salta ben al di sopra di Mangala e lo spinge con forza nella rete del Valencia. Il gol ricorda senza dubbio quello che aveva segnato in quella stessa porta contro il Barcellona il 20 aprile del 2011, quando il Real aveva vinto la Copa del Rey. Ma questa volta non basta a pareggiare i due gol dei padroni di casa, e la squadra deve così subire la seconda sconfitta in Liga. Altri problemi si presentano contro il Villarreal nella partita successiva, con un'altra sconfitta resa probabile dallo 0-2 dopo cinquantasei minuti. Una poderosa parte finale e i gol di Bale, Ronaldo e Morata salvano il Real, ma la settimana seguente Las Palmas riesce a strappare un punto al Bernabéu, in un 3-3 acciuffato dal Real soltanto nei minuti conclusivi. Malgrado tutto, il campionato è ancora aperto per via dei singhiozzi del Barça e della disastrosa condotta del Siviglia.

Il 29 marzo, l'agenda di CR7 è impegnata da un evento unico. L'aeroporto Funchal di Madeira viene rinominato Aeropuerto Internacional Cristiano Ronaldo. «Non l'ho chiesto io... ma devo ammettere che sono lusingato e che mi rende felice». È un onore raro, riservato in precedenza solo al George Best Belfast City Airport in Irlanda del Nord. Contestualmente al cambio di denominazione, le autorità scoprono una statua in bronzo di Cristiano, che viene immediatamente presa in giro dai media di tutto il mondo per la scarsa somiglianza con il giocatore. Nondimeno, l'evento vede la partecipazione di molti vip, tra cui il presidente portoghese Marcelo Rebelo de Sousa. «È un riconoscimento eccezionale per una persona eccezionale che non ci ha mai deluso» dichiara, aggiungendo che Cristiano Ronaldo «alimenta il nostro orgoglio nazionale e il nostro profilo internazionale».

Come alla cerimonia del premio "Il Migliore", Georgina Rodríguez è al fianco di Ronaldo. La spagnola, di dieci anni più giovane, diversamente da Irina Shayk che raramente partecipava agli eventi ufficiali insieme al giocatore, lo ha accompagnato in varie occasioni fin da quando i media li hanno pizzicati insieme a novembre 2016 durante una vacanza a Disneyland Paris. In più, si è fatta vedere in diverse partite al Bernabéu assieme a Cristiano Junior, e va d'accordo con la matriarca della famiglia, Dolores.

Tornando a Madrid, la squadra è attesa da un programma impegnativo. L'8 aprile, una serata mite e piacevole è lo sfondo perfetto per un derby madrileno. L'Atlético quest'anno non è in corsa per la Liga, ma ha comunque bisogno di fare risultato per contendere il terzo posto al Siviglia, e appare assai motivato quando scende in campo al Bernabéu. E il Real ha la chance di aumentare il distacco dal Barcellona, dopo i vari passi falsi del Barça. Al trentesimo minuto Modric perfora la difesa dell'Atlético e s'invola oltre la metà campo con il pallone fra i piedi. Ronaldo è alla sua destra, Benzema alla sinistra. Lo passa a destra, CR7 lo controlla e fa partire un potente tiro da dentro l'area. Il pallone supera Oblak, ma all'ultimo istante, mentre lo stadio sta già esultando per il gol, in mezzo ai pali compare Savic, che miracolosamente devia la palla oltre la traversa con la punta della testa. Cristiano si mette le mani fra i capelli per la disperazione.

All'inizio del secondo tempo Marcelo scende sulla sinistra ed effettua un cross perfetto, che Ronaldo colpisce di testa sovrastando Godin. Ma il tiro finisce a lato. È l'altro portoghese del Real, Pepe, a segnare al cinquantunesimo minuto con un colpo di testa. Il Real controlla la partita ma non riesce a procurarsi altre occasioni, mentre l'Atlético sembra impotente. All'ottantacinquesimo Griezmann trova un pertugio fra i difensori centrali del Real, e Correa si trova da solo davanti a Navas. È 1-1, giubilo per l'Atlético e delusione per i *blancos* per l'opportunità sprecata.

Il 12 aprile, per la prima volta nella sua storia, il Real Madrid veste interamente di nero per l'incontro con il Bayern Monaco. I padroni di casa vogliono indossare i pantaloncini bianchi, costringendo così i *blancos* a vestire la seconda maglia. Fa parte della superstizione seguita allo 0-4 rimediato all'Allianz Arena nel 2014. E in panchina hanno un altro talismano con il volto di Carlo Ancelotti, che al tempo era l'allenatore degli ospiti ma ora guida la squadra tedesca contro il suo ex vice Zinedine Zidane. Il Bayern parte forte, spronato da uno stadio pieno. Colleziona sei calci d'angolo nei primi venticinque minuti. Sul sesto, Arturo Vidal penetra nella difesa madridista come un treno in corsa e apre le marcature. Poco prima dell'intervallo, Vidal ha un'altra enorme occasione per mettere a segno il 2-0. Un colpo di testa di Ribéry colpisce Carvajal sul braccio e l'arbitro assegna il calcio di rigore. Dopo le proteste degli ospiti e un cartellino giallo per l'ala, Vidal prende una rincorsa corta ed effettua un tiro potente. Ma esagera e la palla finisce oltre la traversa, e il Real può tirare un sospiro di sollievo rientrando nello spogliatoio.

Dopo l'intervallo, non cambia niente. A due minuti dal calcio d'inizio, Carvajal scende sulla destra e crossa in area, dove Cristiano, non marcato, effettua un tiro al volo che Neuer – impeccabile fino a quel momento – non ha alcuna possibilità di parare. È 1-1, e il nervosismo comincia a intaccare la manovra dei tedeschi.

Ronaldo è dappertutto. Per due volte trova il difensore Javi Martínez fuori posizione. In entrambe le occasioni Martínez lo stende senza essere provocato, e il Bayern si ritrova in dieci uomini con mezz'ora di gioco ancora da disputare. Il Real è spietato, mette sotto pressione gli avversari finché non riesce a segnare il gol decisivo. Tocca di nuovo a Ronaldo, che ruba palla a Bernat e la spinge dietro a Neuer con la suola della scarpa.

Nonostante il risultato dell'andata, la partita di ritorno del 18 aprile al Bernabéu è molto tesa, soprattutto fra il minuto 77 e il minuto 104.

Il Bayern segna due gol – un rigore di Lewandowski seguito da un autogol di Ramos – e Cristiano uno, mandando l'incontro ai supplementari, che il Bayern gioca in dieci per l'espulsione di Arturo Vidal. Nell'ultima azione del primo tempo dei supplementari, Ronaldo impatta un cross di Ramos e fa passare la palla sotto Neuer da una posizione in apparente fuorigioco. Partita finita per i tedeschi, che subiscono un altro gol del giocatore di Madeira e uno di Marco Asensio.

Il 23 aprile, Real Madrid e Barcellona disputano l'ultimo *Clásico* della stagione in condizioni alquanto diverse. Mentre i *blancos* sono approdati alle semifinali di Champions League, i blaugrana sono stati eliminati dopo aver fallito la rimonta contro la Juventus, quattro giorni prima. Nella Liga la loro rivalità è giunta alla resa dei conti, con il Real avanti di tre punti e con una partita in meno. Lo scontro è all'ultimo respiro. Il Barça conduce 2-1 finché il Real non rimette le cose in pari all'ottantacinquesimo, ma Messi si prende la scena con un magnifico colpo vincente al novantesimo. L'argentino esulta togliendosi la maglia e mostrando il suo numero ai tifosi di Madrid, ribadendo la sua forza in casa dei grandi rivali. Adesso sono a pari punti. Al Barça restano cinque partite, al Real sei. Nessuna delle due squadre vacilla, e il 21 maggio il Real Madrid disputa l'ultimo incontro con il Malaga sapendo che basta un pareggio per vincere la Liga, per la prima volta in cinque anni. Cristiano è deciso a chiudere subito i conti e impiega soltanto due minuti per gonfiare la rete difesa da Kameni. Benzema accresce la distanza fra i due club al cinquantacinquesimo, ed è una vittoria facile per i *blancos*.

Il meno contento è forse proprio Cristiano, che sente il peso delle critiche ricevute per tutta la stagione. «Parlano di me come se fossi un delinquente. Quando la gente parla di Cristiano si sbaglia, sia dentro sia fuori dal campo» dice nell'area stampa subito dopo l'incontro. «Non sono un santo, ma nemmeno il diavolo che in tanti vogliono far credere».

Dopo aver vinto la sua seconda Liga con la squadra, CR7 si concentra sull'Europa. Nei quarti di finale della Champions League diventa il primo giocatore ad aver segnato 100 gol nella competizione. Il 2 maggio sigla una tripletta contro l'Atlético nella semifinale d'andata (3-0). «È il favorito per il Pallone d'Oro, ora più che mai» predice «L'Équipe».

L'Atlético cerca di rimontare nella gara di ritorno davanti al pubblico di casa, ma senza successo. Finisce 2-1 e il Real Madrid accede alla finale di Cardiff dove il 13 giugno 2017 affronterà la Juventus.

«Troppa umiltà non va bene. Dobbiamo far risaltare le nostre capacità, dimostrare che siamo i migliori». CR7 ha fame di vittoria e la esibisce all'Open Media Day del Real tenutosi prima della finale. In campo, impiega solo venti minuti per mettere a frutto la sua fame, quando scambia con Carvajal e infila la porta aiutato da una deviazione di Bonucci. Correndo verso l'angolo per festeggiare, alza tutte e due le braccia al cielo. «Comando io» sembra voler dire. Ma la Juve rientra in gioco con una fantastica rovesciata di Mandžukic prima dello scoccare della mezz'ora. Gli italiani si sono fatti strada ai danni di Porto, Barcellona e Monaco, e non hanno intenzione di mollare.

Ma i *blancos* non danno loro il tempo di rilassarsi. Sono concentrati e nel secondo tempo la resistenza della Juventus mostra le prime crepe. Un gol di Casemiro, con un tiro dalla distanza deviato, manda il risultato sul 2-1. E al sessantasettesimo minuto Cristiano rinsalda il vantaggio sfruttando un cross di Modric dal lato corto dell'area. Un gol di Asensio al novantesimo fissa il risultato sul 4-1.

A bordo campo, il "Man of the Match" Ronaldo dichiara ad Antena 3: «Mi ero preparato bene, perché le finali sono sempre le partite più importanti. Per me era una grande opportunità, e anche per il mio allenatore, e sono molto felice». Le telecamere seguono un Cristiano rilassato, che balla e festeggia, abbraccia Georgina e Cristiano Junior, palleggia con il pallone ufficiale della partita davanti al mondo intero. È il finale perfetto per una stagione memorabile che ha visto il Real conservare il titolo e diventare il miglior club della recente storia della Champions League.

Oltre ai successi ottenuti con la squadra, Ronaldo ha vissuto un anno eccezionale anche a livello personale. Ha segnato il maggior numero di gol nella stagione di Champions League, ha raggiunto quota 400 con il club ed è diventato il miglior marcatore di tutti i tempi nei cinque maggiori campionati europei con 371 reti, battendo il record di 366 stabilito da Jimmy Greaves nel 1971. Se il 2016 era stato fantastico, la prima metà del 2017 lo è ancora di più.

Prima delle vacanze, un'ultima sfida aspetta Cristiano: la Confederations Cup in Russia. La prima fase è agevole per il Portogallo. Un pareggio contro il Messico e le vittorie contro Russia e Nuova Zelanda assicurano l'accesso alla semifinale. CR7 segna due gol e brilla in tutte e tre le partite, ma la stella portoghese finisce in prima pagina per questioni extracalcistiche.

A metà giugno, il pubblico ministero regionale di Madrid lo accusa formalmente di aver frodato il fisco spagnolo negli anni tra il 2011 e il 2014. L'accusa sostiene che abbia nascosto gli introiti per la vendita dei diritti di immagine attraverso una struttura finanziaria che dirottava il denaro passando dall'Irlanda fino al paradiso fiscale delle Isole Vergini Britanniche. Il pubblico ministero giudica questo passaggio intermedio "non necessario" e asserisce che è stato compiuto unicamente per creare un paravento al fine di "nascondere i guadagni totali". Le cifre in ballo sono significative: durante questi quattro anni fiscali il giocatore avrebbe dichiarato 11,5 milioni di euro relativamente ai diritti d'immagine, mentre l'ammontare dei suoi introiti risultano essere di 43 milioni di euro. Viene stimato che dovrà pagare ulteriori 14,7 milioni di euro di tasse. Come per Leo Messi, viene presa in considerazione anche una condanna al carcere. Cristiano e i suoi più stretti collaboratori si dichiarano innocenti, ma il precedente di Messi non contribuisce alla causa e così Ronaldo, i suoi avvocati e il suo manager Jorge Mendes si preparano a dare battaglia in tribunale.

Nel frattempo, la sua vita privata torna in prima pagina quando diventa padre per la seconda volta, l'8 giugno. Questa volta arrivano due gemelli, Eva e Mateo, nati da una gravidanza surrogata negli Stati Uniti, come Cristiano Junior nel 2010. Il 28 giugno a Kazan, Portogallo e Cile si trovano a un punto morto dopo 120 minuti senza gol. I calci di rigore sono un disastro: sbagliano tre portoghesi, e i sudamericani vincono. Cristiano è l'ultimo della lista e non arriva neppure a tirare il suo rigore. Poche ore dopo lascia il quartier generale della squadra, perdendosi così gli incontri per il terzo posto con il benestare dell'allenatore, che gli concede di andare a trovare i bambini. «Come sempre, mi sono impegnato al massimo per la nazionale, corpo e anima, pur sapendo che avevo due figli nati da pochissimo» spiega il giorno seguente sulla sua pagina Facebook. «Purtroppo non è stato il risultato che la squadra sperava di ottenere, ma sono sicuro che sapremo dare altre gioie ai nostri tifosi. L'atteggiamento del presidente della federazione calcistica portoghese e dell'allenatore della nazionale in questa occasione mi ha davvero commosso, non lo dimenticherò mai. Sono felicissimo di poter vedere finalmente i miei figli per la prima volta».

I suoi account di Instagram e Twitter lo mostrano con i piccoli in braccio. La didascalia è in inglese: «Felice di tenere in braccio i due nuovi amori della mia vita».

CAMBIAMENTI

Sono tutti incollati allo schermo, e per un momento trattengono il respiro.

È quasi la mezzanotte del 13 agosto 2017, a Barcellona è una serata soffocante, e mancano otto minuti alla fine dell'andata della Supercoppa spagnola. Dopo aver avanzato per trenta metri palla al piede, Marco Asensio la fa filtrare fra due difensori avversari verso Cristiano Ronaldo, che scatta verso il limite dell'area. Samuel Umtiti allunga il passo e prova a mettersi fra il portoghese e la sfera. Ronaldo va a terra. Il Real è già avanti di un gol. Un rigore sarebbe il sigillo definitivo. Ricardo de Burgos Bengoetxea soffia nel suo fischietto, corre verso l'attaccante del Real e gli infligge un cartellino giallo per simulazione. Nessun rigore e rientro anticipato negli spogliatoi per Cristiano, che reagisce spintonando rabbiosamente l'arbitro. Il giorno seguente i giornali si dividono fra sottolineare il punteggio di 1 a 3 e la squalifica a Ronaldo. Un turno per il doppio giallo e altri quattro per la spinta. Non giocherà la partita di ritorno e il suo debutto nella Liga sarà posticipato alla fine di settembre. «È impossibile restare calmo in questa situazione, cinque giornate! Mi sembra esagerato e ridicolo, è ciò che si dice una persecuzione! Grazie ai miei compagni e ai tifosi per il loro supporto»: questo è ciò che posta su Instagram dopo aver saputo della sua punizione.

Ma, nonostante questo contrattempo, non è stato un brutto inizio di stagione. L'8 agosto il Real Madrid vince la Supercoppa europea a

Skopje, in Macedonia, contro il Manchester United di José Mourinho, anche se CR7 gioca solo pochi minuti nel finale. Poi, dopo il ritorno vinto al Bernabeu per 2 a 0, porta a casa anche la Supercoppa spagnola. Vince la prima partita del campionato con il Deportivo La Coruña, anche se dopo ottengono solo pareggi contro Valencia e Levante. Anche sul piano individuale le cose stanno andando bene. Il 24 agosto 2017 Cristiano riceve il premio dell'Uefa per il miglior giocatore dell'anno (che prima si chiamava "miglior giocatore d'Europa"), difendendo il titolo, che aveva vinto anche l'anno precedente, e diventando il primo calciatore a vincerlo per tre volte. Il riconoscimento "premia il miglior giocatore, a prescindere dalla sua nazionalità, che abbia giocato durante la stagione precedente in un club appartenente a una federazione di un territorio membro dell'Uefa". È un'altra vittoria su Leo Messi, che ha vinto il premio solo nel 2011 e nel 2015. Il premio al migliore giocatore della FIFA arriva invece il 23 ottobre al Palladium di Londra, dove sono Diego Armando Maradona e Ronaldo Nazário a consegnare il trofeo a CR7. Vince con una significativa maggioranza di voti da giornalisti, allenatori, capitani di nazionali e – per la prima volta – dal pubblico. Sei settimane più tardi, il 7 dicembre, la Tour Eiffel è illuminata d'oro per celebrare il suo premio successivo, il Pallone d'Oro di «France Football». CR7 ottiene 946 voti, Messi 670 e Neymar 361. È il suo quinto, e il secondo consecutivo. In una lunga intervista su «France Football», Cristiano è il solito ragazzo modesto: «Non vedo nessuno migliore di me. Nessun giocatore fa cose che io non possa fare, mentre io mi vedo fare cose che nessun altro fa. Non c'è un giocatore più completo di me». Durante il gala appare molto più rilassato, e alla domanda su quali fossero i prossimi obiettivi che sperava di raggiungere risponde scherzosamente: «Sette Palloni d'Oro e sette bambini». Una raggiante Georgina Rodríguez fa mostra di sé in prima fila.

La coppia ha appena avuto la prima figlia, Alana Martina, nata a Madrid il 12 novembre. È la prima per Georgina, ma anche per Cristiano: la prima figlia avuta con una partner, dopo essere stato un padre single con Cristiano Jr e avuto i gemelli Eva e Mateo grazie a una maternità surrogata. «I figli sono la nostra gioia» dice a dicembre Georgina in un'intervista esclusiva al magazine «Hello!». «Ci alziamo la mattina e la prima cosa che facciamo è abbracciarli e baciarli... assicurarci che abbiano tutto ciò di cui hanno bisogno, e avanti così per tutto il giorno». È stato un grande cambiamento per Cristiano, come lui stesso ha ammesso qualche settimana sullo stesso «Hello!», presentando la nuova linea di abbigliamento CR7 Junior. «Essere un padre è qualcosa che non si riesce a spiegare. È un viaggio unico e personale, qualcosa che mi ha cambiato completamente. Mi ha insegnato cose sull'amore di cui non avevo mai conosciuto l'esistenza. Mi ha ammorbidito e mi ha donato una diversa prospettiva su ciò che è davvero importante nella mia vita».

C'è un solo giorno per riposarsi fra il suo ritorno da Parigi e la partenza del Real Madrid per Abu Dhabi, il 10 dicembre. Un volo di sette ore e due partite separano la squadra dall'ultimo titolo dell'anno. La semifinale del Mondiale per club contro l'Al-Jazira SCC è un match inusuale. La squadra di Abu Dhabi va avanti per 1 a 0, ma un gol di CR7 al cinquantaduesimo e un altro di Bale all'ottantunesimo ribaltano il punteggio del tabellone in favore dei *blancos*. I brasiliani del Gremio li aspettano in finale. Interrogato su Ronaldo alla viglia del match, Maradona dichiara: «Quando la squadra ha bisogno di lui, lui c'è. È questo ciò che fa. E dai tempi del "Flaco" Cruyff non ci sono stati tanti giocatori che hanno avuto questa caratteristica». Come sempre, la sua osservazione è profetica. Il Real Madrid domina la partita dall'inizio alla fine, ma solo Cristiano, al minuto cinquantatré, riesce a trafiggere il portiere brasiliano. È un incredibile tiro su una punizione diretta da 35 metri. La squadra continua il suo attacco letale fino alla fine, e alla pausa invernale ha aggiunto già tre nuovi trofei alla bacheca.

Però la seconda parte di dicembre ha un sapore agrodolce. Il Real non sta facendo bene nella Liga, dove è rimasto staccato dalla vetta sin dalle prime giornate. Dopo il ritorno dalla squalifica, Cristiano ha segnato solo contro il Getafe, nell'ottavo turno, e contro il Malaga nel tredicesimo, il che ha fatto di lui il principale bersaglio delle critiche sul rendimento della squadra, molto lontano da quello dell'anno precedente. «La gente dimentica i momenti belli molto presto. Ma le statistiche stanno là. Se scrivi su Google "Cristiano goals" trovi tutto, quindi non sono preoccupato». Ciò nonostante, il suo peggiore periodo in campionato da quando era arrivato al Real Madrid ha coinciso con una brutta fase nelle prestazioni di tutta la squadra, concedendo così al Barça un inequivocabile vantaggio di otto punti alla viglia del primo *Clásico*: il più ampio distacco prima del primo "derby" della stagione mai registrato dal 1987. La settimana prima dello scontro, una scossa familiare investe il rapporto fra Cristiano e i suoi sostenitori. La Corte n.1 Di Pozuelo de Alarcón, un sobborgo di Madrid, riapre il procedimento contro Ronaldo per una presunta evasione fiscale di 14,7 milioni di euro. Il portoghese ha rafforzato la sua squadra di avvocati, continuando a sostenere la propria innocenza. Ma molti organi di informazione affermano che sta mirando a ottenere un rinnovo di contratto con un aumento dell'ingaggio nel caso in cui sia condannato a pagare sanzioni.

Tornando al campo, il 23 dicembre il Barça arriva a Madrid sull'onda di un'impressionante serie di 24 partite consecutive senza sconfitte. Di fatto, l'ultima volta che hanno perso è successo al ritorno della Supercoppa spagnola, sempre al Bernabéu. Il Real parte bene e ci vogliono meno di due minuti per Cristiano per fare centro. Sugli sviluppi di un calcio d'angolo, riceve una palla perfetta e la scaraventa di testa in rete. Sfortunatamente il guardalinee segnala il fuorigioco. Non passa molto prima che abbia un'altra occasione al decimo minuto quando gli arriva un cross dalla sinistra, ma fa una figuraccia calciando l'aria col mancino. Alla mezzora riesce a scappare sulla fascia sinistra e a tagliare verso la porta ma Ter Stegen riesce in qualche modo a fermarlo in corner con la punta del piede. Tre occasioni mancate prima dell'intervallo che avrebbero potuto portare avanti la sua squadra. E nella ripresa ai blaugrana bastano otto minuti per passare in vantaggio, grazie a un incredibile scambio fra Rakitic e Sergi Roberto che Suárez finalizza in gol. Dieci minuti dopo Messi fa il secondo, trasformando un calcio di rigore conseguente a un'azione terminata con l'espulsione di Carvajal per fallo di mano. Per il Real è impossibile riprendersi da questo colpo, e al novantatreesimo Aleix Vidal fissa il punteggio sullo 0-3. Undici punti dietro i loro acerrimi rivali, i *blancos* affrontano al pausa invernale sapendo che la loro lotta in campionato è quasi sicuramente finita.

Ma la Champions League è un'altra storia. Lì la lotta è ancora apertissima, e le performance di Cristiano sono più sfolgoranti che mai. Dopo essere stato, nell'aprile 2017, il primo giocatore a segnare 100 gol nelle coppe europee, il 21 novembre, in un comodo match contro l'Apoel Nicosia che qualifica il Real ai sedicesimi di finale, diventa il primo a farlo con un unico club. La fase a gironi non è stata facile, e il Real non era riuscito a battere il Tottenham Hotspur (1-1 al Bernabéu, 3–1 per gli inglesi a Wembley). Però dominano contro il club cipriota e contro il Borussia Dortmund. A marzo li aspetta il Paris Saint-Germain guidato da Neymar. Prima, è tempo di un meritato riposo. «Il 2017 è stato incredibile» dichiara Ronaldo al quotidiano di Madeira «As». «Dà una meravigliosa sensazione guardarsi alle spalle e vedere cosa hai raggiunto dai tempi in cui hai cominciato a calciare una palla nelle strade di Madeira. Sono stato benedetto da questo talento e ho lavorato duro per costruire la maggior parte di queste cose. Ma non avrei potuto riuscirci senza il supporto di tante persone che mi hanno aiutato nella mia professione».

Subito dopo la pausa, i *blancos* sono sbattuti fuori dai quarti di finale della Copa del Rey dal Leganés. I biancoblu strappano un pareggio all'andata e poi una vittoria nel ritorno del 24 gennaio 2018 al Bernabéu, la più grande sorpresa del torneo. Cristiano non gioca in nessuna delle due partite: secondo «Marca», questo rientra in un accordo con Zinedine Zidane, che lo vuole preservare per la Champions League. Fuori dalla Coppa, e con la Liga presumibilmente fuori portata, tutta la concentrazione è sulla Champions League. Nella storia recente della competizione, fino a quando non l'aveva fatto il Real nel 2017, nessuna squadra era riuscita a difendere il titolo, figuriamoci vincerlo tre anni di seguito. Ma il viaggio dei *blancos* in territori inesplorati continua con la vittoria sul Paris Saint-Germain nei sedicesimi di finale. I parigini riponevano grandi speranze in Neymar, che però praticamente non si vede nell'andata al Bernabéu, nella quale Ronaldo segna due reti. Nel ritorno il brasiliano è assente per infortunio, ma CR7 segna ancora: è il suo dodicesimo gol nel torneo. Finora ha segnato in tutti gli otto incontri disputati, i sei della fase a gironi e i due contro il club francese.

La sua serie continua il 3 aprile a Torino, dove segna due gol degni dei libri di storia. Dopo soli tre minuti scardina la difesa della Juventus convertendo in gol un passaggio di Isco dalla sinistra con un tocco di punta del piede destro. Ma l'isteria collettiva si scatena al sessantatreesimo minuto, quando il suo gol su rovesciata fa tremare il mondo del calcio. Michael Owen, su Twitter, ne fa una sintesi perfetta: «OMG. Vi prego, se stasera dovete fare una cosa sola, guardate il secondo gol di Ronaldo. Il primo era stato splendido. Non trovo le parole per descrivere il secondo». Gary Lineker concorda: «Ho visto tanti bei gol in vita mia, ma quello di Ronaldo è veramente incredibile». Anche il portiere della Juve, Gianluigi Buffon, si inchina al portoghese: «Lo vediamo quello che Ronaldo è ed è sempre stato: un campione straordinario che insieme a Lionel Messi del Barcellona sta toccando le vette più alte». Cos'è che ha provocato questa eccitazione diffusa? Durante la telecronaca di Radio 5 della Bbc, l'ex ala scozzese Pat Nevin cerca di inquadrare il momento: «Quando la palla sta arrivando dalle sue parti tu pensi, "Oh, non proverà mica a fare una rovesciata". E poi, bum! Oh wow! È solo da vedere, guardatelo!». Con un movimento perfetto CR7 si lancia in aria all'altezza del dischetto – spalle alla porta – e il suo piede destro impatta il pallone, e l'intero stadio della Juventus esplode in una standing ovation quando la rete si gonfia.

Marcelo fissa il risultato sullo 0-3 con un gol al settantesimo, ma il giorno seguente i giornali sono interessati unicamente al secondo gol di Cristiano. Il suo piede ha raggiunto l'altezza di 2,21 metri al momento del tiro. La palla viaggiava alla velocità di 80 all'ora. Citando le sue parole per la tv del Real Madrid, «Sono saltato molto in alto. Non saprei come descriverlo, ma è sicuramente il mio gol più bello. Lo aspettavo da una vita. Quando ho deciso di provarci? È venuto fuori dallo svolgimento della partita. Mi è saltato in mente di provarci, ed è andata bene. Bisogna sempre provarci». Nonostante il risultato, la Juve non ha alcuna intenzione di accettare la prospettiva dell'eliminazione, e si prepara alla rimonta nella gara di ritorno. È una serata folle, con due gol di Mandžukic e uno di Matuidi che trasformano il miracolo in realtà. Ma con la partita appesa a un filo, mentre tutti si aspettano ormai i supplementari, succede qualcosa di imprevedibile. Toni Kroos salta la difesa della Juve con un lancio in area per la testa di Ronaldo, che dalla sua posizione non vede la porta ma fa da torre per Lucas Vázquez, che non può controllare il pallone perché viene atterrato da Mehdi Benatia. L'arbitro Michael Oliver assegna il calcio di rigore, mentre i giocatori della Juventus, furibondi, lo circondano. Dopo cinque minuti di discussioni Buffon viene espulso, prima che CR7 trasformi il rigore. È 1-3 e non c'è più tempo. Il Bayern Monaco aspetta il Real in semifinale. Al momento, è l'unica competizione che conta. La Liga è fuori portata sin da febbraio. Alla fine giungerà terzo, dietro a Barcellona e Atlético Madrid, con Ronaldo fermo a 26 gol, ben lontano dai 34 di Messi.

Ronaldo non riesce a segnare negli ultimi tre match di Champions League. Per la prima volta nel torneo, scende in campo ma non va a segno nella vittoria all'Allianz Arena (1-2) e resta a mani vuote anche nella gara di ritorno. È un momento difficile, ma quando è sul punto di essere eliminato, il 2-2 manda il Real in finale contro il Liverpool. La finale si terrà a Kiev il 26 maggio. La terza vittoria consecutiva in Champions League dei *blancos*, la quarta in cinque anni, si decide tutta nel secondo tempo. Ma il risultato è il frutto degli errori del portiere avversario Loris Karius più che delle prodezze dei giocatori del Real Madrid. Dopo un gol di Benzema che approfitta di uno scellerato rinvio del portiere, Mané realizza il pareggio del Liverpool. Poi sale in cattedra Bale, che imita la rovesciata di Cristiano e riporta il Real in vantaggio. Cristiano ha una buona occasione al settantatreesimo minuto, ma Robertson intercetta la palla proprio al momento del tiro. Nel finale è Bale a sigillare la vittoria con un tiro dalla distanza che il portiere si fa scivolare dalle mani prima che finisca in porta.

Dopo il fischio finale e la cerimonia di premiazione, un Cristiano rilassato e contento tiene in braccio la coppa con la mano destra, mentre con la sinistra fa il segno del cinque, come le cinque volte che ha vinto la Champions League. È il primo giocatore a vincerne tante. Conversando tranquillamente con la stampa spagnola, la famiglia al suo fianco, rilascia un'inattesa dichiarazione circa il suo futuro: «È stato meraviglioso giocare con il Real Madrid. Vi farò sapere nei prossimi giorni».

Di una sua eventuale partenza si è già parlato a dicembre, nel momento peggiore del club, ma fa specie che se ne torni a discutere subito dopo la vittoria in Champions League. Che sia per i debiti con il fisco, per una frizione con il club sull'aumento dello stipendio, o solo perché è stanco dopo nove anni con i *blancos*, le voci si intensificano in vista dei Campionati del Mondo del 2018.

Dopo il successo a Euro 2016 la squadra portoghese approda in Russia con grandi aspettative. Cristiano trascina i compagni nel botta e risposta al debutto contro la Spagna, che termina in pareggio dopo un gol su calcio di punizione nel finale, il suo terzo gol della serata. La tripletta di CR7 lo pone subito in cima alla classifica dei capocannonieri del torneo, posizione consolidata dal gol segnato al quarto minuto nel secondo match, contro il Marocco (1-0). Ma la sensazione è che il Portogallo non abbia quel che serve per arrivare fino in fondo. Cinque giorni dopo, i portoghesi disputano un incontro disastroso contro l'Iran e non vanno oltre l'1-1. Quaresma segna, ma Cristiano sbaglia un rigore, e il Portogallo finisce il girone da secondo. Agli ottavi l'Uruguay non lascia scampo al Portogallo, che viene eliminato. "Sogni infranti" titola «A Bola», mentre «Record» pubblica una foto che ritrae Ronaldo mentre aiuta l'infortunato Cavani sulla linea di fondo, con la didascalia: "Il campione è fuori". Intanto, un altro titolo recita: "La Juve disposta a tutto per avere CR7". Le voci si fanno più insistenti nei giorni che seguono, e né il Real Madrid né il giocatore le smentiscono. Il possibile trasferimento della star ruba i titoli ai Mondiali per diversi giorni. Alla fine, il 10 luglio, arriva l'annuncio ufficiale dalla Spagna alle 5.34: «Il Real Madrid CF comunica che, per volontà e su espressa richiesta di Cristiano Ronaldo, ha disposto il trasferimento del giocatore alla Juventus FC [...]. Al di là dei titoli conquistati, dei trofei vinti e dei trionfi ottenuti sul campo in questi nove anni, Cristiano Ronaldo è stato un esempio di abnegazione, lavoro, serietà, talento e voglia di migliorare. È anche diventato il miglior marcatore della storia del Real Madrid con 451 gol in 438 partite. Sedici titoli in totale, tra cui quattro coppe europee, tre delle quali consecutive e quattro nelle ultime cinque stagioni. Sul piano personale, con la maglia del Real Madrid ha vinto quattro volte il Pallone d'Oro, due titoli come

"Il Migliore" e tre come Scarpa d'Oro, tra i tanti altri riconoscimenti. Per il Real Madrid Cristiano Ronaldo resterà per sempre uno dei grandi simboli e un punto di riferimento unico per le generazioni venture. Il Real Madrid sarà sempre casa tua».

E il giocatore posta una lettera aperta ai suoi tifosi: «Provo sentimenti di infinita gratitudine per questo club e per questa città. Ho vissuto nove anni assolutamente meravigliosi in questo club. Il Real Madrid ha conquistato il mio cuore, e quello della mia famiglia, ed ecco perché voglio prima di tutto dirvi grazie: grazie al club, al presidente, ai direttori, ai miei colleghi, a tutto lo staff, ai medici, ai fisioterapisti e alle persone incredibili che fanno funzionare tutto alla perfezione». Poi conclude: «Grazie ancora a tutti e, naturalmente, come dissi la prima volta allo stadio nove anni fa: Hala Madrid!».

Il più grande cannoniere dei *blancos*: 451 gol in 438 partite. Quattro Champions League, due Liga, due Copa del Rey, due Supercoppa spagnola, tre Supercoppa europea e tre Coppa del Mondo per club. E oltre a tutti i titoli personali conquistati con il Real Madrid, è anche il più grande marcatore di tutte le competizioni europee. Quanto costa tutto questo alla Juve? "Più del Salvator mundi di Leonardo da Vinci" titola l'11 luglio il «Corriere della Sera», riferendosi al costo del trasferimento che supera il prezzo più alto pagato per un'opera d'arte. Un totale di 400 milioni di euro: 30 milioni all'anno al giocatore per quattro stagioni, la commissione del suo agente, Jorge Mendes, i 100 milioni versati al Real e i 12 milioni alle altre squadre che hanno allenato e sviluppato il calciatore portoghese. L'opera d'arte di Leonardo era stata venduta per la cifra record di 380 milioni di euro. «È sproporzionato?» si chiede il «Corriere». Forse no, considerando i proventi che la Juventus ricaverà grazie all'arrivo del giocatore, quantificabili in 100-130 milioni all'anno, secondo il calcolo di Andrea Sartori, capo del team sportivo Kpmg. «È una scelta intelligente dal punto di vista finanziario. Porterà un aumento nella vendita dei biglietti e negli introiti delle sponsorizzazioni». E poi aggiunge: «Un nome come Ronaldo apre nuove prospettive di mercato per la Juve». Basti dire che, secondo il «Business Insider», la Juventus avrebbe venduto le nuove maglie di Ronaldo per l'equivalente di 60 mi-

Stampa
Puntoweb
Via Variante di Cancelliera snc
Ariccia (Rm)

Per conto di Lit Edizioni Srl
Largo Giacomo Matteotti, 1
Castel Gandolfo (Rm)

lioni di euro in sole 24 ore. Il valore delle azioni del club è schizzato del 40 per certo al momento della firma del contratto, e la società ha inoltre guadagnato un milione di nuovi follower sui social.

Il 16 luglio il calciatore trascorre la giornata al J-Village, il nuovissimo complesso per gli allenamenti e centro di comunicazioni della Juventus. All'ingresso, 300 tifosi urlano: "Cristiano, portaci la Champions League!". In abito grigio antracite, camicia e cravatta nere, taglio di capelli cortissimo, CR7 saluta il suo nuovo allenatore Massimiliano Allegri, e i suoi futuri compagni. Alla conferenza stampa delle 18.30, oltre trecento giornalisti e trenta inviati delle tv di tutto il mondo sono testimoni del momento più atteso, la sua prima fotografia con la maglia bianconera. «Per me la Juventus è uno dei più grandi club al mondo. Questa è una decisione che ho preso un po' di tempo fa e sono grato al club per avermi dato questa opportunità. È un passo importante per la mia carriera, questo è il miglior club d'Italia, ha un grande allenatore e un grande presidente che sono abituati a vincere. Per me è una sfida, e sono pronto. Sono tranquillo e fiducioso. Mi sento bene, pieno di energia. Normalmente, i giocatori della mia età puntano su altri paesi, ma io sono qui e voglio vincere con la Juventus... La mia esperienza al Real Madrid è stata fantastica, ma adesso voglio concentrarmi su questa nuova sfida. Spero di dimostrare agli italiani che sono un giocatore di livello mondiale, anche se non credo di dover ancora dimostrare niente a nessuno, e le cifre parlano da sole. Non voglio restare nella mia zona di sicurezza».